国家语委"十二五"科研规划项目（ZC125-52）
辽宁省社会科学规划基金重点项目（L11AYY002）
辽宁省"百千万人才工程"项目（2012921059）

汉语资源及其管理与开发

王世凯 ◎ 著

中国社会科学出版社

图书在版编目(CIP)数据

汉语资源及其管理与开发 / 王世凯著 . —北京:中国社会科学出版社,2014.12
ISBN 978 – 7 – 5161 – 5421 – 2

Ⅰ.①汉… Ⅱ.①王… Ⅲ.①汉语-研究 Ⅳ.①H1

中国版本图书馆 CIP 数据核字(2014)第 311091 号

出 版 人	赵剑英
责任编辑	任 明
特约编辑	李晓丽
责任校对	郝阳洋
责任印制	何 艳

出 版	中国社会科学出版社
社 址	北京鼓楼西大街甲 158 号(邮编 100720)
网 址	http://www.csspw.cn
	中文域名:中国社科网 010 – 64070619
发 行 部	010 – 84083685
门 市 部	010 – 84029450
经 销	新华书店及其他书店

印刷装订	北京市兴怀印刷厂
版 次	2014 年 12 月第 1 版
印 次	2014 年 12 月第 1 次印刷

开 本	710×1000 1/16
印 张	16.5
插 页	2
字 数	283 千字
定 价	55.00 元

凡购买中国社会科学出版社图书,如有质量问题请与本社联系调换
电话:010 – 84083683
版权所有　侵权必究

中文摘要

　　资源与环境问题是当今世界备受关注的问题。通常意义上的资源一般仅指自然资源，这也是受到关注最多的方面。语言进入资源的研究范畴，时间虽不长，但却引起了较大的反响。语言资源是一种特殊的社会资源，在人类的生产和生活中都有不可忽视的作用。汉语是人类最重要的语言之一，对汉语资源从本体和应用角度进行研究具有重要的理论意义和实践价值。

　　全书共六章，分别从汉语资源的界定、汉语资源的整合、汉语资源的调查、汉语资源的保护、汉语资源的开发以及汉语资源与语言经济的关系等几个方面进行论述。

　　第一章从资源角度出发，对语言的资源属性进行了定性式论证。我们认为，包括汉语在内的世界各种语言都具有资源性，是一种特殊的社会资源。从语言作为一种特殊的社会现象的角度入手，本书分析了汉语资源的兼容属性、情感属性、生态属性、政治属性、经济属性。深刻认识汉语的这些属性，对管理和开发汉语资源具有积极的作用。在分析汉语资源属性的基础上，本书建构了包括底层汉语资源和高层汉语资源的汉语资源系统。汉语资源可以从不同的角度进行分类。从资源构成角度看，可以分为汉语的本体资源、应用资源和语言能力；从汉语资源的空间分布看，可以分为大陆的汉语资源、港澳台的汉语资源和海外的华语资源；从资源形成的时间看，可以分为历史的汉语资源、现时的汉语资源和未来的汉语资源；从资源建设和使用方面看，可以分为使用型的汉语资源和备用型的汉语资源。汉语资源研究的下一步工作，就是在机会成熟时进行系统的汉语资源学的学科建构研究。

　　第二章从汉语发展史的角度出发，对历史上几次重要的语言接触现象从资源角度进行系统分析。两汉时期是汉语资源与外语资源接触融合的重要时期。汉代政治、经济、文化的繁荣，为语言接触创造了良好的条件。这一时期，匈奴的语言资源和西域的语言资源与汉语接触较多，汉语资源中也整合了部分外语资源。魏晋隋唐时期，佛教传播盛行。这一时期，大量佛教词语进入了汉语资源系统，同时对汉语语音、语法等资源子系统也产生了一定的影响。宋元时期，汉语与契丹语、女真语、蒙古语接触较多，汉语从这几种语言中吸收了一定数量的词汇资源和句法资源，同时对汉语的语音资源也产生了一定的影响。明代到鸦片战争时期，主要表现为满语和汉语的接触，汉语吸纳了满语的相关资源并得到了进一步发展。鸦片战争以来，中国和欧美等国家的交流不断加强，汉语与英语、日语、俄语、葡萄牙语、法语等都有不同程度的接触，并选择性地吸纳了这些语言中的部分不同类型资源。

　　第三章主要讨论汉语资源调查问题。汉语资源调查是汉语资源管理的基础工作。这一章我们首先对语言资源调查进行界定，然后回顾了汉语资源调查在不同历史时期所做的工作，并主要讨论了新时期中国语言资源有声数据库建设的情况。在此基础上，本书对汉语资源调查的范围和内容进行讨论，并认为应该适时开展汉语资源的分层调查、全球调查和多地汉语资源的比较调查。汉语资源调查的内容除对汉语文本体进行调查外，还应该进行汉语资源的社会应用情况调查和语言能力调查。同时，根据新时期汉语资源普查工作的需要，我们尝试提出了方案设计、队伍组织、政府职能等方面需要进一步解决的问题，并给出了相应的解决办法。

　　第四章主要讨论汉语资源的保护问题。汉语资源保护是汉语资源管理的重要环节。因为汉语资源是一种不可再生的资源，是文化的载体、信息的载体、族群的标记，体现人类认知且具有主权性，所以汉语资源保护有利于提升我国的综合实力，有利于汉语语言学和普通语言学的研究，有利于保护语言、文化的多样性。汉语资源的保护就是要保护汉语资源的多样性、规范性、纯洁性，从而使汉语具有持续的创新性。保护汉语资源需要科学的语言政策、有效的语言规划和语言规范标准，需要审慎地对待"汉语危机论"和"方言危机论"。

　　第五章主要讨论汉语资源的开发问题。科学、有序、高效开发汉语资源同时也是管理汉语资源的最佳措施。汉语资源开发不仅具有语言学价值、文化学价值，而且具有潜在的经济价值，并与国家地位、国家安全息息相关。汉语资源开发需要关注本体资源的开发、应用资源的开发与公民汉语能力的开发，重点要进行汉语语言产业建设。汉语资源开发利用是个长期的系统工程，需要官界、民界、学界通力合作。

　　第六章主要讨论汉语资源与语言经济问题。语言资源与经济活动在新的时期呈现出越来越紧密的关系，不仅汉语资源的经济性开发受到了前所未有的关注，关于汉语经济的研究也成为热点问题。面对汉语经济中存在的诸如语言教育逆差、汉语经济在外语热的潮流中显得暗淡、对汉语经济的认识不足等问题，应该适时、积极寻找解决方案，通过拉动语言内需、促进汉语消费、推动语言就业、加强语言经济规划、加强语言资源调查等方式促进汉语经济快速发展。于此，本章也讨论了汉语国际推广的问题。

　　关键词：汉语资源；语言管理；语言政策；语言经济；开发利用

目　录

第一章　汉语资源概述 …………………………………………… (1)
　第一节　语言资源与汉语资源 ………………………………… (1)
　　一　语言资源的界定 ………………………………………… (1)
　　二　汉语资源的界定 ………………………………………… (7)
　　三　汉语资源的属性 ………………………………………… (11)
　　四　汉语资源的系统 ………………………………………… (15)
　第二节　汉语资源的构成 ……………………………………… (18)
　　一　本体资源 ………………………………………………… (18)
　　二　应用资源 ………………………………………………… (31)
　　三　语言能力 ………………………………………………… (36)
　第三节　汉语资源的类型 ……………………………………… (39)
　　一　汉语资源的空间分布 …………………………………… (40)
　　二　汉语资源的时间分布 …………………………………… (43)
　　三　从研究角度进行分类 …………………………………… (44)
　第四节　汉语资源学（论）的研究内容 ……………………… (45)
　　一　汉语资源系统的建构 …………………………………… (46)
　　二　汉语资源调查 …………………………………………… (47)
　　三　汉语资源的保护与开发 ………………………………… (48)
　　四　汉语资源与汉语经济 …………………………………… (48)
　　五　其他相关问题 …………………………………………… (48)

第二章　汉语资源的几次重要整合 …………………………… (50)
　第一节　两汉时期汉语资源的整合 …………………………… (51)
　　一　源于匈奴的语言资源 …………………………………… (51)

二　源于西域的语言资源 …………………………………… (53)
第二节　魏晋隋唐时期汉语资源的整合 ………………………… (56)
　　一　词汇资源的整合 ………………………………………… (56)
　　二　语法资源的整合 ………………………………………… (59)
第三节　宋元时期汉语资源的整合 ……………………………… (60)
　　一　汉语与契丹语 …………………………………………… (60)
　　二　汉语与女真语 …………………………………………… (62)
　　三　汉语与蒙古语 …………………………………………… (63)
第四节　明至鸦片战争时期汉语资源的整合 …………………… (66)
　　一　词汇资源的整合 ………………………………………… (67)
　　二　语音资源的整合 ………………………………………… (70)
第五节　鸦片战争以来汉语资源的整合 ………………………… (73)
　　一　词汇资源的整合 ………………………………………… (73)
　　二　语法资源的整合 ………………………………………… (74)

第三章　汉语资源调查 …………………………………………… (76)

第一节　语言资源调查概述 ……………………………………… (76)
　　一　语言资源调查的界定 …………………………………… (76)
　　二　汉语语言资源调查回顾 ………………………………… (81)
　　三　中国语言资源有声数据库建设 ………………………… (83)
第二节　汉语资源调查的范围和内容 …………………………… (88)
　　一　汉语资源调查的范围 …………………………………… (88)
　　二　汉语资源调查的内容 …………………………………… (95)
第三节　汉语资源调查的成果 …………………………………… (111)
　　一　方言调查的成果 ………………………………………… (111)
　　二　语言资源全面调查的成果 ……………………………… (118)
第四节　汉语资源调查需要进一步解决的问题 ………………… (120)
　　一　方案完善 ………………………………………………… (120)
　　二　队伍组织 ………………………………………………… (123)
　　三　政府职能 ………………………………………………… (124)
　　四　全民工程 ………………………………………………… (125)
　　五　科技手段 ………………………………………………… (125)

第四章　汉语资源保护 (127)

第一节　汉语资源保护概述 (127)
一　汉语资源保护的原因 (127)
二　汉语资源保护的内容 (133)
三　汉语资源保护的意义 (135)

第二节　汉语资源保护的措施 (137)
一　制定科学的语言政策 (137)
二　进行有效的语言规划 (141)
三　建设语言规范标准 (146)

第三节　汉语资源保护应谨慎对待的两种言论 (150)
一　"汉语危机论" (150)
二　"方言危机论" (154)

第五章　汉语资源的开发 (157)

第一节　汉语资源开发及其价值 (157)
一　资源的开发及其重要性 (157)
二　汉语资源开发及其价值 (159)

第二节　汉语资源开发的内容 (166)
一　汉语本体资源开发 (166)
二　汉语应用资源开发 (168)
三　公民汉语能力开发 (171)
四　汉语语言产业建设 (174)

第三节　汉语资源开发利用的现状及面临的问题 (176)
一　汉语资源开发利用的现状 (176)
二　汉语资源开发利用面临的问题 (179)

第四节　汉语资源开发的基本策略 (182)
一　官界策略 (183)
二　民界策略 (184)
三　学界策略 (185)

第六章　汉语资源与语言经济 (186)

第一节　语言经济 (186)

一　语言资源与经济活动 ……………………………………（186）
　　二　语言经济的界定与分类 ………………………………（198）
　　三　与语言经济相关的两个问题 …………………………（201）
第二节　汉语经济 ……………………………………………（204）
　　一　我国语言经济的研究历程 ……………………………（205）
　　二　汉语经济研究的主要任务 ……………………………（210）
　　三　汉语经济发展中的三个问题 …………………………（220）
　　四　如何发展汉语经济 ……………………………………（223）
第三节　汉语的国际推广 ……………………………………（228）
　　一　汉语国际推广的社会背景 ……………………………（229）
　　二　汉语国际推广的提出 …………………………………（231）
　　三　汉语国际推广的价值 …………………………………（231）
　　四　如何加强汉语的国际推广 ……………………………（233）

参考文献 ……………………………………………………（241）

第一章

汉语资源概述

第一节 语言资源与汉语资源

一 语言资源的界定

（一）资源

"资源"一词出现的时间并不早，我们在清代以前的文献中尚没有找到"资源"一词。关于什么是资源，《辞海》《现代汉语词典》《中国资源科学百科全书》等都曾经给出相应的定义。从目前的界定看，《中国资源科学百科全书》给出的定义反映了人们对资源的比较深刻且全面的认识，也说明人类对资源的认识经历了一个历史过程。由于人们对资源的认识是随着历史的发展而逐步发展深入的，所以到目前为止，还没有一个公认的、能被普遍接受的定义。

早期人类所认识到的资源是自然资源，主要是实物形态的资源。随着社会的发展和人类对资源认识的深入，人力、教育、信息、商业、交通、科技、管理等非实物形态的事物和劳务等也被列入资源范畴，社会资源开始进入认知视野。今天，人们对资源概念的界定有了突破性的进展，资源的定义域不断扩大，出现了"大资源"、"泛资源"、"整体资源"等不同说法，大资源观初具雏形。李维华、韩红梅认为："大资源是相对于小资源而言的，指人类社会发展可资利用的一切有形的或无形的、物质的或非物质的、自然的或者社会的要素或价值。"[①]

资源是由具有共性特征的各种不同类型的资源要素构成的复杂的巨系

[①] 李维华、韩红梅：《资源观的演化及全面资源论下的资源定义》，《管理科学文摘》2003年第2期。

统，因此，从不同的角度，按照不同的标准，可以将资源分为不同的类型。

从基本属性角度，可以将资源分为自然资源和社会资源两大类。广义的自然资源是指人类可以直接用于生产和生活的自然物质或自然环境的总和，狭义的自然资源是指具有价格属性的那部分自然资源；社会资源是指与自然资源开发利用密切相关的自然资源以外的其他所有资源的总和，它是人类劳动的产物。

从生成特性角度，可以将资源分为可再生资源和不可再生资源两大类。可再生资源是指能够连续或重复供应的自然或社会资源；不可再生资源是指相对于人类自身以及人类经济再生产的周期而言，不能再生的各种资源。

从效用性和稀缺性角度，可以将资源分为硬资源和软资源两大类。硬资源是指在数量上表现出稀缺性的资源，可以分为储量有限的资源和容量有限的资源；软资源是指在质上表现出稀缺性，而量上不可度的软件型资源。软资源主要分为三类：作为生产要素存在的具有"传染扩散"性能的信息资源和技术类资源；作为经济活动外部"软环境"存在的、附着于地理空间的区位和市场类资源；具有载体依附性、非消耗性、可传染性和时效性特征的文化资源。

从资源构成角度，可以将资源分为单项资源和复合资源两大类。单项资源和复合资源总体上看是整体和部分的关系，单项资源构成复合资源，复合资源是单项资源的有机结合；单项资源的发展和变化往往导致复合资源的发展和变化。

资源与非资源相对，具有共性特征，主要体现在社会有用性和相对稀缺性两大方面。

1. 社会有用性

任何资源首先必须具有社会有用性。社会有用性也称社会化的效用性、可利用性。我们可以从不同的角度对社会有用性进行分析和理解：首先，社会有用性可以认为是具有经济价值的效用性，即一定种类的资源可以产生直接或间接的经济效益。例如，语言电子产品一旦进入销售渠道就可以产生一定的经济价值，使生产者获得经济利益；其次，社会有用性可以理解为虽然不创造直接的经济价值，但是在社会或心理等方面具有社会化的效用性，并主要在社会效益上体现出来。如民间故事、民间寓言等语言文字类非物质文化遗产资源，其所展现的是历史和文化，可以起到教育教化、愉悦身心等方面的作用,这对享用主体来讲具有很重要的价值。

虽然资源的社会有用性表现在经济价值和社会价值两个方面,但经济效益和社会效益是不可截然分开的。社会效益是前提,经济效益是动力,二者必然相互促进。因为只有经济发展到一定程度,人们才可能追求更高层次的精神生活,才愿意购买相关的精神产品。与之相应,只有具备了这种消费需求,才能促进相关产业的产生、发展,从而为社会带来更大的经济效益,形成经济效益与社会效益共同提高的良性循环。

2. 相对稀缺性

资源的相对稀缺性是相对于人类的无限需求而言的。由于在一定时间和空间范围内的资源总量是有限的,所以相对不足的资源与人类绝对增长的需求相较便形成了资源的相对稀缺。相对稀缺性的表现形式在不同种类的资源中是不一样的。概括地讲,资源的相对稀缺性主要表现在三个方面:一是一定时期内资源本身是有限的;二是利用资源进行生产的科学技术条件是有限的。正是由于相对稀缺性的存在,人们才需要在利用资源的过程中不断作出选择,如决定利用有限的资源去生产什么、如何生产、为谁生产,以及在稀缺的资源中如何进行取舍、使用来满足人们的各种需求。

社会有用性和相对稀缺性是资源的共性,任何资源都具有这样的特征。共性是大类之间的区别性特征,个性是小类之间的区别性特征,所以不同种类的资源在属性上也表现出差异性。自然资源除了具备社会有用性和相对稀缺性之外,还具有自然形态性、区域性、整体性、多用性等特征;而软资源则具有知识性、创新性、无污染性、可复制性、可再生性、共享性、快速更新性等特征。

资源研究和资源理论的建构,是研究语言的资源属性和建立语言资源学(论)的基础。

(二)语言资源概念的提出与发展

1. 语言资源概念的提出

资源问题受到关注的时间并不是很久。相对于自然资源来讲,社会资源进入研究视野就更晚。《中国资源科学百科全书》1028页,总计3279千字,其中有关社会资源问题的部分只有26页。值得一提的是,在社会资源的研究中,有一部分研究者讨论过语言资源问题,认为语言是人类特有的资源,是一种重要的社会资源。"早在17世纪就有人注意到地域方言和小族群土语作为一种稀有资源，在一定条件下能够在社会领域中发挥特殊的作用。例如，一些探险家和博物学家，从未开化地区的土著语言词汇中，了解到重要的生态知识，发现了新的物种。"[1] 语言是社会资源的思想，是 20 世纪 70 年代伴随着语言社会学的产生而出现的。

语言是不是资源，要看语言是否具备资源的一般特征。

首先，语言是否具有社会有用性？我们的一个共识是：语言是人类特有的一种社会现象。从其功用角度考察，它是人类最重要的交际工具和思维工具，是文化的载体。语言是人类形成思想和表达思想最完善、最有效的载体，是传递和交流信息的主要凭借，是组成人类社会不可或缺的因素。随着全球化和信息化进程的加快，人类的交流和联系越来越密切，语言不论对国家、群体还是个体来讲，都发挥着越来越重要的作用。多语不再是国家或民族的劣势，而成为了优势。个人的语言技能和多语能力也是增加财富、提高生活水平的重要资本。由此可见，语言具有社会有用性。

其次，语言是否具有相对稀缺性？语言的相对稀缺性可以从个体表达和语言多样性等方面来考察。在日常交际中，由于个体之间的社会经验、语文水平等方面存在差异，交际中经常会发生词不达意的情况，实际表述内容与表达意向不和谐，这在一定程度上影响了交际的有效进行。从资源角度看，这是语言资源在使用主体身上表现出的一种相对稀缺；从语言多样性方面考察，语种消亡速度比物种灭绝速度还快，语言多样性正在急剧减少，语言濒危已经成为全球性问题。可见，语言数量和种类的减少也会导致语言的相对稀缺。此外，从语言与社会共变的角度看，虽然语言与社会的关系密切，但是语言的发展速度与社会的发展速度不是同步的，语言的发展在某些方面滞后于社会的发展。虽然语言也在通过不同的方式进行新陈代谢，但与社会需要相比，也总是显现出一定的相对稀缺性特征。

由上可见，语言具有社会有用性和相对稀缺性特征，这是资源的共性特征，所以可以把语言看做一种资源。近年来，随着人们对资源问题认识的不断深化，语言资源问题已经得到了多方面的关注，我国的语言资源研究也已经提上日程并开始了相关的工作。

2. 国内语言资源研究概况

我国较早专门讨论语言资源问题的学者是邱质朴。邱质朴 1981 年在

---

[1] 范俊军、肖自辉：《语言资源论纲》，《南京社会科学》2008 年第 4 期。

《语言教学与研究》上发表题为《试论语言资源的开发——兼论汉语面向世界问题》的文章,这是20世纪为数不多的专门讨论语言资源问题的成果。进入21世纪以来,语言资源问题受到更多关注,对它的研究也备受重视,政府、学界和民间都从不同的角度关注语言资源问题。2004年,由教育部语言文字信息管理司牵头,成立了"国家语言资源监测与研究中心",该中心对中国语言国情进行定量分析,对现代汉语应用状况进行实时监测,并对相关数据进行动态分析、统计和研究,从而建立社会语言生活状况实时监测和规范引导长效机制,加强对国家语言资源的动态管理和科学利用,促进社会语言生活的健康发展,为国家语言信息处理的发展提供支持。目前,国家语言资源监测与研究中心已经相继建立了平面媒体语言分中心、网络媒体分中心、海外华语研究分中心、教育教材语言分中心、有声媒体语言分中心和少数民族语言分中心等六个分中心。这些研究中心的相继建立,说明政府对语言资源问题不仅给予了充分的关注,而且已经落实到了具体的行动上。

2005年7月26日,袁贵仁在"文字标准规范建设及信息化工作会议"上提出"保护文化多样性,开发民族语言资源"的观点。他认为"语言资源是重要的信息资源和文化资源",并对语言资源的范围和性质间接地作出了解释。2006年5月22日,李宇明在教育部2006年第11次新闻发布会上介绍2005年中国语言生活状况时,使用了"语言资源"这个概念。王铁琨在发言中指出,语言是载体、是工具,语言也是一种资源。这实际上触及了语言的本质,指出了语言的资源属性问题。2007年8月16日,"中国语言生活状况报告"新闻发布会上,李宇明指出:"2006年中国语言生活、语言文字观念正在发生重大变化,社会上形成一种共识,把语言看做国家重要的文化资源,看做国家软实力的重要组成部分……不能仅仅把语言看做一种工具,还应该从语言资源的角度来看待我国的语言、方言和外语。"[①] 2011年6月在渤海大学(辽宁锦州)召开的第六届全国社会语言学学术研讨会上,李宇明又提出语言资源是"硬实力"的说法。

从上述随机择取的资料中可以看出,语言资源问题已经受到政府部门

[①] 孙琛辉:《珍爱语言资源,构建和谐的"多言多语"生活》,《科学时报》2007年8月21日第4版。

的高度重视。语言与社会、个人息息相关,语言资源不仅受到了政府部门的重视,高校和学术界也非常重视语言资源研究。语言资源问题受到了包括语言学界、文学界、计算机学界等多学科、多领域人士的广泛关注。邱质朴(1981)、黄行(2000)、张政飚(2000)、俞士文(2001)、李宇明(2003,2005,2007,2008,2010)、徐大明(2007,2008)、周洪波(2007)、陈章太(2008,2009)、王铁琨(2007,2008,2010,2011)等学者从不同角度审视了语言资源问题。除语言学界外,语言资源问题也一直是文学界人士关注的焦点之一。20世纪90年代以来,文学界对中国文学语言的探求出现了新的变化,民间语言资源和西方语言资源得到了作家群体和文学研究者的高度重视。文学创作中对语言资源问题的关注,在很大程度上改变了20世纪90年代以来中国文学的文体面貌,同时也为语言资源研究提供了新的视角。另外,国内其他单位、组织、团体对语言资源问题也给予了高度重视。商务印书馆自2006年开始连续出版《中国语言生活状况报告》;2004年,不以营利为目的的公益性学术联盟"国际中文语言资源联盟"成立。

从上述情况看,语言资源问题已经成为社会各界共同关注的焦点,且很多实质性的工作都在有条不紊地进行。但不得不承认,语言资源的实践已经走在了理论研究的前面,理论研究存在诸多不足之处。比如,关于"语言资源"的定义问题,到目前为止还没有一个确切的定论。陈章太先生认为:"我国学界讨论的'语言资源'有广义和狭义之分,广义的'语言资源'是指语言本体及其社会、文化等价值;狭义的'语言资源'是指语言信息处理用的各种语料库和数据库等。"[①] 但是其他专家学者对此还有不同的看法。另外如语言服务、语言经济、语言主权等一系列问题还有待深入研究。当然,学界对语言资源的研究也取得了较多的共识。例如,大家对语言资源的归属,意见还是比较一致的,认为语言是一种特殊的社会资源(陈章太语),是一种文化资源(王铁琨语),是负载非物质形态社会资源的资源,是信息社会最重要的信息资源,是构成物质的和非物质的文化资源(张普语)。因此,我们应适时开展相关方面的理论研究,以便更好地指导实践工作。

[①] 陈章太:《论语言资源》,《语言文字应用》2008年第1期。

二 汉语资源的界定

汉语是一种具体语言，具有语言的共性特征。资源性是语言的属性之一，当然也是汉语的属性之一。汉语的资源性也可以从社会有用性和相对稀缺性两个方面进行分析。

（一）汉语资源性分析

1. 汉语的社会有用性

首先，汉语的社会有用性表现在它是最重要的交际工具和思维工具，一视同仁地为汉民族及其他民族全体成员服务。汉语是汉民族的族内交际语，是国内各民族之间主要的族际交际语，是联合国六种工作语言之一。其次，汉语是汉文化的载体。我国拥有悠久的历史、灿烂的文化，这些都需要依赖汉语和汉字才能得以传承；也只有依靠汉语和汉字，我们才能够接受新的文化知识。最后，汉语具有经济性。汉语经济性最直接的体现就是相关的语言产品，如工具书、相关的电子产品等物化产品，这些语言产品可以直接进入销售渠道，产生经济效益，使生产者获得经济利益。

2. 汉语的相对稀缺性

汉语的相对稀缺性特征可以从个体表达与汉语方言多样性方面进行考察。

首先，从个体使用角度看，人们在交际中经常会发生词不达意的情况，有的时候找不到合适的语词，常常不知道该怎么准确表达想说的内容或者根本表达不出来，想说的内容和表达出来的内容总是差强人意。这是汉语相对稀缺在个体身上的一种表现。

其次，汉语相对稀缺的另一种表现就是方言多样性的减少。新中国成立后，我国开始推广普通话。推广"普通话"（更合适的说法最好叫"国家通用语"）是为了各个方言区以及国内各民族之间有通用的交际工具，便于交流和交往。推广普通话的政策制定之初，提出了"推广普通话并不消灭方言"的观点。推普在我国的政治、经济、文化建设中起到了不可替代的积极作用。但是由于推普过程中操作上的问题，随着普通话普及的范围越来越广，有些方言正在逐步消失，甚至一些小的方言已经不可挽回地走向灭亡。语言是语言的资源，当然方言也是语言的资源。某些方言的消失会不可避免地导致汉语方言多样性的损失，进而导致语言资源多样性的缺失。所以，某些汉语方言的消亡会使汉语资源表现出相对的稀缺性。

当然，汉语资源在发展过程中，为了更好地发挥其交际工具、思维工具等方面的作用，会通过自身的不断调整来避免相对稀缺性所带来的一系列问题。如汉语在其历史发展过程中，曾经通过构造新的句法规则、生成新的词语、采用新的借用形式等方式不断完善自我，以满足人们的交际需要。由此可见，相对稀缺性与语言的发展是相互促进的。

这样看来，汉语具有资源的共性特征——社会有用性和相对稀缺性，所以汉语是一种资源。

(二) 汉语的资源性归属

汉语资源作为一个复杂的巨系统，具有社会资源性、软资源性、文化资源性和软实力性等多方面的特征。

汉语的社会资源性主要表现在汉语是社会的产物，是人类最重要的交际工具和认知工具，是构成社会的人的最重要的属性。因此，汉语资源自然是社会资源的重要组成部分，具有社会资源性。

汉语的软资源性主要表现在汉语资源主要是以知识形式体现，具有知识性特征。汉语为交际服务，不产生物质性的多余物质，不污染和损害周围的物质环境，同时也因其知识性特征而具有共享性。汉语资源的这些特性符合软资源的基本特征，所以汉语资源属于软资源范畴，具有软资源性。

汉语资源的文化性主要表现在如下几个方面：一、汉语文本身就是文化遗产的重要组成部分。汉语、汉字，包括各种地域方言、社会方言以及各种字体等都是汉民族，更是人类社会的宝贵财富，是汉语史、汉民族史的活化石，是重要的非物质文化资源。二、汉文化的传承，信息的传递、保存等都需要借助汉语、汉字。汉语是世界上最古老的语言之一，汉字是目前世界上仅存的古老文字之一。历史地看，汉语文中保留了大量文化特征，是汉文化传承的重要载体；共时地看，汉语文又以其鲜活的生命力为汉民族及其他民族的交际服务，发挥着重要的作用。

软实力是相对于硬实力而言的。哈佛大学约瑟夫·奈（Joseph Nye）教授1990年首先提出"软实力"（Soft Power）的概念，并于2004年将软实力定义为"通过吸引而非强迫或收买的方式来达到自己目的的能力"。① 约瑟夫·奈教授认为，软实力主要包括有吸引力的文化、国内外努力实践的政治价值、具有合法性和道德威信的国内外政策等三个部分。"目前不论哪一种软实力概念，无不将文化作为其核心内容。"② 我们知道，语言与文化具有不可分割的关系。语言是文化的载体，文化是语言的内核。从这个角度看，语言当然具有软实力特征。汉语作为一种重要的语言资源、文化资源，其软实力属性在汉语走向世界的大形势下显得越来越明显，越来越重要。

综上所述，本书尝试给汉语资源下一个定义：汉语资源是世界语言资源的重要组成部分，是我国的国家语言资源，具有社会性、软资源性、文化性等特征，是国家综合实力的重要组成部分。汉语资源是语言的资源、文化的资源、经济的资源和信息的资源。

（三）汉语资源研究的意义

以往的研究从本体方面把汉语看做工具、符号系统、载体；从应用方面多把语言看做"问题"，很少有人将汉语作为资源进行研究。事实表明，汉语确实是一种资源，从这个角度观照、研究汉语，把汉语作为一种资源来进行研究、开发和保护，具有多方面的优势。

第一，以语言资源观为指导，使汉语研究有了一个整体的、综观的视角，这沟通了本体研究与应用研究的隔阂，使汉语研究得以立足于更广阔的视阈之中。因为从资源的角度讲，语音、词汇、语法、语义、文字、修辞、语体、风格等都是资源，从资源角度入手就是对汉语这个整体进行综合研究。同时，世界所有语言都是资源，从资源角度研究汉语就可以从世界语言的广度着眼，把汉语研究置身于其中，可以避免一叶障目、"只见树木，不见森林"的弊病。

第二，从资源的角度观照语言，可以使人们更加珍爱母语，珍爱汉语资源，从而积极保护、建设和开发汉语资源。目前我国已经提出了"国家语言资源"的概念，汉语资源必然包含于国家语言资源之中。国家语言资源具有主权性，那么汉语资源也必然是具有主权性的资源，是国家实力的重要组成部分。语言与国家发展密切相关，一个国家母语教育、母语

---

① 段奕：《硬实力—软实力理论框架下的语言—文化国际推广与孔子学院》，《复旦教育论坛》2008 年第 2 期。

② 同上。

学习的效果与国家的发展紧密相连。对于个人来说，对待母语的态度在一定程度上反映了个人对待国家的态度。语言态度是人类语言生活中的一个重要组成部分，它常常通过语言使用来体现；而语言使用又往往给语言能力的大小施加决定性的影响，语言能力转而影响到人们使用语言的频率。可见，语言态度与语言发展密切相关，只有对母语及其他语言持有正确的态度，才能使自己的母语健康发展，才能使个人的语言生活更加有质量，才能使整个社团的语言生活更加和谐。这样，从资源的角度观照语言应用，就把个人和国家通过语言联系起来，使个体更加珍视自己的母语。

第三，资源是在开发中被认识的，同时也需要在不断的开发中改进开发手段，提高资源效益。汉语作为一种资源，虽然其资源性得到认识的时间不长，但汉语资源的开发却受到了普遍的重视。从这个角度讲，语言应用研究的资源观更容易让人们慎重对待语言，积极开发和建设语言，使汉语资源得到可持续发展。

第四，语言资源观可促使人们珍视语言的多样性与文化的多样性。语言和文化息息相关、不可分割。首先，语言是文化的重要载体；其次，语言是文化的重要组成部分；最后，语言多样性是文化多样性的重要表现形式。目前，世界上约有6000多种语言，其中2/3的语言都濒临消亡。这些语言的消失不仅使我们失去了难得的"语言样品"，也使我们失去了多种文化、多样的思维方式。从资源观角度观照汉语，关注其他不同语言，可以使人们更加珍视语言和文化的多样性。

第五，语言资源观的形成可以促使人们更加科学地理解和形成语言文化的平等观。我国是一个多民族、多语言、多方言的国家。50多个民族，100余种语言，30余种文字，共同构成多元统一的中华文化。我国历来重视语言文化的平等问题。《中华人民共和国宪法》《中华人民共和国民族区域自治法》《国家通用语言文字法》《教育法》《义务教育法》等法律、法规，都对各民族语言文字的使用作出了相应规定。我国自实行改革开放以来，更加重视维护语言的多样性与和谐统一，坚持各民族语言一律平等的原则，禁止语言歧视，提倡各民族相互学习，共同努力克服语言障碍。

从汉语内部看，汉语在地域上区分出粤、闽、吴、湘、赣、客家、北方等大的方言区，还有数量众多的次方言以及数不清的地方土语。为了消除严重的语言隔阂和语言障碍，需要大力推行、积极普及国家通用语——普通话。

积极科学的语言政策属于国家行为，这将对语言文化平等观的形成起到积极的作用。当然，正确的语言文化观的形成也与个体认识密切相关。从语言资源观的角度认识语言文化的平等观，可能使这种认识成为一种自觉的行为，更有利于这种观念的形成和普及。

三 汉语资源的属性

汉语作为一种语言资源，具有语言资源的共同属性。我们在《语言资源与语言研究》中曾经论述过这个问题，认为汉语资源除了具备一般资源所具有的社会有用性和相对稀缺性之外，还具有所有权属性、转移性、变化性、不平衡性、继承性等属性。在更宽阔的视阈内审视汉语资源，它还具有如下特征。

（一）兼容属性

兼容性原指计算机的硬件之间、软件之间或软硬件之间的相互配合程度。这里借指汉语资源在历史发展过程中表现出来的包容吸纳、兼容传承的特征，主要表现在以下几个方面。

首先，汉语在历史发展过程中接受或借鉴了外语或其他民族语言的要素和规则。例如现代汉民族共同语的词汇和句法等方面，受到过英语、日语、俄语等语言的较大影响，留下了大量印迹。汉语在与各民族语言的接触过程中接受或借鉴了相当数量的民族语言的成分，如东北地区的汉语中就保留了一定数量的满语成分。

其次，汉语在发展过程中吸收兼容了历史语言资源。例如，古代汉语的礼貌表达方式十分丰富，建构了比较完善的礼貌表达系统。但是到了20世纪70年代末，由于文化变革等原因使汉民族共同语的礼貌表达体系不断遭到破坏，礼貌表达功能逐渐降低。近几十年来，普通话为了重新建立自己的礼貌表达系统，从古代汉语中吸收了大量成分。

汉语资源的兼容性还表现在语言接触过程中产生的类似于"洋泾浜"的一种语言形式。比如当下很流行的"中式英语"就从一个侧面表现出汉语资源的兼容性特征。"中式英语"是英语单词加中国语法式的英语，如"good good study, day day up"（好好学习，天天向上）、"heart flower angry open"（心花怒放）等。"中式英语"（China English）是中国特有的东西，在英语中找不出相应的词来翻译。像"饺子"、"气功"、"豆腐"等词，在英语中基本上都是音译的。从规范的角度来看，中式英语被看做

"语言问题",是应该规范的对象。若换个视角,把它看成"山寨英语"、"文化英语"、"思维方式英语"等,中式英语则具有另类艺术文化价值,是语言资源中客观存在的组成部分。不论"中式英语"生命力及其未来的命运如何,这种"语言形式"的存在确实反映了汉语资源的兼容性特征。虽然一些外来语言成分有待进一步考察和检验,但汉语资源允许外部资源的融入,不一棒子打死,这体现了汉语资源的兼容性,也与中华民族的品格一脉相承。

(二) 情感属性

一般认为,情感是人类特有的一种复杂的心理活动,大至对真理的追求,小到日常行为,人类时刻受情感的支配。情感是任何民族文化的组成部分,文化和情感又都在民族语言里得到反映。方言、母语是族群文化的载体,学习者从小浸润其中,自然怀有深厚的感情,具有母语情结。"乡音无改鬓毛衰"讲的便是对方言的独特情感,二语学习中出现的过渡迁移表现的也是对母语的情感依赖。

语言的情感属性有两种表现形式:一种是语言感情,一种是语言歧视。语言感情是语言情感属性的正面表现、积极表现;语言歧视是语言情感属性的负面表现、消极表现。王希杰曾经讨论过类似的问题。他说:"对于自己母语的深沉真挚的热爱之情是世界上各个民族的人们都有的一种感情,这是人们对于自己的亲人、乡土、民族和民族文化、生活方式的深沉浓厚的爱的感情的一种反映和体现,是一个民族的凝聚力的表现,是一个民族能够独立生存和发展的最重要的手段和因素之一。"[1] 语言感情首先体现的是对自己的母语尤其是"乡音"的感情,这是人类语言情感的基本情感。对语言的感情还表现为对国家语言资源的热爱。王希杰认为,"说到对祖国语言文字的热爱,我还必须强调,这决不仅仅是指汉语和汉字,包括藏语、蒙古语、维吾尔语、哈萨克语、苗语、壮语、纳西语……"[2]

"语言歧视是语言感情的恶性发展,是语言无知的一种表现,也是政治、经济、文化和种族差异、矛盾、对立、不平衡的一种折光的反映,是

---

[1] 王希杰:《语言感情和语言歧视》,《语文建设》1993年第3期。
[2] 同上。

政治、经济、阶层、种族歧视的发泄口。"① 语言歧视曾经是非常普遍的问题，例如欧洲的白人看不起黑人、印第安人、中国人，因此他们也就歧视黑人英语、印第安语、中国语言、一切土著民族的土著语言，甚至宣扬汉语落后论，这是殖民主义的一种表现。在一种语言内部，甚至一种方言内部也可能出现语言歧视现象，例如早前民间出现的诸如"南蛮北侉"的说法，反映的就是方言歧视。语言歧视是一种非常消极的语言情感，应该自觉抵制。

（三）生态属性

"生态语言学认为，世界上任何语言系统都不是孤立存在的，都置于一个与它紧密联系相互作用，不可须臾分离的生态环境之中。它的产生和发展都与自然、社会、文化、人群等环境因素密切相关。语言与它所处的生态环境构成生态语言系统。"② 可见，语言资源具有生态属性，当然汉语也具有相应的属性。

范俊军、肖自辉的《语言资源论纲》指出，汉语资源的生态性表现在两个方面：一是汉语中"有丰富的反映当地自然生态的词汇，词义中集聚了丰富的有关自然生态的独特体验、经验和知识。充分整理和利用汉语中的生态知识，可以加深对自然生态的认识，实现人与自然的和谐相处"③；"二是生物多样性往往与汉语多样性分布成正比，生态状况优良的地方，语言资源也丰富，不仅语种多，而且语言的生态知识也丰富"④。例如，位于我国西南高山峡谷地区的羌族，他们语言中的方位词很丰富，其中有很多是描述各种山水的走向的，这充分反映了当地的地理面貌。"生态学家可以通过充分利用汉语资源，获得许多关于生态环境的知识，从而揭开某些自然生态之谜。"⑤

（四）政治属性

汉语资源是国家语言资源，国家语言资源具有主权特征，所以汉语资源必然与政治性相关。语言政治往往和政治语言牵连在一起，尤其是在多

---

① 王希杰：《语言感情和语言歧视》，《语文建设》1993年第3期。
② 熊英：《土家语的语言生态环境——坡脚土家语个案研究之五》，《怀化学院学报》2009年第10期。
③ 范俊军、肖自辉：《语言资源论纲》，《语言学研究》2008年第4期。
④ 同上。
⑤ 同上。

语、多言的国家更是如此。米克尔·司徒贝尔（Miquel Strubell）曾经讨论过语言与民主的问题："在民主政治下一种语言有可能衰落或消亡，在独裁政治下一种语言也有可能得以生存。"① 许嘉璐认为："自古以来，语言文字问题始终关系到国家和民族的主权，关系到公民的人权。"② 可见，语言和政治之间具有密切的联系。

  语言资源的政治性总是和国家机器相关的，所以汉语资源的政治性可以从对内和对外两个方面考察。从内部看，我国除汉语外，还有众多的民族语言，哪种语言作为国语或者通用语涉及语言政策问题；我国语言资源十分丰富，分布不均衡，如何有效有序地开发、利用汉语资源及民族语言资源，往往体现出一定的政治性；在教学语言的选择上，在考核体系中语言的设置上，如何维护国家语言资源的地位，也涉及语言政治问题。从外部看，许多国家都提出了语言的主权性思想，语言主权构成世界政治格局中不可忽视的部分。随着我国经济的发展，中国在世界舞台上扮演着越来越重要的角色，世界范围的"汉语热"持续升温，如何维护汉语在世界舞台中的作用，成为我们面临的新问题，也是新的政治问题。在这个方面，新加坡的做法倒是值得我们借鉴。如果我们能够使汉语成为世界范围内的"经济语言"，汉语的国际地位也就会越来越高。也就是说，从经济语言的角度解决政治语言问题，进而解决部分语言政治问题，可能会更加有效。

（五）经济属性

  汉语资源的经济性体现在汉语资源的开发和利用方面，是资源社会有用性的基本表现。汉语资源通过开发利用，可以实现商品化，催生相应的汉语产业、汉语行业和汉语职业，从而直接或间接地创造经济效益。商品化专指原本不属于买卖流通和通过货币实行交换的事物，在市场经济条件下转化或变异为可以进行买卖和货币等价交换的事物。史蒂夫·拉图瓦（Steve Ratu）从文化知识的更高层面讨论过相关的问题，认为"科学作为一种方法论建构，已被文化、政治、经济及意识形态的论战层层包裹，因此已经无法再用纯粹的机械术语来理解。现在，科学不仅是一种颇有销

---

① Miquel Strubell: "Language, Democracy and Devolution in Catalonia", *Language and Society*, 1998 (3).

② 许嘉璐：《许嘉璐序》，载周庆生《国家、民族与语言——语言政策国别研究》，语文出版社2003年版，第1页。

路的商品，它还可以用来将文化财产变成可以商品化的货物"。① 语言资源作为一种文化知识资源，也表现出一定程度的商品化特征。汉语如此，其他语言也如此。例如汉字书法作品已经成为一种商品；随着丽江旅游业的发展，东巴字画业已成为可资利用的资本。

汉语资源经济属性突出表现在语言职业、行业、产业等的产生与发展方面。文字速录师等语言职业的诞生不仅提供了新的就业岗位，而且创造了经济价值，有些高等院校也将新的语言职业作为新的招生专业；语言行业、产业，如机器翻译产业、字库产业、语言教育产业等都在新兴行业、产业中占有举足轻重的地位，创造了可观的经济价值。以新东方为例。2011年10月18日新东方（NYSE：EDU）发布了截至2011年8月31日的2012财年第一财季未经审计的财报。财报显示，新东方当季净利润为9070万美元，比上一年同期增长45.5%。这说明，语言资源具有明显的经济属性，汉语当然不例外，尤其是在汉语国际化的趋势下，它的经济属性会越来越明显。

四 汉语资源的系统

（一）资源系统

资源是由不同层面上、具有不同属性的要素构成的一个层级体系，具有系统性特征。这种由资源子系统构成的复杂巨系统，可以称为资源系统。资源系统具有复杂性、分层性特征。

资源系统本身具有复杂性，表现在不同方面。首先，资源的构成要素具有复杂性。资源系统由各种不同的资源子系统构成，每个资源子系统在属性、范围等方面都表现出复杂的特点。子系统的数量、类别和特征决定了资源系统的复杂性。此外，随着人类对资源认识的深化，人们对资源的分类会越来越精细，越来越多的事物会纳入资源范畴，资源种类逐渐增多，资源系统也就越来越庞大。这样，从资源系统整体上看，复杂性表现也会越来越明显。其次，对资源的认识也具有复杂性。资源系统本身的复杂性决定了人们对它的认识也是复杂的过程。对资源的认识需要同时从多个方面入手，如资源的界定、形成、范围、分布、开发、保护、资源安全

---

① ［新西兰］史蒂夫·拉图瓦：《文化知识的商品化：西方科学的企业化与太平洋本土知识》，《国际社会科学杂志》2010年第2期。

等问题都需要深入研究。资源子系统认识上的复杂性必然导致人们对资源系统的整体认知也具有复杂性。

资源系统还是个分层体系。一般从资源的组成上首先把资源系统分为自然资源子系统和社会资源子系统两大类。自然资源可下分为可再生资源和不可再生资源。社会资源可下分为人力资源、智力资源、信息资源、技术资源和管理资源等。目前还有人把资源系统分为软资源子系统和硬资源子系统两类。软资源下分为信息资源、技术资源、文化资源、区位—市场资源；硬资源分为可更新资源、不可更新资源、承载性资源和条件性资源等。这样的逐层分类使整个资源系统呈现出分层特征。

语言资源属于社会资源、文化资源范畴，其本身也是由不同的资源要素构成，也是个分层的体系，具有复杂性特征。

（二）汉语资源系统

汉语资源属于社会资源中的语言资源，它本身自成体系。从资源构成的角度看，汉语资源是由语音资源、词汇资源、语法资源、语义资源和文字资源等底层资源及修辞、语体、风格等高层资源构成的系统。语音资源、词汇资源、语法资源是语言资源的重要组成部分，这已成共识。下面本书主要讨论语义、汉字、修辞、语体、风格的资源属性问题。

语义资源为什么要归入语言资源呢？一般地说，语言的基本要素包括语音、词汇和语法，很少有人把语义作为语言的基本要素。但是我们知道，语言是语音和语义结合的符号系统。从资源的角度讲，人类无论是交流思想、表达情感还是讲述道理，都要通过一定的语义来表达。所以不论语言研究中讲语言构成要素包不包括语义，从语言资源角度看，语义必须列为其中的一个组成部分。

汉字是否属于汉语资源范畴，这是需要说明的一个问题。语言和文字本来不属于同一范畴，前者属于语言学范畴，后者属于文字学范畴。但从资源角度考察，语言资源应该包括文字资源。文字具有资源的共性特征即社会有用性和相对稀缺性。文字的有用性表现在：文字是记录语言的符号系统，具有储存文化信息的功能，以文字为载体的书法作品本身就具有经济价值。文字的相对稀缺性表现在：语言发展的速度快于文字，而文字又是记录语言的，这必然体现稀缺性特征。历史上汉字数量不断增加，以及在特定历史时期出现的新造字（例如新中国成立前后我国建议使用的为化学元素所造的新字就达64个）都表明汉字是具有相对稀缺性的。文字与语言之间的密切关系以及文字资源本身的重要性，决定了汉语资源研究应该包括文字资源的研究。从资源研究体系看，如果把汉字资源单独列为语言资源之外的一个独立的资源系统，也实无必要。

最后讨论修辞、语体、风格的资源属性问题。我们认为，它们也属于语言资源范畴。

首先，修辞、语体、风格具有社会有用性。修辞是能动地调用语音、词汇、语法、语义、文字等资源的结果，语体是语言资源的功能变体，风格是能动利用风格要素（主要是语言要素）生成的格调、气氛。从这个角度看，修辞、语体、风格本身就是资源的效益性表现。但是，在实际交际活动中，人们在选择语言形式的时候，也包括对修辞、语体和风格的选用。例如，在新闻播报中，播音员不会也不容许使用随意性很强的口语，而会选择与语境相适应的修辞、语体及风格。其次，修辞、语体、风格在实际运用中也表现出稀缺性的特点。例如，在日常交际中经常会出现不知道该如何表达自己所要说的内容的情况，这固然有语言本体知识欠缺、文化背景差异等方面的因素，但表达者使用风格手段建构目标风格时，风格手段的稀缺也是不可忽视的因素。2010年10月，我们拜访陈章太先生，其间曾向陈先生求教这个问题。陈先生也认为，修辞、语体、风格也应该看做汉语资源的一分子，也属于语言资源范畴。

这样看来，汉语资源系统是由数量明确的八个子系统构成的，即汉语语音资源、汉语词汇资源、汉语语法资源、汉语语义资源、汉字资源、汉语修辞资源、汉语语体资源和汉语风格资源。从内部结构来看，汉语资源的每一个子系统都具有相应的复杂性。例如汉语的语音资源从共时角度看，包括普通话语音资源、方言语音资源、少量民族语音资源和部分外语语音资源；从历史角度看，包括古代的语音资源和现代的语音资源。汉语词汇资源包括普通话词汇、方言词汇、境内其他民族语言词汇和外语借词；语法资源包括普通话语法、方言语法、境内其他民族语言语法和从外语中借用的语法资源；语义资源包括普通话语义、方言语义、境内其他民族语言语义和从外语中借用的语义资源；汉字资源包括字体、字形、字号、艺术字等各方面的资源。上述资源共同构成汉语的底层资源。修辞资源包括修辞规律、修辞格及各种修辞手法；可以分为科学修辞和艺术修辞两部分；语体资源包括口语体、书面语体、混合语体以及文艺语体、科技语体等不同分类标准下的各种语体资源；风格资源包括庄重、幽默等不同类型的风格资源。这些资源共同构成汉语的高层资源。底层资源和高层资源构成汉语的本体资源。实际上，汉语资源的构成还包括社会应用资源和公民语言能力两种扩展性或曰延伸性的资源，这两种资源将在本书第二节中讨论。

第二节 汉语资源的构成

第一节讨论了汉语的本体资源问题。汉语本体资源包括底层的语音资源、词汇资源、语法资源、语义资源、汉字资源和高层的修辞资源、语体资源、风格资源两大部分。汉语资源还包括延伸性资源，主要由社会应用资源和公民语言能力两部分构成。教科书、辞书、相关语言产品、数据库、语料库等构成社会应用资源；公民的语言能力是汉语资源的延伸性部分，以其为衡量标准构成国民素质资源的一部分。

一 本体资源

汉语本体资源包括语音、词汇、语法、语义、文字、修辞、语体、风格等不同类型的资源。

（一）汉语语音资源

语音是语言的物质外壳。语音资源是汉语资源不可或缺的组成部分，包括基本语音资源和生成语音资源两大部分。

1. 基本语音资源

基本语音资源是指一种语言，包括其方言语音系统中所有的音位成分及其变体的总和。它们是语音资源中最基本的组成部分。以汉语普通话为例。汉语普通话有 22 个辅音音位，分别是 b、p、m、f、d、t、n、l、g、k、h、ng、j、q、x、zh、ch、sh、r、z、c、s，有 10 个元音音位，分别是 a、o、e、ê、i、u、ü、-i [ɿ]、-i [ʅ]、er。元音音位、辅音音位都有自己的音位变体。这些音位及其变体就是汉语普通话的基本语音资源。

基本语音资源的社会有用性表现在它们都可以作为音节的组成部分或单独成音节来为汉语记音。汉语中大部分单元音和复元音都是可以独立成音节的，但是更多的音节需要由基本语音资源按照一定的组合规则构成。

基本语音资源还是语言学习的工具。母语人系统学习语言首先是从语音开始的,语音资源成为母语学习最重要和最基本的工具。另外,其他民族学习汉语,也是从语音学习开始的。学习掌握语音资源是利用一种语言资源的起始部分,也是非常重要的部分。

2. 生成语音资源

生成语音资源是指由基本语音成分按相关规则组合形成的语音资源,所以也可以叫作组合性语音资源。对于普通话来说,主要包括复元音韵母、带鼻音韵母和音节等几个部分。

每种语言及其方言都有自己的音位组合规则。理论上元音和元音、元音和辅音、辅音和辅音在各自语音组合规则的制约下,都可以生成不同的组合单位。在汉语普通话中,元音和元音的组合形成复元音韵母或直接成音节的有 13 个:ai、ei、ao、ou、ia、ie、ua、uo、üe、iao、iou、uai、uei;元音和辅音组合形成的韵母或音节有 16 个,即 an、ian、uan、üan、en、in、üen、ün、ang、iang、uang、eng、ing、ueng、ong、iong。例如"ān"可以自成音节记录"安",还可以与辅音"l"组合成音节"lán"来为汉字"蓝"注音。

需要说明的是,在生成的语音资源中还包括一些成分,这些成分在普通话中没有相应的汉字与之对应,可能也很少有独立的意义,所以一般认为汉语普通话中没有这些语音成分。但从资源角度看,它们也应列入汉语语音资源范畴,因为它们或在方言中存在,或在交际中被调用以达到某种特定的交际目的。例如音节"pia"、"bia"、"fiao"等,它们在普通话中不被看做独立的音节,多是因为没有与之对应的汉字和对应的意义。从实际使用情形看,"pia"、"bia"的确被使用,而且可以实现特定的交际目的;"fiao"在吴方言中就是客观存在的,表示"不要"的意义。既然这类语音单位有交际价值,也应该归入语音资源范畴。

3. 其他语音资源

汉语中的基本语音资源和生成性语音资源都是从音质的角度分析的资源。对应物理学上分析的音高、音长、音强。汉语中还有其他一些语音资源。

汉语是一种有声调的语言。声调是指汉语语音系统中依附在声韵结构中具有区别意义作用的相对音高的变化。声调是由相对音高决定的,它在汉语中的社会有用性最明显的体现就是区别意义,相同的声韵结构附加不同的调值，可以表示不同的意义。例如汉语普通话中双唇、不送气、清塞音与舌面、中、低、不圆唇元音的组合分别附加"55"、"35"、"214"、"51"就至少可以表示"八"、"拔"、"把"、"爸"等不同的意义。各种不同方言的调值虽然有差异，但是区别意义的功能是共同的。另外，音高运动的模式可以生成不同的句调，使一个句子具有不同的功能。如"张老师来了"句调为升调表示询问，即"张老师来了没有/吗？"若其句调为降调，则表示陈述，叙述一个事实。可见，音高是汉语普通话中非常重要的语音资源。

音长是指声音的长短，对于汉语普通话来讲，音长虽然不能区别意义，但是仍然具有相应的价值。首先，语音最后是服务于交际的，交际中声音的长短对于达到不同的交际目的具有一定的作用。例如声音的拖长就可以表达言者的不满等各种不同的情绪。其次，在汉语某些方言中，声音的长短具有区别意义的功能，粤方言中的音长就可以起到辨义的作用。粤方言广州话中，音长能够区别意义，如"考"与"口"、"三"与"心"的声母、声调、韵尾都相同，它们相互之间的区别只在于韵母中主要元音的长短不同："考"读作［ha：u］，"口"读作［hau］；"三"读作［sa：m］，"心"读作［sam］。由此可见，音长应该看做汉语语音资源的组成部分。

音强就是声音的强弱。语音上的音强可以形成轻音、重音等不同的具有相应价值的变化。轻音在汉语普通话中可以起到区别意义、区分词性等不同的作用。例如，"老子"的"子"赋予轻音与不赋予轻音，表示的意义是有差异的；"地道"的"道"如果不读本音，而读轻音，就成为一个新的词位，也表示一个新的意义。如果仔细分析汉语普通话中的轻音，可能会发现其更多的价值，如动词、形容词重叠，其后的成分是否轻声，可能构成不同的意义和形式。例如"走"双叠成"走走"且后一个"走"轻读，这是动词的重叠式，一般认为表示动量小或时量短。其实我们认为，语法上的重叠只可能表示增量，不能表示减量。动词重叠表示动量小或时量短，不是重叠的意义，而是轻声的价值所在。因为如果"走"双叠且后一个"走"不轻读，这就不是句法上的重叠，只能是一种语用的叠用，表示催促等意义。与轻音相对的是重音，重音在汉语普通话中虽然没有区别意义的作用，但是在表达中的作用非常重要。例如通过逻辑重音的安排，可以表明说话者的情感，起到突出或强调的作用。

(二) 汉语词汇资源

词汇是一种语言里所有的（或特定范围内的）词和固定短语的总和。对于一种语言来说，它的词汇资源主要包括基本词汇资源、生成词汇资源和外来词汇资源三个部分。

1. 基本词汇资源

基本词汇资源是汉语在生成、发展的不同阶段形成并储备的一定数量的基本词汇成分。这些成分用于标示或记录当时语言生活中和客观世界中存在的事物、现象、关系、性质、动作等。汉语在初生阶段，基本词汇资源是很有限的。例如，目前发现的甲骨文数量一般认为在 3500 字到 4500 字之间，可以推断，当时基本词汇也大致就在这个数量上。古代汉语中能够表示意义的成分基本都可以归入基本词汇资源。所以从资源的角度考察，基本词汇资源和基本词汇是不同的概念，基本词汇的数量比基本词汇资源所包含成分的数量要小。

另外，基本词汇资源还应该包括后来产生的资源。例如，随着人们对化学元素认识的深入，出现了一大批新的基本词汇资源，如"氢、氦、锂、铍、硼"等。这些成分是人类在专业领域内认识到的资源，是在特定历史阶段上出现的，属于基本词汇资源的构成部分。所以基本词汇资源应该包括各个领域中用于表现客观实在的所有成分。

2. 生成词汇资源

生成词汇资源是由基本词汇资源经过组合或演化生成的资源，是基本词汇资源整合或演变的一种结果。生成词汇资源的形成源于人类交际的需要，并以人类不断提高的认知能力的形成为途径。汉语生成词汇资源主要包括通过组合生成、简缩生成和演化生成等几种方式生成的新的词汇资源。

从单音节成分经过组合生成多音节成分是汉语造词的历史模式，尤其双音化是汉语造词的典型范式。"汉语词的双音节形式最早应是殷商甲骨文中的'合文'现象"[①]，其次是我们普遍承认的联绵词。先秦时期出现了双字格结构，两汉以后，"双字格"构词方式开始泛化定型，魏晋南北朝时期，佛经的翻译对汉语词汇双音节化产生了极大的影响，是汉语词汇双音节化的重要时期。唐、宋时期汉语双音节化构词范围扩大，双音构词

---

① 王立：《汉语构词范式初探》，《山西大学学报》2000 年第 1 期。

从实词延伸至虚词。元、明、清小说中的双音节词数量逐渐增加。至现代，双音节构词基本实现了格式化，绝大多数新词是在"双字格"构词框架内生成的双音节复合词。这说明，通过双音节化的方式，汉语词汇资源中增加了大量新的成分。

后起的多音节成分简缩成双音节成分也属于生成词汇资源。王立认为，"多音节成分简缩成双音节成分，魏晋南北朝时期略为明显一些"。① 现代汉语中这种简缩式双音节词越来越多，成为词汇资源的重要组成部分。

汉语词从单音节到双音节的生成过程，使汉语词汇数量增加、表意更加丰富准确；多音节词到双音节词的生成过程，同样增加了汉语词汇的数量，使汉语表达更加简练。

演化生成的词汇资源主要包括由虚化、多义分化、借形表义等方式生成的成分。虚化如"把"原是表"把握"义的动词，在现代汉语中增加了一个经过虚化形成的介词；多义分化如"雕、鵰、凋"三个词在古代可以通用，在现代汉语中则分别适用于不同的对象；借形表义如"白、米"等原来有特定的意义，此后用此形表示其他的意义。"白"原表示一种颜色，后来借"白"的形表示"徒劳"的意义；"米"原指"粮食"，后来借"米"的形表示"长度单位"。

3. 外来词汇资源

外来词汇资源是一种语言在和其他语言的接触过程中借入的原属其他语言的成分。这些成分或直接使用，或经过一定方式的改造，作为交际成分使用。其他语言中的词汇成分进入汉语并经过汉语一定方式的改造，从资源分析的角度讲，就是资源的一种整合。关于语言资源的整合本书将在第二章中介绍。

汉语的外来词汇资源大部分是在语言接触或融合过程中借用过来的。例如汉代的对外交往比较频繁，汉武帝时贸易范围已经拓展到了伊朗、里海、阿拉伯、印度、罗马帝国等国家和地区，而且东汉首都曾设蛮夷邸，这为汉语和外语的接触创造了极为便利的条件。在这段时期，汉语借用了"苜蓿"、"菩萨"、"菩提"等词汇成分。据上海人民出版社1993年3月出版的《俗语佛源》载，东汉、南北朝至唐代，国人在和西域僧人合作

---

① 王立：《汉语构词范式初探》，《山西大学学报》2000年第1期。

翻译佛典的过程中，借用了大量的新词。这些汉译佛语融入大众俗语，至今仍被使用，如"眼光"、"缘起"、"手续"、"刹那"、"现在"、"翻译"、"翻案"、"方便"、"天堂"、"地狱"、"宿命"、"平等"、"悲观"、"觉悟"、"境界"、"唯心"、"实体"、"实际"、"真实"、"真理"、"真谛"、"信仰"、"因果"、"相对"、"绝对"、"信手拈来"等。现在这些成分已经成为汉语中常用的交际成分。有些成分现在看来外来特征已经不是非常明显，人们感觉不到它们是借来的了。如"米"、"现在"、"方便"等，它们的外来特征已经相当模糊了。有些外来词汇资源是直接使用外语的形式，如"WTO"、"SOS"、"CEO"等。

（三）汉语语法资源

汉语语法资源是汉语资源的原则和规则部分，由语法形式、语法意义、语法关系、语法手段、语法范畴等要素构成，可以分为自源的语法资源和他源的语法资源两个部分。

1. 自源的语法资源

自源的语法资源是指汉语在其发展过程中生成和储备的资源。一般认为，汉语是一种形态不丰富的语言，即汉语的形态资源不丰富。目前一般认为重叠可以作为汉语的一种形态标记。汉语中的名词、量词、形容词、动词、一部分代词都有重叠作为形态标记。事实上从汉语普通话中的重叠形态看，二叠应该是形态标记，多叠可能只是语用标记。这种形态表示增量。我们认为，汉语中应该还有其他一些形态资源，如"把"标记其后成分一定是受事，"被"其后成分一定是施事，这些资源的研究还不够深入。关于汉语语法意义的研究自20世纪50年代以来一直没有间断，发现了包括"自主—非自主"、"持续—非持续"、"相对义—绝对义"等不同的语法意义资源。语法关系的研究当然具有类型学的特征，所以诸如"领属"、"修饰"、"支配"等方面的研究已经比较深入，这些都可归入语法关系资源。语法手段的研究方面，因为一般认为汉语是形态不丰富的语言，所以这方面的研究还不够深入。随着研究的展开，汉语中应该会发现一些语法手段，如施事标记手段、受事标记手段、与事标记手段、同事标记手段等。这些都是有待深入考察的语法资源。关于汉语语法范畴的研究已经取得了比较丰富的成果。20世纪40年代，吕叔湘、高名凯等前辈对此进行了深入的研究。此后关于范畴的研究一直没有间断，"自主范畴"、"持续范畴"、"生命度范畴"、

"时量范畴"等的研究都在近年取得了丰硕的成果。

汉语的自源语法资源也具有可变性。从古代汉语到现代汉语，有些语法资源稳定不变地保存了下来，如汉语的联合结构、偏正结构、主谓结构等都在汉语发展的不同历史时期就出现了，在现代汉语中仍然存在。但是有些语法资源到现代汉语中已经消失了，如"宾语—述语"结构，现代汉语普通话中已经基本不使用了，"唯利是图"等也只能算是古代汉语的遗留，属于历史资源。还有一种情形就是汉语在发展过程中产生了新的结构或语法形式，如"述补结构、体标记"等一般认为是后来产生的，它们在现代汉语普通话中保留了下来。

2. 他源的语法资源

他源的语法资源是指在语言接触过程中，汉语从另一种或几种语言中借用过来的语法资源。汉语在和其他语言的接触过程中，不但借用了其他语言的语音、词汇等成分，也借用了其他语言的语法资源。例如，从古代到近代，汉语的被动式一般只限于表示不幸或不愉快的事情。"五四"以后，受外语的影响，被动式的使用范围扩大了，不再限于表不幸或不愉快的事情。再如，一般认为汉语是没有从句的。现代汉语中的从句是汉语在其发展过程中于不同历史阶段借用了印欧语系的从句资源。

其他语言的语法资源借入汉语之后，一般不会对汉语整体系统产生决定性的影响。借用的资源进入汉语一般要与汉语原来的资源进行整合。例如汉语借用从句资源之后，汉语的语法规则没有发生整体性变化，而且用从句可以表示的意义同样还可以用汉语中原有的散句表示。但是借用了从句资源使汉语的表现能力得到了加强，资源的效益性明显提高。

（四）汉语语义资源

汉语语义资源包括词义资源和句义资源。词义是词的意义，包括理性意义、语法意义和色彩意义（附属意义）。其中词的理性意义和语法意义是词的本体意义，即不需要特定的语言环境就可以确定的意义。色彩意义既由词本身承载，同时也需要一定的语言环境，尤其是文化环境来显现，所以词的色彩意义可以看做本体和语用兼属的意义。句义是"语言中最小的独立的语义单位"[①]，是交际的基本单位承载的意义。

1. 汉语词义资源

词义是现实现象在人头脑中的认知反映，主要包括理性意义、语法意

---

① 贾彦德：《汉语语义学》，北京大学出版社1999年版，第214页。

义和色彩意义三个部分。

（1）词的理性意义

词的理性意义通常指能够在词典中检索到的意义，其社会有用性主要表现在分类方面，具体可以从以下几个方面考察。

首先，词的理性意义具有概括功能。名词具有指称功能，动词、形容词具有陈述功能。以"水果"一词为例。"水果"指各种各样的水果，包括"葡萄、香蕉、苹果、荔枝、柚子、樱桃"等。"水果"的意义就是从这些各种各样的水果中概括出来的共同的、本质的特征，描写为"可以吃的含水分较多的植物果实的统称"。理性意义通过概括客观实在的共性特征来确定其范围，这个特征对内具有普遍性，对外具有排他性。词义概括功能的有用性表现在，概括性是人类抽象思维的结果，是语言作为交际工具的必然要求。客观现实纷繁复杂，不可能每个具体事物都有专门的名称来指称，那样语言中的词将会不计其数，我们根本就不可能掌握语言，语言也不可能成为人类的交际工具。正因为词义具有概括性，反映了事物的本质特征，所以我们可以用一个词指称同类事物中的任何一个，人类才能运用语言中数量有限的词语表达客观世界中纷繁复杂的现实现象，使语言成为我们能够掌握和使用的有效的交际工具。

其次，由于很多客观实在都具有原型特征，中心分明，外延连续，界限模糊，所以在概括性的基础上，词的理性意义也表现出模糊性。词义的模糊性指的是词义的界限不确定，它源于词所指称的客观事物边界的不清晰。例如"傍晚"与"黄昏"之间没有一个明确的界限，很难明确断定几点到几点就是傍晚，几点到几点就是黄昏。词义的模糊性，不仅仅在于它的难以避免，还在于它满足了语言表达的客观需要。因为人们在实际交际中并不都需要追求表意的精确。如"我等会儿要出去一下，你帮我看一下门"，这句话所要表达的意思是自己在一段时间内会出去的信息，没有必要加上"几点"、"几分"，要是加上了会令听话人感到别扭，而且也往往没有这种必要。词义的模糊性具有非常重要的价值，即具有社会有用性，主要表现在：可以提高语言的表达效率，可以增强语言表达的灵活性，可以使语言表达更加含蓄委婉，可以使语言表达更加生动、形象。

最后，词的理性意义具有民族性。同类事物在不同语言中用什么来表示没有一致性和对应性，理性意义概括的对象范围也可以不同，这体现的是词的理性意义的民族性。例如汉语分别用"哥哥、弟弟、姐姐、妹妹"

表示同一父母所生的子女，而英语只用"brother"表示哥哥或弟弟，用"sister"表示姐姐或妹妹。这在一定程度上反映了汉语母语人"长兄为父，长姊为母"的等级观念，故弟弟、哥哥，妹妹、姐姐必须分开。词义的民族性还表现在不同民族的特用词方面。因为不同民族都有自己独特的生活内容和方式，有自己独特的精神生活和追求，所以"特用词"体现了不同民族特有的社会文化和心理文化。我们可以利用这种"民族性"特征来探求该民族的文化特点，这也是其有用性的具体表现。例如"走私物品"在粤闽地区被称做"水货"，而在西南地区则被称做"山货"。通过这两个词，我们可以探求到它们不同的地域文化：粤闽拥有广阔的海岸线，而西南则坐拥连绵的山脉。东北方言中有"猫冬"一词，这体现了东北地区冬季严寒的特点。

词的理性意义是对客观实在进行概括、描写、命名，从而使人们可以通过词汇形式或语音形式来指称客观世界。此外，在词的理性意义基础上，语言中有同义、近义、反义、类义等语义现象，它们为生成适合、严谨和不同风格的表达提供了语义材料，是汉语中重要的词义资源。

（2）词的语法意义

词的语法意义是抽象概括的意义，在很大程度上决定词的语法功能，是划分词类和确定词性的重要依据。马庆株认为，"决定词的用法的范畴性的意义才是语法意义"[①]，说的就是这个问题。

首先，词的语法意义本体方面的价值在于可以依此判断组合的合格性和生成不同的聚合，是我们研究语言的重要凭借之一。语法研究有多种不同的方法，但语法意义的研究在其中的地位举足轻重。从构造合格的句法结构的角度看，包括词组和句子，都受到语义、句法、语言习惯等多方面的制约，其中语法意义是很重要的方面。例如介词的语法意义在于"介引"，那么与介词组合的成分要求必须有［+被介引］特征，无此特征则一定不可组合。从聚合角度看，语法意义一定程度上可以直接确定聚合，如"一、第一、甲"，因其都有计数的语法意义，可以直接归入数词聚合；"而且、如果、只有、只要"都具有"连接"的语法意义，可以直接归入连词的聚合。由此可见，语法意义在语法研究中具有非常重要的价值，即具有社会有用性。

---

① 马庆株：《著名中年语言学家自选集·马庆株卷》，安徽教育出版社2002年版，第6页。

其次，词的语法意义的价值还表现在应用方面，能为语法学习和语法教学提供便利。词的语法意义可以为词在不同层面上定性，可以影响句子的组合。由于语法意义和语法功能之间关系密切，具有相同句法功能的成分往往在一个特定语法意义上形成聚合，这样在语法学习和语法教学中就可以收到以简驭繁的效果。例如"企图"的一个句法特征是其后必须带谓词性宾语，那么与"企图"在语法意义上相同的"妄图、加以、予以"等也应与其具有相同的组合特征。这在母语语法学习、外语语法学习、母语语法教学、对外汉语语法教学中都可以起到以点带面的作用。

（3）词的色彩意义

词的色彩意义也称附加意义或附属意义，通常指一个词在其理性意义基础上体现出来的表情、语体、形象、地域、民族等方面的特征。色彩意义是词义资源中的重要组成部分，其社会有用性特征表现得更加明显和突出。

词的色彩意义在表情功能上体现为褒义、贬义和中性义三种情形。词义的感情色彩资源在人的表达中具有很大的价值，不同的立场、不同的观点，必然导致不同的褒贬倾向，人们可以根据不同的表达需要选择汉语中具有不同感情色彩的词义资源。例如《列宁在1918年》这部电影中，有一组秘书与斯大林的对话：

秘　书：英国军队撤退了。
斯大林：不，敌人逃跑了！

秘书选择色彩意义中的中性资源，是一个客观陈述。斯大林用的是"敌人逃跑"，突出其强烈的表情化倾向。值得注意的是，自然资源的转型现象在色彩意义资源中也有类似的体现，这就是词义色彩资源中的资源转型现象，主要表现在从褒向贬、从贬向褒、从中性意义向褒义或贬义转化的情形。褒义色彩转化为贬义色彩如"不稂不莠"，贬义色彩转化为褒义色彩如"面如冠玉"，中性义转化为褒义如"金童玉女"，中性意义转化为贬义如"明哲保身"、"爪牙"等。

词的色彩意义在语体上表现为口语体、书面语体和混合语体等几个方面。色彩意义的语体价值在于它们可以帮助构成不同的语体。例如具有诙谐色彩的词汇资源往往可以成为建构口语语体的要素，具有庄严色彩的词汇资源往往可以成为建构书面语语体的要素。具有不同色彩意义的词语适用于不同的语体，在实际交际中应该慎重考虑、斟酌使用，根据不同的语体选择恰当的词语来达到良好的交际效果。

有些成分用于表示具体事物时，语义上往往给人一种形象感，这也是其价值所在，例如"马尾辫"、"美人鱼"、"翠竹"、"恰恰舞"等。这些词从语义上就给人以形态、颜色、动态等各个方面的直接感觉，具有形象化、直观化的特点。

色彩意义还包括方言色彩（地域色彩、语言社团色彩）、古语色彩、民族色彩等。如"唠嗑"、"没得"、"咋整地"等词具有方言色彩；"请教"、"亲启"、"海涵"等词具有典雅、庄重的古语色彩；汉语中与"狗"有关的语词大都具有贬义色彩，如"走狗"、"落水狗"、"蝇营狗苟"、"狐朋狗友"、"狐朋狗党"、"狗日的"、"狗娘养的"等，而在英语中则带有褒义色彩，如"a lucky dog"、"a big dog"等，这在一定程度上具有民族文化认同和辨别民族文化差异的价值。词语的这些色彩意义都可以使我们的表述更灵活、更丰富，使我们更有效地进行交际。

2. 汉语的句义资源

句义，简单地说就是句子的意义，主要包括句子本义、句子的语境义。近来学界讨论的构式义，可以看做一种抽象义，是句义资源的组成部分。

（1）句子本义

句子本义指句子在零语境下显现的意义。这个意义往往是句子组合成分经过整合产生的意义，也是句子的基本意义和常用意义。尤其是在科技语体中，人们使用的往往就是这个意义。人们口头交际中大部分也是使用句子的基本意义。例如：

> 语音，是指人类通过发音器官发出来的具有一定意义的声音。
> 十月份开题，假期不许回家。

在这类句子中，说话者的交际意图可以依靠字面意义直接表达出来，基本不需要推理。

（2）句子的语境义

句子的语境义指句子在其基本义的基础上，由于表达者有意选择特殊的语言环境而产生的偏离句子基本意义的意义，通常是在说话人使用一定交际策略的情况下所要表达的实际意义，即言外之意。人们在语言环境中表达特定的语境意义，通常使用"语气语调"、"一语双关"、"比喻表意"、"隐喻暗示"、"迂回烘托"、"巧用语境"等方式或办法。例如"考得真不错啊"可以用为反语，字面上讲是"考得好"，实际上是讲"考得并不好"。句子语境意义的使用在人类交际中是很常见的，它的价值在于能够适应当事人的交际需要，以更加合适的方式传递说话人的实际信息。

（3）句子的构式意义

构式意义是近年来兴起的构式语法所关注的课题之一。构式意义是结构式体现出来的意义。构式意义不仅体现在句子层面上，小于句子的结构也可以有构式意义。构式意义的价值在于其生成性和能产性，可使语言表达丰富化、多样化。一般认为，构式意义具有多义性，同一个形式在不同层面上通过隐喻、转喻机制可以对应不同但却相关联的意义，这为语言表达提供了多种可选形式。例如，汉语中的双宾结构是双及物结构式的一种类型。双宾结构的基本形式是 $S-V-O_1-O_2$，原型意义表示 O_2 在 V 的作用下发生位移或转移。在这个构式的基础上，在隐喻或转喻机制作用下生成了不同的相关联的意义。如"我给你一本书"、"我给你一巴掌"、"我请教你一个问题"、"我踢他一脚"等都是双宾结构，但是具体意义在大同之下有小异。构式意义的价值在于"式"的能产性，是语言中普遍存在的资源。

（五）汉字资源

汉字资源从历时的角度考察，就是各个历史时期出现的不同形体的汉字及汉字的总和；从共时的角度考察，就是现存的字形、字体、字号、艺术字等资源。

1. 汉字资源发展整合概述

大约在公元前 14 世纪的殷商后期，汉字就已经成为初步定型的文字，即甲骨文。到了西周后期，汉字发展演变为大篆，至秦经李斯等对其加以去繁就简，改为小篆，与此同时还产生了隶书。隶书之后又演变为章草，而后今草，至唐出现狂草。随后，楷书在唐代开始盛行。介于楷书与草书之间的是行书。到了宋代，随着印刷技术的进步，产生了一种新型书体——宋体，也叫铅字体。

在汉字形体不断演变的同时，由于人类对客观现实的认识不断深化，需要记录和表达的现实现象不断增多，汉字的数量也随之发生变化。秦代的《仓颉》《博学》《爰历》三篇共收字3300个，汉代许慎《说文解字》收字9253个。晋宋以后，文字数量日渐增多，至清《康熙字典》已收字4.7万个。1915年欧阳溥存等人编纂的《中华大字典》收字49964个，1990年徐中舒主编的《汉语大字典》收字54678个，1994年冷玉龙等编纂的《中华字海》收字多达8.5万余字。

2. 汉字资源的社会有用性

汉字的社会有用性即其功能，也就是汉字资源的价值。汉字的核心价值当然是记录汉语。因为有了文字，才使汉语中记录的文化信息等得以跨越时空保存下来。一般讨论汉字的功能多集中于文化功能，其实，这只是汉字功能的一部分。汉字具有文化、信息、艺术等多方面的功能，而且汉字资源可以经书法化操作生成能够创造直接经济效益的汉字产品。

汉字不仅本身是一种特殊的文化形态，而且汉字也蕴含着文化。汉字的发展经历了漫长的历史时期，在不同时期产生的文化也融入了汉字中。例如"炮"原来是"石"字旁，写作"砲"。因为在冷兵器时代还没有火药，人们是用石头做炮弹的。后来有了火药，才改为"火"字旁，写作"炮"。张朋朋认为："汉字是从古代象形文字发展来的，具有悠久的历史，是古文字的活化石。汉字字形的表义方式是可以进行理性分析和描述的。汉字字形所承载的信息使我们可以了解到古人创造文字的智慧，了解到古代中国人的生活、劳作、习俗、思维方式以及历史等文化印迹。"[①] 这是汉字文化功能、信息功能的集中表现。

汉字的艺术功能主要体现在书法上。汉字书法艺术不仅是我国艺术领域中的奇葩，也是世界上唯一以文字为表现内容的艺术形式。汉字以其象形性、方块性的优势，展现了一种虚实结合、形神兼备、飘逸空灵、曲直相宜的艺术美。汉字的书法艺术还表现在，我们今天把历史上出现的各种字体、字形作为艺术品去鉴赏。从更直观的角度讲，书法作品已经可以直接带来经济收益。

（六）汉语高层语言资源

修辞资源、语体资源、风格资源是语言资源中的高层资源。

修辞是指为了增强语言表达效果，对语言要素进行的选择、加工和调

---

① 张朋朋：《汉字是世界文化遗产》，《汉字文化》2007年第4期。

整,是交际过程中有效运用语言要素的一种行为。换一个角度考察,修辞格、修辞手法也是人类用以服务交际活动的要素,体现其特有的社会有用性。语体是语言的功能变体,是语言适应不同交际语境的产物,即语言符号的交际功能的变体。由于交际目的不同,语言在使用过程中形成了不同的语用变体。我们可以依据场合、方式和言语区别特征,将语体分为日常谈话语体、正式演说语体、大众传播语体、公文事务语体、科学技术语体及文学艺术语体等多种语体。语体一旦形成,就成为交际活动中的备用要素,用以服务交际,体现语体的社会应用价值。风格是在一定语言环境下呈现出的言语的格调、气氛,而任何一种格调或气氛的形成都离不开相应的风格手段。风格手段可以分为语言符号手段和非语言符号手段两大类。风格的语言手段主要有语音手段、词汇手段和语法手段,风格的非语言手段主要有修辞手段、语体手段、文字标点、图表符号和篇章结构等。风格形成前需要调用相应的要素,风格形成后就成为交际的备用资源。

修辞、语体、风格,从一方面看,它们是底层资源价值的体现;从另一方面考察,风格可以被选作交际要素,从而体现其社会有用性特征,其本身成为一种资源。为与底层资源相区分,我们称之为高层资源。我们在《语言资源与语言研究》中提出"高层语言资源"这种看法后,部分专家学者对此提出了质疑。2010年我们专程到京拜访学界前辈陈章太先生,他认为可以把修辞、语体、风格看做资源。

二 应用资源

"语言应用包括语言在社会各领域的应用和人类社会对语言文字的各种使用及其效益,是语言资源价值和可利用性的具体体现。"[①] 语言的应用资源,也可称为派生资源,主要是在语言本体资源的基础上衍生出来的语言资源,是语言本体资源的副产品。一般意义上的应用资源主要包括语文辞书、教科书、与语言本体资源有关的计算机软件产品、国家语言资源监测与研究中心监测到的语言资源等。

(一) 语文辞书

语文辞书是汉语资源重要的应用资源之一。一方面,本体资源是应用资源发展的基础,语文辞书不但记录了不同历史时期的自然资源,同时也

---

① 陈章太:《论语言资源》,《语言文字应用》2008年第1期。

通过语音、词汇、语义、文字等形式记录了社会资源，没有汉语的本体资源就无所谓语文辞书；另一方面，辞书的编撰有利于人们更好地学习汉语的本体资源，本体资源借助辞书得以规范、流传、推广。二者相辅相成、互相促进。

　　我国语文辞书的发展历史源远流长，可以说从我们的祖先摆脱蒙昧进入文明时期开始，辞书编纂整理工作就已经开始了。周秦时的《史籀篇》及秦代的《仓颉篇》《爰历篇》《博学篇》收录了当时的主要常用字，既可以看做当时的字书，又是当时童蒙的识字课本。汉代许慎的《说文解字》是我国第一部字典，是中国辞书的奠基之作，也是当时的规范字书，供人们学习使用。"由汉代至清代，古代辞书可谓成就辉煌，出现了《永乐大典》《古今图书集成》《康熙字典》等辉煌的巨著。"[①] 清末到民国，我国编纂的辞书主要有《中华大字典》《辞源》《辞海》等。1912 年由商务印书馆出版的《新字典》是中国现代辞书史上的第一部汉语文辞书。《新字典》以现代辞书学理论为指导，改变了以《康熙字典》为代表的传统字书的编纂模式，同时在收字、释义、附图、检索、附录等方面都有独到之处，在辞书编纂方面具有划时代的意义。1949 年至今，我国辞书有了巨大的发展，编纂了《新华字典》《汉语大字典》《汉语大词典》《中国大百科全书》《现代汉语方言大词典》等辞书。尤其是近几年，汉语辞书编纂工作更趋科学、全面、及时，出版了几百部相关辞书，如《现代汉语谚语歇后语惯用语规范词典》《同义近义反义多音多义字词典》《现代汉语读音规范词典》《现代汉语语气成分用法词典》《2005—2010 汉语新词词典》《全球华语新词语词典》《现代汉语学习词典》《潮·普双言语词典》《现代汉语用法词典》《新编汉蒙成语大词典》《常用典故分类词典》《汉英大词典》《普通话简明轻重格式词典》《现代汉语造句词典》《学生常用歇后语造句词典》《精编组词造句词典》《简明西汉—汉西词典》《连用成语词典》《新课标多功能小学生词典》《标题用语词典》《当代英汉美英报刊词典》《商务馆学汉语词典》《学生组词词典》《常用词语误用评改词典》《现代汉语规范词典》《新华拼写词典》《现代汉语虚词词典》等。这些辞书已经成为重要的学习和教学资源。

　　随着信息时代的到来，我国从 20 世纪 70 年代开始尝试电子辞书的编

[①] 李宇明：《关于辞书现代化的思考》，《语文研究》2006 年第 1 期。

纂。1979年开始介绍西方词典编纂的自动化,至今,跟踪介绍一直不断,并开展了辞书现代化工作。1989年,首部中英文电子辞典"快译通EC1000"问世,随后我国的袖珍电子辞书发展迅速,目前市场上已有"文曲星"、"商务通"等二十多个品牌。1997年《汉语大词典》《金山词霸》两部光盘词典问世。2004年中国语言文字网在一些辞书编纂者和出版者的支持下,推出了多部网上免费查询辞书。我国辞书正在朝着现代化的方向发展。目前,中国工具书网络出版总库提供的电子辞书已经覆盖了语音、词汇、语法、修辞、文字等各个方面,出版了包括《简明古汉语字典》《汉字源流字典》《古代汉语词典》《古汉语成语典故词典》《汉语比喻辞典》《汉语常用语词典》《多音多义字字典》《应用写作大百科》《中国博物别名大辞典》《中国象征辞典》等在内的一系列辞书。

总之,不论是纸质版的语文辞书还是电子版的语文辞书,它们都是对本体语言资源进行加工、整理而形成的应用资源,使无形的语言资源变得有形可识。这类应用资源是语言应用资源中重要的组成部分。

（二）教科书

教科书是语言应用资源中的一部分,其社会有用性与语文辞书相比同中有异。教科书最开始是与辞书相交叉的,古代的语文辞书有的也就是教科书。这里我们主要讨论语文教科书。

语文教科书的发展经历了从古代、近现代到当代的不断演进的过程。这个过程同时也是教学内容、教学体系不断变化的过程。先秦至汉魏六朝教科书主要的教学内容为识字教学,字书《史籀篇》是我国历史上最早的蒙学教材。李斯《仓颉》、赵高《爰历》、胡毋敬《博学》,也都是以识字为主。汉代史游作《急就篇》,李长作《元尚篇》,也以教学童识字为主。南北朝时期周兴嗣撰《千字文》,以四言韵语编成,用于识字,同时也叙述有关自然、社会、历史、伦理、教育等方面的知识。

隋唐至元朝,蒙学教材以识字为主,同时加大伦理道德教育。明清时期出现了伦理道德教育的启蒙教材,《小儿语》《闺训千字文》《名贤集》《弟子规》等是这一时期常用的语文教科书。清末出现了扩充的传统蒙学教材,如《三千字文》《万字文》《千家姓》以及改写的蒙学教材——《重订三字经》。古代的文选教材当以《昭明文选》为代表,《玉台新咏》也有相当的影响。

近现代语文教科书的编写受到国外影响,突破了古代语文教科书的编排模式，形成了初具规模的语文教科书体系。1904年商务印书馆出版的《最新国文教科书》是我国实行新学制后全国范围内使用的第一部语文教材。1907年商务印书馆推出的《中学国文读本》是一部很有特点的文选教科书，采用由今溯古、由近及远的逆向编排方式编排选文，在教学原则上有一定的创新。"五四"新文化运动尤其是1920年以后，白话文教科书最终取代文言文教科书，《新国语教科书》的出版标志着我国中小学语文教材进入新的历史时期。1924年叶圣陶等编写的《初中国语教科书》中，白话文占到教材选文总篇数的37%。20世纪30年代开始，语文教材单元组合形式形成并得到逐步发展，其中孙俍工《国文教科书》，夏丏尊、叶绍钧《国文百八课》可为代表和范例。

当代语文教科书则从一纲一本发展到了多纲多本，呈现出多样化的局面。李良品认为，"中国语文教材的发展有四条主线：一是教材内容从单一的传统文化向目前的尊重多元文化发展；二是教材制度从古代的盲目无序向当代的制度管理发展；三是教材结构从零散知识向专题组元方向发展；四是教材服务对象从古代的少数精英朝当代的全民提高语文素养方向发展"。[①]

教科书，从某种意义上讲，是一个国家教育意志的重要表现，集中体现国家的教育思想和教育观念。教科书作为课程的主要载体与学校课程一样，"包含了社会认可的知识及蕴含于这些知识中的合法化的意识形态"。[②] 可见教科书的作用和影响都是非常巨大的。"一本薄薄的语文教科书，其实是非常沉重的，它是整个国家民族精神的象征，它是人类优秀文化的传承，它用母语丰富滋养着人的心灵，培养着每一个有个性的生命。"[③] 可见作为语言资源副产品的教科书负有沉重的使命，也在一定程度上体现了汉语资源的政治性。不是所有汉语资源都可以进入教科书，进入教科书的资源是经过精挑细选的、是具有代表性的优秀资源，它必须能够增进人们的知识和技能，影响人们的思想品德、活动。因此，教科书在一定程度上可以看成是精编的汉语资源。

[①] 李良品：《语文教材的发展及新课程语文教科书建设理念》，《学术论坛》2006年第8期。

[②] 黄显华、霍秉坤：《寻找课程理论和教科书设计的理论基础》，人民教育出版社2002年版，第171页。

[③] 李良品：《中国语文教材发展史》，重庆出版社2006年版，第1页。

（三）语言产品

"电子计算机是现代科学技术高水平发展基础上的卓越成果，这一成果的出现又转过来推动了现代科学技术的进步，有力地推进了现代社会生产的向前发展，日益成为人们向社会生产和科学技术进军中一支强有力的助手。"[①] 计算机与自然语言的结合，催生了新的产业——语言产业。与语言相关的电子产品都是语言资源的副产品。国内语言产业生产的语言产品已经为语言资源的开发提供了很好的范例。我们先以安徽科大讯飞公司为例介绍语言产品的开发。

安徽科大讯飞是我国最大的智能语音技术提供商，拥有中文语音合成、语音识别、口语评测等多项国际领先的成果，是我国唯一以语音技术为产业化方向的"国家863计划成果产业化基地"、"国家规划布局内重点软件企业"、"国家火炬计划重点高新技术企业"、"国家高技术产业化示范工程"，并被信息产业部确定为中文语音交互技术标准工作组组长单位。安徽科大讯飞开发了包括"主流语音合成 Inter Phonic 系列产品"、"小尺寸语音合成 Vivi Voice 系列产品"、"桌面级电脑朗读软件播音王系列产品"、"电话语音识别 Inter Reco 系列产品"、"专业声纹识别软件 Inter Veri 系列产品"、"国家普通话水平智能测试系统"、"普通话在线模拟测试和学习系统"、"畅言互动英语校园学习平台"、"语音合成 iFLY Speech Platform（ISP）"，以及"IFLY MRCP Server（IMS）"等在内的语言产品。目前，该公司占有中文语音技术市场60%以上的市场份额，语音合成产品市场份额达到70%以上，在电信、金融、电力、社保等主流行业的份额达80%以上，开发伙伴超过1500家，成为名副其实的"中文语音产业国家队"。

语言产品除语音技术产品之外，还包括与自然语言及汉字相关的其他类型的产品，如辞书编纂软件、翻译软件、分词软件、各类语料库、语料库工具软件、文本分析软件、汉字输入软件等。它们都是语言资源的副产品，是重要的汉语应用资源，也是具有非常好的发展前景的应用资源。

（四）国家语言资源监测与研究中心监测的语言资源

2004年，由教育部语言文字信息管理司牵头成立了国家语言资源监

---

① 罗经先：《试论电子计算技术在国民经济管理中的应用问题》，《财经科学》1980年第1期。

测与研究中心,对中国语言国情进行定量了解,对现代汉语应用状况进行实时监测,并进行动态分析、统计和研究,建立社会语言生活实时监测和规范引导的长效机制,促进社会语言生活的健康发展。目前,国家语言资源监测与研究中心已经相继建设了六个分中心,监测范围涵盖平面媒体语言、海外华语、教育教材语言、有声媒体语言、少数民族语言,具体包括中国境内出版、发行、发布的平面媒体(报纸、杂志、图书等)的文稿以及相关通讯社的电稿,中国境内出版、运行的有声媒体(广播、电影、电视、录音带、录像带、光盘、电子图书)的文稿、录音与图像,中国境内注册运作的网络媒体(包含次级界面,不包含跨网站链接,不包含传统媒体的网上部分)上的文稿、录音与图像,中国境内电信媒体支持服务的手机短信、彩信、短新闻等;不包括经国务院相关部门批准的在国家大众传媒上公开流通传播的外国语言文字,部分公共场所的广播和用字,社会上部分招牌、广告用语用字(大众传媒上出现的除外),商品包装、说明书上的用语用字,个人使用且不在大众传媒上流通传播的语言、文字。

这方面的代表成果包括各中心网站、中国语言文字网、地方网站发布的语言实态资源以及《中国语言生活绿皮书》发布的资源介绍,其中当属《中国语言生活绿皮书》发布的资源报告最权威。截至2011年,国家语委、教育部已连续六年向社会发布《中国语言生活状况报告》,对国家语言资源进行介绍和分析。尤其是报告中的B系列的"实态"性质语言数据极具参考价值,能为相关部门的决策提供参考,能为语言文字的研究者、产品开发者和社会其他应用者提供语言服务。这些语言资源已经并正在发挥着重要且不可替代的作用。

三 语言能力

(一)语言能力与语言资源的关系

语言能力是乔姆斯基(Noam Chomsky)最先提出的,指已掌握语言的人关于其本族语的内在知识,包括能理解别人说出的每一句话,能判断句子是否合格、是否有歧义,能根据交际需要自然地说出各种句子等。语言能力是语言运用的抽象,是排除了实际使用中记忆限度、个人态度、信仰等一切非语言因素的理想化的产物。随着语言学、语言教学等的发展,后人对其定义不断进行改进和完善。如美国社会语言学家海姆斯

(Hymes)提出了"交际能力"的说法。他认为,交际能力与乔姆斯基提出的语言能力不同,主要包括以下几个参数:"1. 语法性,即能从语法、语音、词汇等语言系统本身的角度判别某种说法是否正确。2. 可行性,即懂得哪些句子是可以被人接受的。3. 得体性,某种说法是否在语境上得体。有些话语在语法上正确,在语境中却不恰当。4. 现实性,某种说法是否实际出现了。即懂得哪些话是常用的。"[①]

关于语言资源和语言能力之间的关系,目前还没有人作过专门的深入的研究。不过李宇明在讨论语言资源的问题时,已经基本明确了这个问题。李宇明将语言资源分为三类:第一类是自然语言及其文字;第二类是自然语言的衍生品;第三类是语言能力,包括母语能力和外语能力。按照我们的理解,他所讨论的语言能力其实包括语言的知识能力和语言的交际能力两个部分。李宇明认为:"语言能力可以列入语言资源。其一,语言是人类用于交际和思维的最为重要的符号体系,语言能力决定着信息表达与获取的能力,且较大程度影响思维水平。其二,语言文字是文化的重要组成部分,亦是文化的重要载体,语言能力决定文化水平,关乎语言认同。其三,有了一定的语言能力,母语才能延续和发展,外语才能引进和使用,各种衍生的语言资源才能掌控和继续创造。"[②] 我们同意李宇明先生的观点,把国民的语言能力看做国家语言资源的组成部分。

(二)语言能力作为语言资源的表现形式

1. 国民的母语能力

国民的母语能力是指国民个人掌握母语知识与使用母语进行交际的能力。国民的母语能力可以从两个方面考察:一方面是基本的语言能力,具体表现为听、说、读、写四种能力;另一方面是分析语言的能力,这种能力是以语言和语言形式本身作为分析观察的对象,具体表现在对各语言层次(语音、语感、语义、语法等)和各语言单位(词、词组、句子、篇章等)的感知能力。这两种能力相互作用,统一于语言使用的动态过程之中。李宇明也认为公民的母语能力包括娴熟得体的口语交际能力、优雅的书面表达能力、粗略随意的书面语阅读能力,也包括母语的科学知识。

---

① 张玉萍:《试论语言知识、言语技能和语言交际能力的关系》,《语言与翻译》2002年第4期。

② 李宇明:《公民语言能力是国家语言资源——序〈母语·文章·教育〉》,《中国大学教学》2009年第2期。

国民的母语能力是人们运用语言进行交际和思维的有力保障，也是人们获得文化、信息，提高文化水平的基础。这些都体现了母语能力的社会有用性。

教育部和国家语委宣布，从2011年10月开始推行"汉语能力测试"，旨在遏止国人提笔忘字、满口洋文、淡漠汉语等现象，进而评估国人的汉语应用能力和复兴母语文化。汉语能力测试从低到高设为六个等级，将在上海、江苏、云南、内蒙古等地试点。虽然这种测试在社会上还有争议，但是对提高国民的母语能力必将起到积极的作用。

2. 汉字认知与应用能力

汉字的认知与应用能力是指人们在日常工作和生活中运用汉字的能力，具体包括汉字的应用和对汉字形、音、义等方面的掌握两大方面。

汉字不仅是记录汉语的书写符号系统，也是一种文化、一种民族意识，在社会生活中扮演着重要角色。为了引导公众重视汉字应用，2006年，教育部和国家语委联合颁布了《汉字应用水平等级测试大纲》，2007年汉字应用水平测试（HZC）正式启动。2008年11月16日，教育部、国家语言文字工作委员会组织实施的"全国汉字应用水平测试"（HZC）在天津、辽宁、黑龙江、上海、江苏、山东、河南、湖南、云南、宁夏十省（区、市）进行。汉字应用水平测试主要针对写错别字、滥用不规范字、错读或误读汉字等汉字使用的混乱现象而实施，对贯彻执行《国家通用语言文字法》、改善社会用字环境、加强全体国民的语言文字规范意识、提高公众的汉字应用水平、促进全社会汉字应用的规范化和标准化、弘扬中华民族优秀文化等，都具有十分重要的意义和积极的作用。"汉字应用水平测试"（HZC）是"汉语水平考试"（HSK）的有益补充，它不仅可以用于以汉语为母语的人群，还可以用于母语为非汉语的人群，这对少数民族地区的汉语教学以及海内外对外汉语教学都将发挥积极的作用。

我们认为，不论是通过测试的方式，还是通过其他方式，提高国民的汉字应用水平，就是提高汉语资源的效益性。汉字应用能力的提高，从国家层面上讲将对汉字规范起到积极的作用；从个体层面讲，将进一步提高国人的交际能力和综合素质，这是提高国民素质的一个重要的方面和不可或缺的环节。

3. 外语语言能力

国民的外语能力是指国民个人在实际生活中运用外语的能力，具体包括听、说、读、写四种基本能力和对外语科学知识的掌握两个方面。这种认识与应用语言学家巴克曼（Bachman）和帕尔默（Palmen）（1996）对外语能力的界定如出一辙。他们认为，外语能力主要由语言知识和策略能力两部分组成。语言知识包括结构知识和语用知识，其中结构知识指构成语句和语篇所需的知识，包括语法知识、语篇结构知识；语用知识指能够根据交际意图和环境等因素来正确运用语言所具备的知识，包括语言功能知识、社会语言学知识。策略能力主要包括目标确定能力、估计衡量能力、策划实施能力三个方面。

外语是一种重要的资源，国民的外语能力同样是一种重要的语言资源。从我国目前的情况来看，外语直接影响到个人的发展和国家的发展。学习外语既是个人需要，也是国家需要。而且任何一种语言都反映一种独特的世界观，学习外语意味着掌握了另一种文化，掌握了另一种看待世界和表达世界的方式。所以对个人来说，多点外语训练是好的，多言多语不是劣势，而是一种优势。这是外语有用性的直接体现。

目前我国的外语能力培养还存在一些问题。比如外语教育投入多产出少，外语人才仍然匮乏；外语教育规模庞大，外语使用领域很少；外语学习和教学语种单一化，等等。李宇明认为，"我国外语语种单一化，是当前中国外语教育中的大问题。只学习英语，我们会失去大半个世界。这些都使我国的外语能力不足"[①]，针对这样的情况，我们将如何开展更加科学的外语教育，使国民的外语能力真正成为一种重要的语言资源并发挥应有的效益，是值得考虑的问题。

第三节　汉语资源的类型

在上一节中我们论述了汉语资源系统问题，认为汉语资源系统是由本体资源、应用资源和语言能力构成的巨系统。这个复杂的巨系统按照不同的标准，可以分成不同的类。我们尝试从空间分布、时间段限、研究角度等几个方面来考察汉语资源的类型。

[①] 李宇明：《我国目前的语言政策与语言教育》，《中华读书报》2007年11月2日第4版。

一 汉语资源的空间分布

汉语资源从空间分布的角度可以分为大陆的汉语资源、港澳台的汉语资源和海外华语资源三个部分。

（一）大陆的汉语资源

大陆的汉语资源是指分布在中国内地的语言资源，主要包括汉民族共同语及所有方言。

共同语资源是活力较大的资源。现代汉民族共同语是我国的国家通用语，是国家语言资源的重要组成部分。普通话不仅是汉族的族内交际语，还是国内不同民族之间的族际交际语，同时还是联合国六种工作语言之一。

方言资源是指分布在内陆不同地区的汉语资源。一般语言学界将汉语方言按地区划分为北、吴、湘、赣、客、闽、粤等不同方言区。方言资源与共同语资源有大同但也有小异：南方方言中保留了相对更多的历史语音资源，比如入声在北方方言中基本消失，但在某些南方方言中仍有部分保留；各种方言的词汇资源中都存在一定数量的特有资源，比如各方言区都有一定数量的特征词，例如粤语的"佬"、湘语的"断黑"等；句法资源方面，各地方言也有一些特定的资源，例如湖北大冶、浠水有 S－V－$O_直$－$O_间$ 和 S－V－$O_间$－$O_直$ 两种句法形式；在汉字方面，各地方言中也使用一些共同语中不用或不常用的字形，如"唔、嘅、佢、劲、冇"等。共同语资源与方言资源是平等共生，互相补益的，共同构成大陆的汉语资源。

（二）港澳台的汉语资源

港澳台的汉语资源是指在港澳台地区使用的汉语。香港特别行政区的汉语资源可以从文和语两方面来考察。香港在书写上除了使用英文外，还使用中文，中文也是香港的法定语文；在日常交际中除英语外还使用广东话、普通话、客家话等汉语方言。尽管在口语层面目前港人使用更多的还是英语和广东话，普通话所占的比例较小，但由于受政治生活的影响，教育局、高等院校、"语常会"等都大力开展了推广普通话的活动。可见，普通话将作为香港地区的一股新生力量发挥越来越重要的作用。普通话、广东话及其他方言都是香港地区的汉语资源，它们共同构成了香港语言生活的多维景象。

澳门地区虽小，但是语言问题并不单纯。中文是澳门华人使用的民间语文，普通话以及大部分澳门居民所讲的粤方言是人们常用的交际语言。此外，澳门是个移民城市，因此还有中国内地许多方言，如闽方言、客家方言等——这些共同构成了澳门地区的汉语资源。汉语是占澳门人口绝大多数的中国籍人使用的语言。澳门回归后，汉语的官方语言地位受到了《中华人民共和国澳门特别行政区基本法》的保障。"澳门的汉语口语主要是粤方言。粤方言使用人口占总人口的比例最大，在整个社会通行无阻，是澳门最重要的汉语方言，并被认为是澳门华人身份的象征。"[1] 普通话在澳门是一种"高层语言"，多用于社交场合及一些官方场合。澳门回归后，普通话的地位明显上升。闽方言也在澳门占有重要地位，据澳门特别行政区政府统计暨普查局《人口普查》统计表明，说福建话的人数是说普通话人数的两倍多，比说其他方言的人数总和还要多。澳门汉语语言资源还牵扯到一个中文的合法化问题。澳门回归后，中文的合法化地位得以实现。

台湾地区的汉语资源也可以从语和文两方面来考察。"语"主要有国语、闽语、客家话和战后从大陆移民到台湾的大陆各地方言。台湾的"国语"，是指战后由政府推行进而在民间逐渐普遍使用的北京话。由于北京话已经在台湾独立发展了50多年，与大陆使用的普通话有些不同，但总体来说还是一致的。闽南语，俗称"福佬话"，是由于早期移民台湾的大陆居民主要来自福建省南部，因此台湾人口中闽南人占了多数，具有河洛语特征的闽南语也成为台湾的主要方言。客家话是台湾的重要方言之一。台湾的客家话主要为四县客话及海陆客话两大方言。此外，亦有使用人数较少的大埔客话、诏安客话以及饶平客话。据不完全统计，在台湾2000多万人口中，讲闽南语的人约1400多万，讲客家语的人约450万，讲汉语其他方言的人约占10%。

台湾的"文"主要是指台湾地区使用的文字。台湾使用的文字也是汉字，但主要仍使用繁体字，与大陆的简化字有所区别。但随着两岸交流与交往的不断增加，两岸这种简繁文字差别也在逐渐缩小，在台湾已有越来越多的人使用简体字，这将有利于两岸的文化交流与语言文字的统一。

（三）海外华语资源

海外使用的汉语多称华语，是世界各地华人认同的一种载体。海外华

---

[1] 曾薇、刘上扶：《澳门的多语现象与语言政策》，《东南亚纵横》2010年第1期。

语资源主要包括以汉语普通话及其方言（通称为"华语"）为共同语的海外华人移民地区使用的汉语资源和以汉语作为外语学习的非华人区使用的汉语资源两部分。海外华语既是一种社会变体，也是一种地域变体，同时也是一种功能变体。

关于海外华语资源的分布，目前有几种不同的说法。邹嘉彦、游汝杰（2001）将分布于世界各地的华人社区划分为包括粤语社区、闽语社区、客语社区、国语社区等在内的 164 个"汉语方言社区"。陆俭明（2007）提出了"大华语"的概念。徐大明、王晓梅（2009）在排除地理位置以及其他非语言标准的前提下，将全球华语分为以中国大陆为内圈的多层结构，即核心华语社区、次核心华语社区和外围华语社区。"核心华语社区包括所有讲华语的成员，他们直接认同华语，就地域分布来说，大部分人口分布在中国大陆、中国台湾、新加坡、马来西亚等地；次核心华语社区包括那些虽然不讲华语，但讲汉语方言的成员，他们间接认同华语，就地域分布来说，既包括中国的方言区，也包括海外的方言社区的许多讲话人；外围华语社区包括那些虽然不会说华语或汉语方言、但是思想上却认同华语的成员，他们通常分布于海外，其中许多人愿意学习华语，计划或已经开始学习华语。"[1] 在徐大明划分的社区中，去除内地之外，就是我们所指的海外华语资源的分布区域。2010 年商务印书馆出版由李宇明主编的《全球华语词典》。该词典收录包括中国大陆（内地）、中国港澳、中国台湾、新加坡、马来西亚、泰国、印度尼西亚、文莱等东南亚地区，以及日本、澳大利亚、美国、加拿大等华人社区使用的华语词语。从这本词典的收词范围看，新加坡、马来西亚、泰国、印度尼西亚、文莱等东亚地区，以及日本、澳大利亚、美国、加拿大等华人分布区域都是华语资源的主要分布范围。

海外华语资源是重要的语言资源，更是一种特殊的社会资源。首先，郭熙（2006）分析了华语资源的特殊性，即华语具有共享性。"华语作为全球华人的共同语，表明汉语已经不再只是中国的，更是世界的。作为一种资源，华语属于全球华人，全球华人有权利共同开发和利用这一资源。"[2] 其次，因为华语分布范围是世界性的，所以其资源价值属性更显

---

[1] 徐大明、王晓梅：《全球华语社区说略》，《吉林大学社会科学学报》2009 年第 2 期。
[2] 郭熙：《论华语视角下的中国语言规划》，《语文研究》2006 年第 1 期。

鲜明。郭熙（2006）认为，华语资源需要及时开发利用，具有较多的增长点，如"（1）面向全球华人的规范词典；（2）海外华人社会所在国地名、人名、机构等专有名词的翻译；（3）华文水平测试标准；（4）汉字测试等级标准；（5）非核心区华语教师华语教学能力资格考试大纲；（6）职业华语考试；（7）应用文体式；（8）汉字信息处理的一体化；（9）面向全球华人的华文教学语法"。[①] 这些既是华语视角语言规划的增长点，同时也是华语资源经济价值的增长点，应该给予高度重视。

二 汉语资源的时间分布

汉语是一个稳定与动态结合的系统，它自身在不断地进行着新陈代谢，处于变化和发展之中。从汉语资源在时间上的生成、存在、发展方面我们可以将其分为三类，即历史资源、现时资源与未来资源。

（一）历史资源

汉语语言资源是一个历史范畴，所以对汉语语言资源的研究可以从历时的角度进行，即分析汉语在不同历史阶段上生成或引入并消化的资源，这种资源便是汉语历史资源。

汉语是一种古老的语言，在历史的长河中它一直在变化着以适应现实的需要。因此汉语在不同的历史时期储备了相应数量的资源，这些资源在当时的历史阶段都适应了交际的需要。随着人类对外界和自身认识的不断深化，交际内容也越发丰富和复杂。总体上看，人类交际容量呈现不断扩大的趋势，与之相应，汉语也会随之发生一定的变化。稳定与变化是语言发展的两个永恒的规律，稳定的表现就是汉语会保留和使用已有的成分，也就是本书说的汉语历史资源。"虽然有些成分不是在所有历史时期都大规模或高频使用，如汉语中的历史词和文言词在现在的使用频率就非常低，但是作为资源，它们仍然是汉语资源的一部分，是继承下来的历史资源。"[②]

（二）现时资源

汉语在共时阶段上使用的资源，即汉语的现时资源。因为语言的变化性，尤其是其与社会的共变性，会使语言处于不断地新陈代谢的过程中。

---

① 郭熙：《论华语视角下的中国语言规划》，《语文研究》2006 年第 1 期。
② 王世凯：《语言资源与语言研究》，学林出版社 2009 年版，第 94 页。

在这其中，词汇资源的变化性更加明显，所以现时资源更主要是从词汇资源方面体现出来。汉语在每个时期都会产生新词新语用于记录和指称新生的客观现实，这些都是当时的现时资源。这些现时的资源与社会有着密切的联系，一般都可以在新词新语的背后直接找到某一具体的社会生活事件。社会变迁越迅速，新词新语的产生就越频繁。有的新词新语会随着广泛运用而进入全民常用词汇系统，成为词汇系统中的一名新成员，有的则因为不再被人们所关注而逐渐消亡。这些现时的新词新语有的是整个词形都是新的，有的是旧词新义，有的则是旧义新用。总之，只要一个新的词语形式或是旧有的词语表达了新的意义，就可以算作新词语。新词新语是一种重要的现时资源，也是现代汉语词汇资源的重要来源。

（三）未来资源

汉语在未来生成或从其他语言借用的资源，即未来的汉语资源。事物永远都是发展变化的，语言也不例外。在全球一体化的大趋势下，语言的接触和融合是不可避免要发生的。汉语也必将会从其他语言中吸收有用的成分为自己服务，即必然要借用其他语言的部分资源。

总之，汉语历史资源、现时资源和未来资源因语言的继承性会有部分重合或交叉，不是泾渭分明的。昨日的历史资源可能成为今日的现时资源，而今日的现时资源也必将成为明日的历史资源。

三 从研究角度进行分类

从研究角度考察汉语资源，可以将汉语资源分为备用型资源和使用型资源两个部分。

（一）使用型汉语资源

狭义地讲，使用型汉语资源是指供研究使用的各种语料库或其他资源，如语音库、词汇库、语义库、语法库等，都可以提供给研究者使用。目前使用型汉语资源的建设已经取得了很大的进展。北京大学中国语言学研究中心开发了"CCL语料库检索系统"，提供古代汉语、现代汉语和汉英对照检索；教育部语言文字应用研究所计算语言学研究室开发了"语料库在线"，提供古代汉语检索、现代汉语检索和字词典检索；台湾"中央研究院"计算机中心开发了"瀚典全文检索系统"，语言所开发了"近代汉语标记语料库"。这类语料库还有很多，如清华大学的"汉语均衡语料库"、"台湾南岛语典藏"、"闽南语典藏"、"汉籍电子文献"，香港城市大学的"LIVAC共时语料库",浙江师范大学的"历史文献语料库",中国科学院计算所的"双语语料库"、"中文语言资源联盟"等。除了这些专业的语料库外,目前还有其他高校开发的小型语料库,以及人民网等提供的语料库资源。

这些语料库的建设为汉语研究提供了宝贵的资源,已经是可以直接应用的资源,我们把这部分语言副产品称为使用型汉语资源。

(二) 备用型汉语资源

备用型汉语资源是指可以进入供研究之用的语料库,但还没有建立并进入语料库的资源。我国语言资源十分丰富,但由于语言资源情况比较复杂,有许多语言资源特别是方言资源还没有调查清楚,甚至还有些方言没有进入我们的研究视野。这些语言资源有待于进一步考察,可以看做备用型的汉语资源。

关于备用型汉语资源的研究已经引起了学界和官方的关注。目前我国已经为多个地区立项进行普通话(含地方普通话)或方言(包括语音、词汇、语法)语料库的建设。例如2001—2003年国家863高技术规划项目支持"四大方言区的地方普通话语料库(中文平台总体技术研究与基础数据库建设)"研究,2004—2006年国家863高技术规划项目支持"六个方言点地方普通话语料库(中文平台评价技术研究与基础数据库建设)"研究,2010年国家社科基金重点资助"汉语方言俗语语料库建设研究"项目。这些项目的实施已经完成或将要完成备用资源向使用资源的转化,将对汉语研究起到积极的作用。

第四节 汉语资源学(论)的研究内容

语言研究经过传统语文学、历史比较语言学、结构主义语言学、转换生成语言学、认知语言学等几个不同的历史阶段,人类对语言的认识越来越深入。语言是人类最重要的交际工具,是人类思维的工具,语言承载文化,这已经是公理性的认识。

20世纪初以来,人类开始从学术角度关注资源问题,并进行了比较深入的研究,形成了资源学这个庞大的科学体系。资源学的研究目前主要集中在自然资源方面,其中也部分涉及对社会资源的研究。在此基础上,伴随着语言社会学的产生，出现了把语言看做资源的思想。与此同时，汉语作为一种语言资源的观念也得到了我国政府、学界等各方面的高度关注，并对其展开了调查、研究、保护等多方面的工作。理论与实践是互动的，实践需要理论的指导，同时科学的理论也能更好地指导实践。汉语资源学的建设时机已经成熟，需要适时进行充分的理论思考。我们认为，汉语资源学的主要研究内容应该包括汉语资源的系统建构，汉语资源调查，汉语资源的保护、开发、利用，汉语资源的价值评价以及汉语资源安全等问题。

一　汉语资源系统的建构

汉语资源系统的建构主要研究汉语资源的定义、属性、系统、构成、分类等问题。汉语是一种资源，资源性是汉语的属性之一。我们发现汉语具备资源的共性特征，即社会有用性和相对稀缺性。汉语的有用性是不言而喻的，其工具性特征从本质上讲就是社会有用性。汉语的稀缺性体现在语言交际中成分的稀缺、语言发展与实践脱节的稀缺以及方言消亡等方面。汉语资源是一种特殊的社会资源，是文化的资源、信息的资源、语言的资源和经济的资源。自然资源和社会资源的某些属性在汉语身上都有不同程度的体现。

汉语资源包括本体资源、应用资源以及公民的语言能力三个部分。汉语资源按不同的分类标准可以分为不同的类别，如按时间标准可分为历史、现时和未来三类资源。汉语资源是个巨系统，首先可以分为本体资源、应用资源和公民的语言能力三大类。其次，每类资源可下分为不同的子资源，如汉语的本体资源可以分为底层资源和高层资源两个部分。底层资源主要包括语音资源、词汇资源、语法资源、汉字资源和语义资源，它们是交际的备用资源。汉语语音资源从来源角度考察又包括普通话语音、方言语音、少数民族语音，以及汉语吸收的外来语音成分；从其结构角度看，包括基本语音和生成语音及其他语音资源。词汇资源从来源角度考察包括普通话词汇资源、方言词汇资源、少数民族语言词汇资源和吸收的外来词汇资源；从构成角度看包括基本词汇资源和生成词汇资源。语法资源从来源角度考察包括普通话语法、方言语法、少数民族语法和从外语中吸收的语法资源。汉字资源包括历史上各个阶段生成的汉字以及字体、字号、艺术字等资源。语义资源主要包括基本义、附属义等资源，还包括方言、少数民族语言中的特殊意义成分。高层资源主要包括修辞资源、语体资源和风格资源,它们是交际的使用资源。修辞资源主要包括修辞规律、修辞技巧和修辞格等资源;语体资源包括口语语体、书面语体等不同层面上的资源;风格资源包括幽默、庄重、典雅等不同特色的子资源,亦包括地域风格、表现风格、个人风格等不同类型的风格资源。

二 汉语资源调查

要对汉语资源进行系统研究和开发,首先应对汉语资源的概况有一个全面的了解,这就需要对汉语资源进行调查。调查汉语及其使用情况,全面摸清汉语资源的家底,并对汉语资源进行更有效的监测是汉语资源调查的主要目的。汉语资源调查的范围包括汉语普通话、汉语方言、港澳台使用的汉语和海外华人使用的汉语。汉语资源调查的内容包括汉语资源要素调查、社会应用情况调查和语言能力调查等多个不同的方面。

汉语资源调查的成果主要有已有的方言普查以及已有的语言生活状况报告。我国关于语言文字及其使用情况的调查,过去进行过多次,如20世纪50年代的少数民族语言和汉语方言普查,20世纪80年代的全国民族语言文字使用情况调查,20世纪90年代的民族语言调查,1998—2004年的中国语言文字使用情况调查,近几年的中国语言生活状况调查等。这些调查成果为我国语言政策的制定与实施,为语言文字工作的顺利开展提供了重要依据。

新中国成立距今已有半个多世纪,现在,国家有了很大的发展,社会发生了深刻的变化,语言及其使用状况也发生了很多的变化,对国家语言资源应当进行更加全面、细致的调查,以获取新的带有动态性的数据、资料。"语言普查是一项工程浩繁、利在当代、惠及千秋的事业,由国家立项、调动全国的语言学力量,社会各界积极支持配合,这是不言而喻、无须论证的。就普查工作而言,首先要对国内外已有的相关成果进行梳理、整合。这些成果,包括各种语言和方言的调查报告、辞书和语言地图、记录的音档,也包括地方志中的相关内容。通过这些成果的收集梳理和整合集成,为新的语言普查提供工作基础。"[①] 当然,语言调查在实际操作过程中也存在一些需要进一步解决的问题,主要包括制定更为科学的语言普

[①] 李宇明:《语言资源观及中国语言普查》,《郑州大学学报》2008年第1期。

查方案，提高语言普查队伍的素质，充分利用各种现代化技术手段与设备，运用正确的语言调查方法，重视数据的保存、开发与共享等。

三 汉语资源的保护与开发

汉语资源研究的目的是为了更好地保护、开发、建设汉语资源，使之更好地为人类服务。汉语资源的保护研究应该包括汉语资源保护的原因、内容、措施以及汉语资源保护应注意的问题等几个方面。汉语资源的开发、利用研究应该包括汉语资源开发利用的内容、意义、现状、问题以及开发利用的基本策略等方面。

四 汉语资源与汉语经济

汉语资源与汉语经济的研究在我国尚属起步阶段。最初，对语言和经济关系的探讨往往停留在经济发展在汉语（主要是词汇）中的渗透现象方面，比如新的经济现象导致了许多相关新词语的产生。然后，随着英语全球性霸权地位的确立，人们看到英语作为一种语言和其他许多商品一样也具有经济价值，因而逐渐认识到语言的市场价值。在国际上语言经济学作为经济学的一个研究领域，早已揭示了语言的经济学性质，"语言作为人类经济活动中不可缺少的工具，具有与其他资源一样的经济特性，即价值、效益、费用和收益"。[①] 当今时代，一些新的语言职业和语言产业逐渐形成，比如文字速录师、计算机字库等，汉语也已经进入经济和高新科技领域，成为中国经济发展的重要资源。随着信息时代的发展，汉语作为经济资源的性质会体现得越来越明显，其经济意义也会越来越显著。因此，我们应加强汉语资源经济性的研究，使其能更好地为我们服务。

五 其他相关问题

随着汉语资源研究的深入，也会有更多的相关课题进入研究视野。例如，汉语资源的保护和开发问题需要得到法律保护，那么语言资源与语言政策问题将成为一个独立的课题，需要深入研究。语言政策学将成为与语言资源学密切相关的交叉学科。同时语言资源的开发与语言服务直接相

---

① 刘英：《语言观的历史演变和新中国的语言规划》，《南京社会科学》2006 年第 6 期。

关，汉语服务的研究将成为应用语言学与语言资源学共同关注的课题。语言资源是一种特殊的社会资源，属于国家资源范畴，那么语言资源的主权属性问题就成为一个需要解决的课题。如果语言资源学通过建设成为一个新的学科，那么就需要廓清其与应用语言学、语言政策学等不同学科之间的关系，这将是这些不同学科共同面临的课题。

第二章

汉语资源的几次重要整合

综观汉语资源的历史，几乎在它的各个发展阶段都与其他语言资源有过直接或间接的接触。在接触过程中，汉语往往以开放包容的姿态，有选择地吸收某些成分。这些成分在经过一系列的适应调整之后，得以融入汉语资源系统，最终成为汉语资源的一部分。我们把这一过程叫作"汉语资源的整合"。

在历时发展中，汉语资源一直受到其他语言资源不同程度的影响，汉语资源的整合也一直在进行。炎黄时期，汉语资源的主体是黄帝部落的语言。在黄帝部落与炎帝部落、东夷部落等的融合过程中，整合了这些部落的语言资源，形成了原始的华夏语，成为汉语资源的基础和源头。夏商周时期的夏言或雅言，含有夏族、商族、周族这三个民族的语言成分。春秋战国时期，中原北方的诸侯国与周边的"蛮夷戎狄"经历了一次大规模的民族融合。在这个过程中，汉语应该也整合了这些民族的一定数量的语言资源。两汉时期，一方面，汉王朝与匈奴频繁的征战促进了语言的接触；另一方面张骞通西域后，汉王朝与西域诸国交往日益紧密，汉语也有了与西域诸国进行语言接触的机会，这一时期汉语整合的主要是源于匈奴和西域的词汇资源。魏晋隋唐时期，佛教盛行，在翻译佛经过程中，汉语受当时佛经语言（主要是梵语）影响深刻，吸纳了大量源于梵语等语言的佛教词汇资源和部分语法资源。宋元时期，汉族与契丹、女真、蒙古等民族接触频繁，在这一过程中，这些民族的一些语言资源被整合进汉语资源系统。明清时期，特别是清朝时期，满语对汉语产生了重大影响，汉语整合了满语词汇、语音、语法等诸多方面的资源。鸦片战争以后，中国加紧了引入西方文明的步伐，欧美等西方语言对汉语的影响逐渐加深。在这一过程中，汉语吸收了大量来自英语、日语、俄语、葡萄牙语、法语等语言的词汇资源。语法也受到一定影响，产生了所谓的"欧化语法"。正是在这些整合过程中，汉语资源得以不断丰富和发展。下面本书分阶段讨论汉语资源的整合情况。

第一节 两汉时期汉语资源的整合

两汉时期有两次规模较大的语言接触：一是汉语与匈奴语言的接触，二是汉语与西域语言的接触。在与这些语言的接触中，汉语资源吸收了一定数量的语言资源，主要是词汇资源。这些资源中，源于西域的较多，源于匈奴的相对较少。

一 源于匈奴的语言资源

《汉书》云："匈奴，其先夏后氏之苗裔，曰淳维。唐、虞以上有山戎、猃允、薰粥，居于北边，随草畜牧而转移。""逐水草迁徙，无城郭常居耕田之业，然亦各有分地。无文书，以言语为约束。"两汉时期，匈奴与当时的汉王朝接触频繁，征战与和平交流不时进行，汉语在这一过程中吸收了较多的匈奴语言资源，主要是词汇资源。史有为（1991）曾经分析过部分受匈奴影响而产生的资源。

胡，《汉书·匈奴传》云："南有大汉，北有强胡，胡者天之骄子，不为小礼以自烦。""胡"一般认为原为北方匈奴的自称。以后"胡"渐渐从专称演变为通称，泛指东西方非中原民族，因此就具备了能产的条件。在胡汉冲突或交往频繁的情况下，大量北部和西部异民族的文化产品被冠之以"胡"，产生了一些新词，如"胡服、胡帐、胡床、胡坐、胡饭、胡箜篌、胡笛、胡舞"。在汉代，自西域来的物产中也有许多冠以胡名，例如"胡桃、胡麻、胡豆、胡瓜、胡桐、胡椒、胡羊"等。直到今天，"胡"还是现代汉语的基本语素之一。

撑犁孤涂，匈奴单于的附加名号，义为"天子"。《汉书·匈奴传》："单于姓挛鞮氏，其国称之曰撑犁孤涂单于"，《汉书音义》：匈奴谓天为撑犁，谓子为孤涂。撑犁，又作"撑黎、撑犁、澄黎"，一般都认为源自匈奴语 tangara，一与突厥语之 tangi、tengri、tengri、tengere、tangare、tängri 同源，也与蒙古语之 tgri、tengeri 同源，意思为"天"。孤涂，又作孤屠，来源有多种说法。一说即通古斯语的 kutu 或 gutu，义为"子"。一说为突厥语之 kutluk，义为"幸"，汉史官误以为"子"。一说为"涂孤"之倒置，原词系匈奴语之 toγ，即"独孤"。

径路，即匈奴宽刃刀。《汉书·匈奴传》："（韩）昌、（张）猛与单于及大臣俱登匈奴诸水东山，刑白马，单于以径路刀、金留犁挠酒。"应劭注："径路，匈奴宝刀也。金，契金也。留犁，饭匙也。""径路"在突厥语中为 qingräk（或作 qynghraq 和 kyngrakl）。对应于此的"径路"汉语上古音可构拟为 keng-la，一说可能为 king-luk，径路的匈奴语原词不详。还有一种说法，径路就是周代的鱼旦或鳖剑。

烟支，又作"焉支、燕支、撚支"。司马贞《史记索隐》引《习凿齿与燕王书》曰："山下有红蓝，足下先知不？北方人探取其花染绯黄，挼取其上英鲜者作烟支，妇人将用为颜色。"烟支即为红蓝花，后烟支又用来指称从该花中提取的颜色，并在汉字上意化为"胭肢、胭支、烟肢、燕脂、胭脂"。出产烟支花的山也因之命名为烟支山，史籍多记燕支山、焉支山。匈奴又以焉支指称嫁妇，即妻室。

除上述词语外，汉语资源系统还有另外一些源于匈奴的词语。史有为（1991）曾列举部分词语，如：

单于（善于）：匈奴君王的称号。

若鞮：义为孝，后成为单于附加的一种称号。

屠耆（诸耆）：匈奴王室中称号之一，位在单于之下，本义为"贤"。

骨都侯：匈奴官号，匈奴单于和左右屠耆王（贤王）的助手，匈奴语原词可能为 gudu。

谷蠡（谷象）：匈奴军事和行政长官的称号，位居屠耆王（贤王）之下，匈奴语原词可能为 tura。

居次：女儿，公主，相当于突厥语之 kyz。王昭君生二女，长名须卜居次，次名当于居次。

比余（比疏）：一种密齿的梳子，一说是古人发辫的铜饰。

犀比（胥纰/犀毗/私纰/师比/鲜卑）：本为瑞兽名，后转指带钩。

阏氏（曷氏/焉提）：用来称匈奴君王的正妻，也即匈奴王后。

郭落（郭洛/钩洛/廓落/络）：腰带。

逗落：有二义，一为墓冢，一为种子。

蹛林：祭祀之所。

络鞮：皮制长靴。

赀：奴隶。

汉语资源系统吸纳了一定数量的匈奴语资源，一方面充实了汉语资源系统；另一方面源于匈奴语的资源也是研究匈奴社会历史的宝贵资料，对于这些资源的探究有重要意义。

二 源于西域的语言资源

《汉语大词典》（1991）中界定西域："汉以来对玉门关、阳关以西地区的总称，狭义专指葱岭以东而言，广义上则凡通过狭义西域所能到达的地区，包括亚洲中、西部，印度半岛、欧洲东部和非洲北部都在内。"《汉书·西域传序》："西域以孝武时始通，本三十六国，其后稍分至五十余，皆在匈奴之西，乌孙之南。南北有大山。中央有河，东西六千余里，南北千余里。东则接汉，阸以玉门、阳关，西则限以葱岭。"

公元前138年，张骞奉汉武帝之命出使西域，极大地促进和加强了西域与汉王朝的沟通交往。经丝绸之路，我国的丝绸、茶叶、瓷器、漆器、铁器等物品得以销往西域，而西域的蔬菜、水果、马匹等物产也得以出口汉王朝。汉朝还在西域设置了西域都护府，负责西域的相关事务。通过较为频繁的政治文化交流，汉语与西域的语言不断接触，从而吸纳整合了一部分西域语言资源。就目前掌握的情况来看，汉语吸收的西域语言资源主要是词汇资源。需要指出的是，西域各国与中国的交往中间虽有间断，但总体上看，是一直持续发展的，到唐朝时这种交往还在继续，所以汉语资源系统对西域语言资源的吸收并不仅仅局限在汉朝，这里所讲的吸收的西域语言资源兼顾汉之后的情况。汉语吸纳的西域外来词语主要涉及以下几个方面。

（一）乐器乐曲

西域开通以来，西域的音乐舞蹈得以引进中原。在张骞通西域时，就带回了一些乐器及乐调。崔豹《古今注》说："横吹，胡乐也。张博望入西域，传其法于西京，唯得《丈摩诃兜勒》二曲，李延年因胡曲，更造新声二十八解。"源于西域的乐器、乐曲方面的词语较多，如：

箜篌：又作空侯、坎侯。西汉时通过两条途径输入：一条是由陆上的丝绸之路进入，一条是经过缅甸传入。西汉武帝时应已输入，两汉时已颇为盛行。昭君与匈奴和亲时，汉元帝曾以竿、瑟、箜篌赐匈奴呼韩邪单于。东汉时箜篌仍为宫廷所酷爱。

筚篥：又作必栗、悲栗、悲篥、努葵、贝蠡，可能是古代龟兹（今库车地区）语的译音，一说是突厥语 bäri 或 beri 的译音。最早作"必栗"，以后才有悲栗、筚篥等说法。

琵琶：本作批把，也作枇杷、鼙婆，约在汉代由西域引入。

还有一些西域乐器著录于典籍中。其中有天竺伎和龟兹伎所使用的都昙鼓、毛员鼓、侯提鼓、鸡娄鼓、答腊鼓等，钲、铙、筘也属于西域胡乐。除乐器外，还有一些曲调，最出名的当属龟兹乐律"五旦七声"。"七声"各有译名，有的显然来自梵语，有的则极可能转译自龟兹语。

隋唐以来西域各族舞蹈也不断传入中土。段安节《乐府杂录·舞工》"舞工"条中记载从西域传入的舞蹈种类有健舞、软舞、字舞、花舞、马舞。而伴奏的乐曲则"健舞曲有棱大、阿连、柘枝、剑器、胡旋、胡腾。软舞曲有凉州、绿腰（即六么）、苏和香（即苏合香）、屈拓、团圆施、甘州等"。此外，隋唐还有剑器舞、浑脱舞、苏幕遮舞、高丽舞、阿辽舞、拂菻舞、菩萨蛮舞、达摩义舞、骨尘、拔头舞等，其中许多显见为音译的外来词，是来自外族的语言资源。

（二）西域物产

张骞出使西域后，西域的许多动物、植物、矿物、珍宝等重要物产相继进入中土。在这样的经济文化交流背景下，汉语资源系统适时吸收了与这些物产相关的外来词。下面简单介绍这几方面的词汇资源。

1. 植物

据史籍记载，由西域引来内地的植物主要有"胡黄连、胡瓜、胡麻、胡豆、胡荽、胡蒜、胡葱、胡桃、胡萝卜、胡椒、红蓝花、酒杯藤、葡萄、苜蓿、石榴"等。这些外来植物的名称有一部分是在原词的基础上直接音译的，可以看做吸纳进汉语的外来资源，如：

葡萄：又作蒲陶、蒲桃、蒲萄、葡陶。最早见于《史记·大宛传》："其俗土著，耕田，田稻麦。有蒲陶酒。"《后汉书》中作"蒲萄"，《三国志》和《北史》都作"蒲桃"。

石榴：原名安石榴，又名若榴、楉榴、丹若、涂林。

浑提（葱）：在《封氏闻见记》中有记载："浑提葱其状如葱而白，辛嗅药。其状如兰，凌冬而青。收干作末，味如桔椒；其根能愈气疾。"

橄榄：又作橄棪、青果、谏果。明李时珍《本草纲目》（卷31）："马志曰，有一种波斯橄榄，生邕州。色类相似，但核作两瓣，蜜渍食之。"

源于广义西域的植物类外来词汇资源还有很多，例如：
菠菜/阿魏/捺祇/阿驿/摩厨/芦荟/奴会/讷会/没药/末药
茉莉/末利/末莉/末丽/摩利/抹莉/抹莉/抹利/抹厉/没利
窟莽/鹊莽/屈莽/鹊枣/豆蔻/豆寇/檀香/旃檀/詹檀/真檀
苹果/频果/频螺/频蠡/频波/颇婆/避逻/频颇罗/毗罗婆
莳萝/慈勒/慈谋勒/荜差/荜拔/荜拔梨/荜茇利/毕勃菠
耶悉茗/野悉蜜/耶悉弭/耶悉弥/苦鲁麻/忽鹿麻/巴旦杏
频婆罗/阿勒勃/阿勃勒/婆罗得/婆罗勒/胡芦巴/胡卢巴
三勒浆/曼陀罗/押不芦/毗梨勒/毗黎勒/密陀僧/蜜陀僧
朴骨脂/婆固脂/破故纸/阿勃参/巴尔酥麻/庵摩勒/庵罗

以上所举并没有穷尽所有西域植物词汇资源，并且某些词存在争议，需进一步研究。

2. 动物

源于西域的动物类词汇资源也较为丰富，例如：

狮子：又作狻狮、师子、师，一种产自非洲的野兽，称为兽中之王。狮，最初作师。《汉书·西域传》："乌戈地暑热，莽平，而有桃拔、师子、犀牛。"北魏杨衒之《洛阳伽蓝记》（卷3）永桥下记："狮子者，波斯国王所献也。"

麒麟：古代的瑞兽，根据文献的描写，麒麟有可能为长颈鹿。"徂蜡"应该就是"麒麟"，也就是长颈鹿。"徂蜡"另译为"祖剌法"。

花福禄：又作福禄，福鹿，即斑马。

除上述语词外，西域动物词汇资源还有"狻麑、猊、钼麑、尊耳、马哈兽、昔雅锅失、昔鸦锅失、雅祸失"等。

汉语资源系统还吸纳了西域语言中关于食品、用品、药材、宝物、国名、官名等方面的资源。两汉时期，除西域诸国外，汉语与鲜卑、突厥等民族的语言也有接触，并相应地吸收了一些资源。来自鲜卑语的词语有"可汗、可孙、恰尊、直勤、咸真"等，来自突厥语有"可贺敦/可敦、特勤/地勤、叶护、领利发、俊利发、吐屯、亦都护、土门"等。另外，周边其他一些少数民族语言，如古壮侗语、古苗瑶语等，也对汉语产生过影响。

第二节　魏晋隋唐时期汉语资源的整合

这一时期，对汉语影响较大的事件当属佛教的传播与发展。一般认为，佛教于东汉明帝时正式传入中国，以《四十二章经》的译出为主要标志。从这一时期开始至唐末800年间，数量巨大的佛经经相关人士翻译并传入了中土。"据元代《法宝勘同总录》统计，历代翻译佛典的部数及卷数为：后汉永平十年至唐开元十八年（67—730），968部，4507卷；唐开元十八年至贞元五年（730—789），127部，242卷；唐贞元五年至宋景祐四年（789—1037），220部，532卷。"① 唐以后的译作，多为旧译佛经的补充，仅500卷左右。"这些经书大部译自梵文，部分译自印度西北部的佉留文和南部的巴利语（Pali）和印度北部一种健陀罗语，以及西域某些语言。"② 佛教的传播发展对汉语产生了较大影响，在这个过程中，大量的佛教词语进入了汉语资源系统，给汉语注入了新鲜血液。梁启超统计《佛教大辞典》共收佛教词语"三万五千余语"。丁福保所编《佛学大辞典》所收语词也将近3万条。除词汇资源系统外，佛教对于汉语语音、语法等资源系统也有一定影响，直接或间接促进了语音、语法资源的发展变化。

一　词汇资源的整合

"汉语中来自国外的借词和译词又可以大致分为三类；第一类是西域的借词和译词，第二类是佛教的借词和译词，第三类是西洋的借词和译词。"③ 佛教的传入，给汉语带来了大量词汇资源，极大丰富了汉语词汇系统。汉语吸收佛教词汇资源的方式大体可以分为两种：一为音译，它用汉字直接对译佛教词语的音节，汉字本身没有意义，只起表音作用，如"比丘尼、悉昙"等；一为意译，它用汉语的语素按汉语的构词方式构成新词，然后将佛教词语的词义移植进来，如"法门、火宅"等。意译的

---

① 冯天瑜：《汉译佛教词语的确立》，《湖北大学学报》2003年第2期。
② 史有为：《外来词——异文化的使者》，吉林教育出版社1991年版，第169页。
③ 王力：《汉语史稿》，中华书局2008年版，第588页。

另一种方式为不创制新词,而是将佛教词语的词义直接移植到汉语已有的某个词上,如"功德、寺"等。

(一) 音译方式引进的资源

音译方式在汉语吸收佛教词汇资源中占有重要地位。"宋代法云的《翻译名义集》收词 2040 条,其中音译约 2000 条,占绝大部分。"[①]例如:

佛,即佛陀,又作佛驮、佛图、浮图、浮屠、浮头、浮陀、勃陀、勃驮、部多、部陀、母陀、设陀、没驮、母驮、步他、步陀、复豆、物他、馞陀。

菩萨,是菩提萨埵的略称,意译为"大士",梵语原词 Bodhisattva。菩萨又作扶萨、扶薛、菩提索多、菩提索埵、"菩提"(Bodhi),义为道、觉,是佛教彻悟的途径和境界;"萨锤"(Sattva),意为有情、众生。

魔,原作魔罗,又作末罗、魔罗耶,佛教中所指的鬼。梵语原词为 Māra,义为扰乱、破坏、障碍,因此而称呼恶鬼。

僧,是僧伽的略称,指佛教男性出家修行的人,音译于梵语。

禅,原作禅那,是梵语 Dhyána 的音译,意译为"静虑"、"静思"或"思维修",意思是安静心敛,使杂念杂虑止息弃除。

唐代玄奘就佛经音译问题提出了"五不翻"原则,即:1. 秘密故,即秘而不能意传的,像咒语之类的不能意译;2. 含多义故,即一词多义,无法用一种意译形式去表达多种意义;3. 此无故,即中原无此事物,无法意译;4. 顺古故,即沿用魏晋以来古时习惯的音译名称,因而不再意译;5. 生善故,即为了使译名能有良好的风格效果,切合原文风格而不能意译。"五不翻"原则促进了佛经翻译的规范化,有利于汉语吸收佛教词汇资源。综观整个佛教词汇资源,以音译方式引进的占有较大比重,从今天观之,这些资源有的已经看不出外来的痕迹,有的则相对较为陌生。例如:

南无/南摩/南谟/那谟/纳谟/纳慕/囊谟/吠陀/围陀/毗陀/皮陀/吠驮头陀/驮都/杜多/杜荼/娑罗/梭罗/萨罗/莎罗/沙罗/喻伽/游迦/游伽刹那/刹拿/叉拿/罗婆/腊缚/和尚/和上/涅槃/涅盘/泥畔/泥桓/泥丸沙门/桑门/娑门/丧门/弥勒/罗汉/罗诃/罗刹/比丘/伽蓝/迎蓝/僧蓝

---

① 冯天瑜:《汉译佛教词语的确立》,《湖北大学学报》2003 年第 2 期。

阿夷/阎罗/乌社/兰若/练若/忏摩/叉磨/夜叉/药叉/阅叉/忏/夜乞叉/沙门那/涅槃那/弥陀佛/阿弥陀/阿罗汉/阿卢汉/阿罗呵/罗刹婆/罗叉婆/卢舍那/卢遮那/阿梨呵/阿黎呵/阎摩罗/乌波索/伊蒲塞/优婆柯/优婆夷/优波夷/优婆斯/阿兰若/阿练若/阿难若/阿兰那/阿弥陀佛/僧伽蓝摩/僧伽罗磨/僧伽罗摩/阎摩罗阇/阎摩罗社/阿兰若伽/毗卢遮那/毗卢舍那/毗卢折那/吠卢遮那/卫路者那/乌婆姿迦/乌波斯迦/乌婆斯迦/优波赐迦/哥罗频伽/阿卑罗吹欠

上例中"和尚"、"刹那"、"罗汉"为一般人所熟知,外来语痕迹已较模糊,而其他一些词则相对陌生,仅在特定的时期和特定的领域使用,总体来讲音译的佛教词汇资源较多,意译相对较少。

(二) 意译方式引进的语言资源

严格意义上说,意译不算外来词,它所使用的造词材料和方法都是本民族语言的,只不过把外族的某些词义移植进来而已。从语言资源学的角度讲,通过意译方式引进的资源应为词义资源或者可以算作广义的语义资源,不能算作严格意义上的词汇资源。本书暂时将它纳入此节介绍,仅为述说方便。佛经的翻译在东汉以直译为主,即所谓"汉末质直",到了六朝,意译占据了主流,"唐则以信为主"一般以音译为基本,又辅以意译。以意译方式引进的佛教语言资源在汉语资源系统中也占有一定比重,对于汉语资源的丰富和发展有重要意义。例如:

因果:梵语 hetu-phala 的意译,指原因与结果,亦指因果律。

解脱:汉语原有词语,有开脱、免除之义。佛教用语的解脱为梵语 vimukti(音译作毗木底)或 mukti 的意译。意谓解放,指由烦恼束缚中解放,而超脱迷苦之境地。

归依:梵语的意译。又作皈依。指归敬依投于佛、法、僧三宝。

出家:梵语的意译,音译作波吠你耶。即出离家庭生活,专心修沙门之净行;亦兼指出家修道者,与沙门、比丘同义。

除此之外,较为常见的意译佛教词语还有许多,例如:

思维/昏沉/变相/圆满/平等/方便/睡眠/意识/金刚/导师/律师/净土彼岸/地狱/真谛/化身/利益/慧眼/烦恼/障碍/忍辱/懒怠/施主/上座法师/念珠/锡杖/圆寂/命根/六根/慈悲/慧根/法眼/神通坐具/三藏/一心/因缘/清净/无常/如来/布施/乘/忍/伺/法门/心花

以上所举仅为一部分,实际存在的要多于这些。通过意译创制的新词，其材料和方法为本族所熟悉，具有丰富生动、易接受的特点。这些新词适应能力较强，使用也比较普遍，其中的许多词或相关成分发展成为具有构词能力的根词。如《佛学大辞典》收以"空"组成的词语76个，收以"定"组成的词语48个。此类的单音节词还有"法"、"心"、"善"、"色"、"身"、"名"、"相"、"性"、"义"、"识"、"道"、"业"、"律"、"理"、"欲"、"贪"、"智"、"慧"、"行"、"戒"、"见"、"信"、"爱"、"觉"、"观"、"灭"、"受"、"有"、"无"、"非"、"净"、"苦"、"圣"、"悲"、"慈"、"斋"、"因"、"缘"、"持"等等。无论是音译还是意译引进的佛教词汇资源，对于汉语资源来讲其意义无疑是很大的。

二 语法资源的整合

佛教语言资源对汉语语法资源也有一定影响。汉语中某些语法资源的形成及发展曾直接或间接地受到佛经语法资源的影响。

（一）中古佛典受事主语句的来源

汉语话题评论式受事主语句在中古有了新的发展，出现了动词后不用"之"回指受事主语的现象，并且这种现象在汉译佛典中较为普遍。朱冠明（2011）认为它的产生和发展受到了佛经原典语OV结构的影响。首先，梵语为代表的佛经原典语常常将宾语置于动词之前，即OV结构会习惯地或高频地出现在语言使用中。受此影响，佛经翻译为汉语时便可能依照梵语的语序（OV结构），形成汉译佛典中宾语居于动词之前的现象。还有一种情况是，梵语动词可以变成分词后出现在句中，作为某一个名词性成分的修饰语；但汉语的动词并没有分词形式，如果译师用汉语的动词来翻译该分词，则动词会被看做谓语成分，这也容易造成受事成分前置于动词谓语。

当然需要指出的是，这种现象的出现虽然也受到了某些汉语自身因素的影响，但佛教语法资源的影响无疑是客观存在的，是形成这一现象的重要因素。

（二）汉语负面排他标记的产生

汉语"除"、"舍"负面排他标记的产生受到梵语系佛教语法资源的影响。胡敕瑞（2008）认为"除"、"舍"的负面排他标记用法来源于梵语 sthāpayitvā 和 muktvā 等排他标记的直译。在汉译过程中 sthāpayitvā 和 muktvā 都选用了相同的词语"除"、"舍"来翻译。梵文中 sthāpayitvā 和

muktvā 两个词是意义相同的词，它们都兼有动词（putting aside、remove）和介词（except）两种用法。东汉译经时期汉语已有相当于梵文 sthāpayitvā 和 muktvā 动词用法的词语"除"、"舍"等，但是没有相当于梵文 sthāpayitvā 和 muktvā 介词用法的词语。早期译人在翻译 sthāpayitvā 和 muktvā 的介词用法时，由于面临没有现成相同用法的汉语词语可资对译，最有可能的选择就是利用和 sthāpayitvā 和 muktvā 动词用法相同的"除"、"舍"等词语来对译。当用"除"、"舍"对译介词用法的 sthāpayitvā、muktvā 时，"除"、"舍"无疑吸纳了这两个词的负面排他用法。如果结论准确，这种现象无疑可以算做汉语语法资源对佛教语法资源的整合吸收。

据朱冠明（2009）统计，佛经翻译带来的梵语对汉语语法发展的影响有18项之多，分别是：（1）复数；（2）呼格；（3）被动；（4）表完成态的"已"；（5）"S，N是"判断句；（6）取"OV"式狭义处置式；（7）语气副词"将无"；（8）"云何"的特殊用法；（9）用于分句末的表原因的"故"；（10）用作领属语的"自"；（11）汉语"除、舍"排他标记；（12）话题转移的标记"复次"；（13）反身代词"自己"；（14）时间疑问词"久如"；（15）"若A若B"结构；（16）疑问代词"何"表任指用法；（17）"与……"的特殊用法；（18）并列成分后置。随着研究的继续，我们相信更多的影响将会被发现，关于佛教语法资源对汉语语法的影响的研究值得继续深入下去。

第三节　宋元时期汉语资源的整合

宋元时期是汉族与北方少数民族接触比较频繁的时期。这一时期，辽、金、蒙古等少数民族政权与两宋政权战争不断，汉族政权逐渐被蚕食，许多地区相继被少数民族政权占领。蒙古灭南宋后，两宋领土完全被蒙古族所占领。频繁的战争与移民促进了民族间的交流与融合，汉语在这个过程中也不断与这些少数民族的语言进行接触，受到了这些语言的影响，同时整合了部分少数民族的语言资源。

一　汉语与契丹语

契丹重视汉语汉文化，在语言文字上实行"双语制"，汉文是与契丹文平行的官方文字。读汉文典籍，以汉文作诗在辽地比较普遍。这种情况下，汉语对契丹语的影响较大，而契丹语对汉语的影响则相对较小。至今在汉语中还没有发现来自契丹语的语法、语音等资源，仅在一些文献中发现了一些汉字音译的官制和军名。例如：

可汗：契丹族首领初称"大人"，势力强盛后受鲜卑、突厥影响又称"可汗"，契丹语源自突厥语 qaghan。

夷离堇：契丹初臣服于突厥，其首领接受突厥委任的"埃斤"称号，契丹语源自突厥语 irkin erkin，之后汉语根据契丹语改译为"夷离堇"。

斡鲁朵：指宫卫或宫分。也作"斡耳朵"。斡鲁朵是辽朝封建经济的主要构成形式，同时也是一种军事组织，各斡鲁朵均有一很大的武装力量。契丹语原词形式可能为 ordo。此词在金、元时沿用为宫衔。

爪：义为"百"，作为部户的计算单位，相当于营、院。每爪一百户。六爪即六营或六院，即六百户，以后也不限于百户。"爪"多用于奚族。如窈爪部、褥盌爪部，均是奚族的营。爪的原词不详。

小底：又作十里鼻，即奴隶或奴婢。《辽史拾遗》引《燕北杂记》曰："北庭汉儿多为契丹凌辱，骂作'十里鼻'，十里鼻，奴婢也。"十里鼻与小底估计是同一词的不同音译，二者读音近似。"小底"有许多不同分工，如承应小底，就是宫廷奴隶；鹰坊小底，为饲养管理猎鹰的奴隶。小底的原词不详。

石烈：契丹社会之基础行政单位，相当于乡。契丹族初分为八部，每部下设 2—4 个石烈。以后各部中也有外来民族之石烈。契丹原词未详。

瓦里：斡鲁朵（宫卫）中的特别行政区域。整个辽国共有 74 个，专门用来安置贵族犯人的家属。《辽史·国语解》："凡宗室，外戚、大臣犯罪者，家属没入于此。"实际上瓦里就是一种变相囚禁的区域。

阿主沙里：辽主父祖的称号，义为威严的君主。"阿主"义为父祖，"沙里"即"舍利"。

惕隐：辽代掌管皇族政教的官名。契丹原词为 teyin（源自突厥语"特勤"，tägin 或 tegin）。

皮室：义为"金刚"，选契丹精兵组成皮室军，约有三万骑。是皇室的主力、亲信。

属珊：义为"珍宝"，选"蕃汉精锐"组成属珊军，约有两万骑。也是皇室的主力、根本。

墨离：又作抹里，是官卫统辖的一种行政区域，墨离军则为诸宫卫的禁军。原词不详。

猛安：契丹族部落或部落联盟的组织。女真族也有同样的单位。契丹原词可能为 mängan。

谋克：契丹民族组织。女真族也有同样单位。契丹原词可能为 mäke。

（见史有为《外来词——异文化的使者》，吉林教育出版社 1991 年版。）

此外还有"干越、挞马、舍利"等来自契丹语。从契丹与汉族接触的历史看，汉语资源系统整合的契丹语资源应不止这些，有待深入研究。

二 汉语与女真语

1115年，完颜阿骨打统一女真各部，建立"大金"。金建立后先灭掉"辽"，后又在与北宋的战争中取得胜利，从而统一包括黄河流域在内的广大北方地区。金朝后期，统治腐朽，各民族起义不断，在蒙古帝国打击下，终于亡国。在这百年的时间里，汉族与女真族进行了广泛的接触。在这样的背景下，两族语言也得以接触并互相产生影响。女真语，属通古斯语族。金王朝建立后，参照汉文和契丹文，创制自己的文字，前期为女真大字，后期创制了女真小字。同契丹一样，金也重视汉语汉文化，深受汉语汉文化影响。相对于汉语对女真语的影响，女真语对汉语的影响较小，并且可供研究的资料也较少。《金史国语解》、乾隆《钦定金史语解》及《大金国志》等史籍中保留了一定数量的女真语借词，此外金元散曲剧作中也散见一些有待考证的女真词语。

（一）保存在史籍中的词语

勃极烈：女真部落或氏族首领的称号，原义为管理众人。金初也以此作为官号，相当于大臣、大将。女真语原词为 begile。

都勃极烈：百官之长，部落联盟中最高统治者。原词为 du begele，du 义为"头目"。

谙版勃极烈：大臣名，仅次于都勃极烈的官名。原词为 amban begile。amban 义为大臣。

国论勃极烈：国相，享有大权。原词为 gurun、begile。gurun 义为"国"。

胡鲁勃极烈：又作忽鲁勃极烈，统领军队的长官。也可简称胡鲁、忽鲁。原词为 kuren begile。kuren 义为"总"。

勃堇：又作孛堇，小部族首领，相当于乡长、邑长。源自女真语 begin。

按答海：客人，女真语原词为 antaha。

珊蛮：又作萨摩。即萨满教，或指称萨满教之巫师。源自女真语 saman，原义为"巫"。

（见史有为《外来词——异文化的使者》，吉林教育出版社 1991 年版。）

（二）金元散曲剧作的词语

佶倬：无名氏《满江红·贺人开酒店药铺》词："佶倬家人三两辈，药王菩萨丹青轴。"《宋元戏文辑佚·风流王焕贺怜怜》："我女痴迷，全然不省，更不思量著。佶倬的无数，凭着你自寻那个。"龙潜庵《宋元语言词典》释为："佶倬，俊壮而不同一般，风流潇洒。"亦作"结棹"。

赤瓦不剌海：史籍中又记作"洼勃辣孩"，义为"敲杀"，对音照例为 čiwabulahai 或 wabulahai。李直夫《便宜行事虎头牌》第三折："才打到三十，赤瓦不剌海，你也忒官不威爪牙威。"亦作"赤瓦不剌"。

撒敦。对音照例为 sadun，义为"亲家"。关汉卿《调风月》第四折[双调新水令]："双撒敦是部尚书，女婿是世袭千户。有二百匹金勒马，五十辆轮车。"

虎剌孩：对音照例为 hulahai，女真语义为"盗贼"。《女真译语·人事门》："贼人，虎剌孩捏儿麻"（"捏儿麻"汉义为"人"），《女直译语·人物门》："贼人，忽鲁哈捏麻"。相应的满语形式为 huulha。元阙名撰《阀阅舞射柳捶丸记》第三折："看了这虎剌孩，武艺委实高强，俺两个夹着马跑了罢。"

（见孙伯君《元明戏曲中的女真语》，《民族语文》2003 年第 3 期。）

金元散曲剧作的女真词语还有"撒八、粘汉、兔鹘、兀剌、抹邻、擦摺儿、牙不"等。无论金元散曲剧作还是某些相关史籍都吸收保留了一部分女真语词语，有些我们已经认识到，有些还处于待研究状态，需要加大研究力度，研究开发这些资源。

三　汉语与蒙古语

1271 年忽必烈改国号为"大元"，蒙古族正式入主中原，建立了横跨欧亚大陆的帝国。之后，元朝的统治重心由蒙古高原逐渐转移到中原，大批蒙古人以军户形式进入中原，形成了多民族杂居的局面。虽然蒙古族在中原地区的生活相对独立，但与汉族人民交往在很多情况下是不可避免的，这样两族的语言便有了长期接触的基础。另外，元朝在语言政策上重视蒙古语，以蒙古语为官方语言，这样在语言接触中，蒙古语便表现出一定的强势，对于汉语的影响也较多。

（一）词汇资源

在汉语中，源于蒙古语的外来词比较多。刘正埮、高名凯《汉语外来词词典》收录了将近 400 个蒙古语外来词，实际数量应该还要多一些。它们有些保留在史籍、戏曲等相关文献资料中，有些成为较为通用的成分，一直沿用到今天。汉语吸纳的蒙古语词汇资源多为与政治、军事相关的称呼或名号，如君臣名号、军队名称、组织制度名称等。

成吉思汗：铁木真（元太祖）在建立蒙古汗国时的正式称号。成吉思汗由"成吉思"和"可汗"两部分合成，可汗是突厥以来北方各族沿用的最高元首的称号，元时也译作"合罕"或"罕"，蒙语原词当为 khagan。"成吉思"蒙语为 čingiz，其意义有多种说法，一说即"匈奴单于"的变异，义为"最大"，一说即匈奴、突厥、蒙古语同源的"天"，也有认为是"大海"之义或"坚强"之义。

那颜：蒙古部落和蒙古汗国上层人士的称号，即贵族老爷，包括诸王、公主、驸马、千户长在内的统称。蒙古语原词为 noyan。

秃鲁花军：也作秃鲁华军，睹鲁掩军，是元代的一种特殊军种，即质子军。秃鲁花的蒙古语原词为 turug 或 torug。

奥鲁：元代的后勤部队，也是一种专门机构，管理军人家属。奥鲁的蒙古语原词是 oro，原义为营盘，因而军队辎重也称奥鲁。

忽邻勒塔：又作忽里勒台，忽烈而台，库烈而台，是蒙古部落传统的部落议事会。忽邻勒塔的蒙古语原词为 xuralta 或 kuralta。

爱马：又作爱马克，蒙古汗国和元代用以指称部落、部族，蒙古语原词为 aimag。

汉语中也有一些日常用语、百姓称呼等其他方面的词汇资源来自蒙古语，例如：

胡同，指小巷，来自蒙古语 gudum。

哈叭狗，又作哈叭儿、叭儿狗、哈巴，一种卷曲长毛的玩赏狗，俗呼狮子狗，产于中国北方。源自蒙古语 χaba；一说为 halban。

喇叭，吹奏的号子，蒙古语为 labai，系借自突厥语 labay（又源自汉语"螺贝"）。

戈壁，指沙漠、石滩，源自蒙古语 gobi。

阿拉特，这个词是蒙古族专指百姓或人民的，原词为 arad。

享斡勒，蒙古汗国时称奴隶，蒙古语原词为 bogul。

（二）语法资源

蒙古语对汉语的影响也涉及语法方面。在100多年的接触交流中，汉语整合了一部分蒙古语语法资源，将它们纳入了自己的语法资源系统中。

1. 比拟结构"X（喻体）+（也）似"

江蓝生（1999）认为，金元时期产生的比拟结构"X +（也）似"，是汉语模仿阿尔泰语，主要是蒙古语的比拟表达词序而产生的新的比拟式，是在特定历史社会条件下语言接触和融合的产物。蒙古语的比拟表达方式是在名词、代词或少数动词后面加上后置词 metü，然后再接中心语，例如：

ral　　metü　　ularan　　tur
火　　似　　红　　旗　　（像火一样红的旗子）

mori　　nisqu　　metü　　qaruluna
马　　飞　　似　　跑　　（马像飞一样地跑）

从上例很容易可以看出，新兴的"X +（也）似"比拟式与蒙古语比拟表达的直译词序相一致。金元白话资料里出现的这样的比拟式与前代的比拟式在句式结构、语法功能上有明显不同，不是前代比拟式的继续与发展。从语言资源学的角度讲，可以认为这个比拟式是汉语吸收的蒙古语语法资源。

2. 定中结构的复杂化

李崇兴（2005）曾经讨论过蒙古语语法对汉语语法的影响问题。从汉语方面看，定中结构的复杂化表现为"的"字结构的复杂化和定语的多层化两个方面。例如：

（1）似这般要肚皮的人，与钞过钱人每明白指证，招伏文书与了呵，使见识，没病推辞着"病"么道，不对证的人每根底，依体例交罢了。（《元典章》刑部卷8。）

（2）又知觉这贼每，赴官告报来的一个陈景春名字的里正。

(《元典章》刑部卷3。)

（3）蛮子田地里看守五河县的张千户小名的受宣的官人。

(《元典章》刑部卷4。)

元代以前,"的"字结构一般是由单个的词或简单的短语构成的,复杂的"的"字结构和定中结构只出现在蒙古语直译体文字中。到了元代,正是由于对译蒙古语文的需要,才使"的"字结构的容量大为增加,从而赋予汉语句子组织以新的强有力的手段。

此外,李崇兴（2005）还认为,"动+了+宾"全面取代"动+宾+了"、"着"的"方式化"用法的产生、介词带"着"等语法现象的产生都受到了蒙古语语法的影响。孙锡信（1990）认为,"们"用在指物名词后面的情况是受蒙古语影响产生的。

整个宋元时期,汉语与契丹、女真、蒙古等语言有过较为广泛的接触。就目前掌握的资料看,汉语整合的契丹、女真语资源相对较少,吸收的蒙古语资源相对较多,这方面的研究成果也较多。

第四节　明至鸦片战争时期汉语资源的整合

明代至鸦片战争,汉语资源的整合主要表现在汉语和满语之间的影响方面。这一时期,我们主要谈汉语对满语资源的整合。

满语,属于阿尔泰语系满—通古斯语族满语支,是历史上主要为满族人民所使用的一种语言。清入关之前,满语使用范围主要局限在东北。清入关后,随着清王朝统治的加强和满族人口的增加,满语的使用范围逐渐向南扩展,影响逐步扩大。满族人在民族发展过程中,充分认识到满语文的重要性,将满语文定为国语、国文,并制定各种措施,推行满语文。满族人入关前后,国语就是民族教育的重要内容之一。1644年北京设立八旗官学,学生多学习满文。1653年,八旗各设宗学,"清书"的学习是宗学特色之一。此后的很长一段时间,"满语"一直是各类满族学校学生的必修课。1741年,乾隆下谕,"清语尤为本务,断不可废","有不谙清语者,定从重治罪"。嘉庆时期,重视民族语言学习,要求满族人学习满语以"固守本业",视不习满语为"抛荒正业"。光绪时期,清朝政府刊刻了大量满语方面的书籍,以期推广满语,增强民族凝聚力,巩固统治。

清朝政府语文政策的大力推行和民族杂居局面的形成，提高了汉族学习满语的热情，促进了两种语言的接触交流。虽然后期多数满族人为汉族所同化，满语逐渐消亡，但在汉语中满语还是留下了许多痕迹，汉语也因为吸纳了满语资源得到了进一步完善。汉语吸收的满语词汇资源数量较多，这些资源大部分保存在东北方言中。此外北京话也吸纳了一定数量的满语资源，其他方言中也有零散的满语留存。这些资源目前缺少系统全面的研究，所以其准确情况较难确定。就目前的研究来看，满语对汉语的影响比较深刻，涉及语音、词汇、语法等诸多方面。其中词汇和语音影响较大，汉语特别是东北方言中存在大量源于满语的词语。这些词语构成了东北方言词汇方面的一个特色。北京语音、辽东语音很大程度上受到满语语音的影响。

一　词汇资源的整合

活跃在汉语中的满语词汇资源储量丰富。由于融入的时间较为久远，再加上汉语的改造，人们一般将这些词汇资源看做方言特有的词语，对于其源于满语的事实反倒缺乏基本的认识。由于全面系统的研究的缺失，我们较难精确统计这些词语的数量，但就估计的情况而言，其数量可能居于汉语吸收的外来词语的前列。刘正琰、高名凯《汉语外来词词典》所收入的满语词，除人名、地名、官职外，就有128个。保留在东北方言和相关文献中的满语词远远超过这个数字。其中，大家所熟悉的是保留在部分方言中的词语。

（一）表示动作行为状态的满语成分

咋呼（zhā hu），来源于满语 cahū，原意为"泼妇、茶壶"，现在的意思是不稳重、说话大呼小叫，喜欢夸张。

突突，来源于满语 tuk tuk seme，原义为"形容心跳动的样子"。在汉语方言中，引申为由于恐惧、劳累所造成的肌肉、心脏不正常的跳动。

邋遢（辽宁发音为 lā ta；北京发音为 lē te），来源于满语 lek-dolakda，原意为"胖而笨"，汉语中主要用来形容人吃穿住行等生活方面不利索、不整洁。

摘歪（zāi wai），来源于满语 jailambi，满语中原意为"躲避、回避、闪开、推卸"，在方言中的意思是身体或物体不正、偏斜。

勒勒（lē le），来源于满语 leolembi，满语中原意为"谈论、议论"，在方言中的意思是"说话不着边际、空谈一些无用的东西"。

磨蹭（mó ceng），来源于满语 moco，原意为"笨、笨拙"，在方言中的意思为"做事不讲效率，缓慢、不利索"。

呵斥（hē chì），源于满语 hacihiyambi，原意为"催促、急、疾速、勉强、赶"，汉语中的意思为"大声斥责"。

麻利，来自满语中的 lali，满语中意思是"爽利、麻利"。方言中的意思基本与满语中的意思相同，主要用来形容一个人办事干净，利索。

唠叨，源于满语 dalhi，方言中的意思是话语频繁、过多且无用，满语中意思与之相近，有"频繁的、多嘴的"之意。

白（bái），来源于满语 baibi，方言中的意思是白白地、徒劳，满语中意思与汉语相近，表示"白白地、只是"之意。

虎势，汉语中意思为"强壮、勇敢、不畏惧"，来源于满语 husun，意思是"力、力气、势力、工役"。

"baichi"，方言中的意思为"双方对某些问题观点不一，通过言语双方仔细探讨某事"，来源于满语 baicambi，意思为"查看、调查、考查"。

"hēnde"，汉语中的意思为"以言语讽刺或训斥别人"，来源于满语 hendum，意思为"道，说，讲话"。

"sámo"，北京等方言中的意思是"简单快速地看一眼"，源于满语 sabumbi，义为"看见"。

"kěike"，北京等方言中的意思为"刻薄"，来源于满语词 keike，义也为"刻薄"。

（二）表示亲属称谓和物品名称的满语成分

哈什蚂，满语 hasima 的汉语音译，一种蛙名。哈什蚂可以油炸、酱制，雌性哈什蚂腹内有脂肪状物质哈什蚂油，可作中药材。

萨满，满语中 saman 的汉语音译，是满族所信仰的宗教——萨满教中的巫人。

萨其马，来源于满语 sacima，满族的一种糕点，用糖将油炸短面条等黏合即可做成。

嘎拉哈，来源于满语 gacuha，意思是"背式骨、羊拐骨"。东北地区有一种游戏叫"chuǎ 嘎拉哈"。

阿玛、玛玛，汉语中的意思为"父亲"，辽宁北镇一些地区有这种说法，源于满语 ama，意思与汉语相同。

额娘、纳纳，汉语中的意思为"母亲"，为满语 eme 的音译，在满语中的意思与汉语相同。

此外，还有一部分地名源于满语。这些满语地名在东北三省保留的最多，仅辽宁省抚顺地区就有 500 个左右。下面简单列举辽宁省的某些满语地名以供参考。

（1）普兰店，位于辽宁半岛中南部，"普兰"在满语中的意思是"荆刺"。据《钦定盛京通志》："国语，捕拉，荆刺也。"普兰是满语的汉语译音。

（2）苏子河（南苏河），在满语中该河名称为"苏克索护毕拉"。"苏克索护"是满语 suksuhu 的汉语译音，意思是"鱼鹰"。"毕拉"是满语 bira 的汉语音译，意思是"河"。在满族人民的渔猎经济时期，这条河上栖息着很多鱼鹰，因此得名。

（3）南拨卜沟和北拨卜沟，位于苏子河南北两岸的两个村庄。"拨卜"是满语的汉语译音，满语中的意思是"牛车车辕前的横木"。苏子河从南拨卜沟和北拨卜沟中间流过，河道如同牛车车辕前的横木，因而得名。

（4）赫图阿拉（俗称老城），原名"赫图阿拉霍屯"，"赫图"是满语 hetu 的汉语译音，意思是"横"；"阿拉"为满语 ala 的汉语译音，意思为"岗"；"霍屯"是满语 hecen 的汉语音译，意思是"城"。"赫图阿拉霍屯"汉语意译应该是"横岗城"，表明此城坐落在一片横岗上。

（5）烟筒山，位于老城西，曾是努尔哈赤驻军的高地。原名为"呼兰哈达"，"呼兰"是满语 hūlan 的汉语译音，意思是"烟囱"；"哈达"是满语 hada 的汉语音译，意思是"山峰"。"烟筒山"是"呼兰哈达"的汉语意译。这个山的主峰峰顶有一根高约数十米的石柱，从远处看像烟筒一样，因而取名"烟筒山"。

（6）阿伙洛，位于苏子河南面，与夏园隔河相望，全称为"阿哈伙洛"。"阿哈"是满语 aha 的汉语音译，意思是"奴仆"；"伙洛"为 holo 的汉语音译，意思是"山谷、沟"。"阿哈伙洛"汉语直译为"奴仆沟"。这一地区世居努尔哈赤时代的满族奴仆，且居民沿山沟而分布，因此得名。

（7）多木伙洛，位于苏子河南面，阿伙洛村东南。"多木"是满语 damin 的汉语音译，意思是"老雕"。从村名看，历史上该村的山沟中雕很多，是古代满族人民猎鹰、驯鹰的地方。

（8）台宝，位于多木伙洛东南山地。"台宝"为满语 tobo 的汉语音译，意思是"窝棚"，古代满族人民打猎或采集山珍时，临时搭建的窝棚，后来逐渐发展成为一个村庄。

（9）马凤沟，又称马蜂沟。在河南阿伙洛西北山地。"马凤"是满语 meiifehe 的汉语音译，意思是"山坡"，因坡而得此名。

（10）五龙，是苏子河下游支流上的小村。这个地方原来叫做"五龙伙洛"或"五龙沟"。"五龙"是满语 olo 的汉语音译，意思是"麻"，应译作"麻沟"，表示此地多生麻类植物。

（11）占贝，在苏子河下游南岸。"占贝"是满语 zhan 的汉语音译，意思是"响箭"。原来的村名叫做"占贝毕拉"，是"响箭河"的意思。"响箭"也可以叫做"哨箭"，满族人把这种发出呼哨的箭作为一种军事信号。

以上地名经考证，其来源于满语的事实比较确定。有些地名是否来源于满语和来源于满语中的哪些成分尚需考证，例如：

爱林 法库 夹河 瑷河 明安 依路村 大房申 南杂木

马塘沟 窝拉圈 马尔墩 薛礼村 聂尔库 哪尔吽 英额门

敖石哈 哈哈居 思拉堡 拔立寨 章木伙洛 博洛堡镇

汉语吸纳的满语词汇资源数量很大，对汉语影响深刻。但这些资源长期处于未开发状态，需要科研工作者去研究探讨，以充分发挥其价值。

二　语音资源的整合

语音方面，满语对汉语有一定影响。汉语也整合了部分满语语音资源。汉语中受满语语音影响较多的主要为东北方言语音和北京话语音，东北方言语音中又以辽东语音最为显著。这一部分本书主要介绍满语语音对辽东语音和北京语音的影响。

（一）满语对辽东语音的影响

爱新觉罗·瀛生（2004）认为，满语对辽东话语音的影响主要表现在声调、声母和音节拼合规律方面。

1. 满语语音对声调的影响

满语属于阿尔泰语系，声调不区别意义，或者说满语没有声调。对于以没有声调变化的满语为母语的满族人来说，学习有声调的辽东汉语时比较困难，声调很难掌握。"阳平"是比较难学的声调，在学习汉语的过程中，满族人将大部分阳平改为阴平。后来，这种变化遍及整个辽东汉语。在辽东汉语中本来读阳平的字词大部分变成了"阴平"。下面以沈阳话中的声调为例，如：

汉字	沈阳话声调
阿	a 阴平
哀	ai/nai 阴平
八	ba 阴平
掰	bai 阴平
班	ban 阴平
邦	bang 阴平
宾	bin 阴平
餐	can 阴平
撮	cuo 阴平

2. 满语语音对声母的影响

满语没有"失"、"吃"、"知"三母，辽东话（沈阳话）受此影响，也失去了这三个声母。另外，满语没有"日"母"r"，受此影响辽东话中原声母为"r"的音，发生了所谓的零声母化，变为"y"，例：

汉字	沈阳话
插	ca 阳平
洒	sa 上
筛	sai 阴平
扎	za 阴平
然	yan 阳平
闰	yun 去

辽东话的 zh、ch、sh 变为 z、c、s，含"r"的音发生了零声母化。辽东话的这种特点直到现在依然有所表现，辽宁的抚顺、锦州、鞍山、岫岩地区现在就存在 zh、ch、sh 与 z、c、s 不分的现象。此外，满语中也没有"兹"、"此"二母，但沈阳话保存了"兹"、"此"二母，这种现象也是与满语相关的。达海改革满文时创建了［ts］［ts'］，用来拼写汉语以及其他语言中的"兹"、"此"，随着语言的发展，因为［ts］［ts'］与［s］相近，而且［ts］［ts'］语音负担较轻，所以就吸引音位负担过重的［s］向［ts］［ts'］靠拢。这样［ts］［ts'］的应用就不再限于拼写外来语词，

而逐渐也用来拼写满语固有词。沈阳话保存了"兹"、"此"二母,与这些因素直接相关。

3. 满语对音节拼合规律的影响

汉语中双唇音一般不与 e 相拼,而在满语中,b、p、m 可以与 e 相拼,满语中就存在大量 b 与 e 相拼的情况。例如:

beiikuwen beiikuwen xhuurun beiikuwen tuweri

beiilen beiilen beiilembi bejilehe gisun beki

bekdun sindambi bekdun uxabumbi bekte bakta

bekterembi bele jeku belembi beleme bejilembi

沈阳话受到这种影响,双唇音 b、p 与 e 相拼而不与 o 相拼。例如:播/be/、破/pe/。这种影响一直延续到现在,辽宁地区现在也存在大量双唇音 b、p 与 e 相拼的情况。

历史上,辽东话与满语关系密切,彼此间都留下了对方的痕迹,在现代辽宁地区的汉语中存在的很多语言现象与历史上辽东话与满语的接触有直接或间接的关系。然而遗憾的是,辽宁地区的满语已经基本消失,我们要考证近现代辽宁地区的满语具体情况,将会面临巨大的挑战。

(二) 满语对北京语音的影响

赵杰(2002)从音高、音重角度系统分析了满语语音对北京话语音的影响。

满语无声调但有重音。满语非重读的音高接近汉语的阴平,因此满族人在改汉姓时,虽然音素可译成相应的汉字,但音高调整不过来,还保存着说满语时的音高状况,例如"那",原为满族姓氏。满姓 [$na^{55}la^{55}$] 汉化为"那"后,音高没有改变,依然读为 [na^{55}]。

满语对北京话音重的影响主要表现在轻声方面。北京城区话的轻声应为轻音,其数量远远超过普通话,这些现象是汉语吸纳满语轻重音特征的结果。例如"西直门"的"直"发成半浊音声母 r,"多少钱"的"少"发成半元音声母 r,其中中间音节都发生韵母脱落,声母弱化,这正是满语"重轻重"的音重特征。音重的影响还表现在双音节词上,例如"知道"的"道"发成 de,元音央化,辅音也浊化;"感情"的"情"脱落元音,只剩下声母;"东西"的"西"只剩下声母。北京话双音节词的第二音节里的元音、辅音音素都发生了较大的弱化,这是满语双音节词前重后轻的反映。

满语对北京话的音素也有一定影响。总之，北京话语音深受满语影响，在其发展过程中整合了部分满语语音资源，也正是满语等语言资源的补充，才形成了今天北京音的基本面貌。除词汇、语音等资源外，汉语语法资源也受到满语资源的影响。如陈前瑞便认为："综合《清文启蒙》中汉语'来着'用法和《满语语法》中满语过去式的表达方式，我们有理由认为，汉语'来着'的用法可能源于满语过去式的用法：它可以和各种体的标记配合使用，并且有表示假设或虚拟假设的用法。"[①] "在《红楼梦》和清代较早期编写的满语词书等的释文中，很明显看出满语语法结构对汉语结构的影响。"[②] 就已有研究成果看，汉语还是整合了一部分满语语法资源的，但就目前的研究而言，对语法资源的整合情况的认识尚不够深入，需要继续加强。

第五节　鸦片战争以来汉语资源的整合

鸦片战争以后，中国逐渐沦为半殖民地半封建社会的国家。为摆脱落后挨打的局面，国人开始寻求救国之路，纷纷向西方寻求救国良方，自觉地了解引入西方文明。洋务运动"师夷长技以制夷"，维新派"戊戌变法"学习西方政治制度，"五四"运动前后则是西方文化的全面输入。在这样的背景下，大量的西方科技文献被引入中国，西方的先进技术、政治制度、文化思想等不断涌入中国。整体上来讲，鸦片战争以后中国和欧美等国家的交流是不断加强的。在这些交流沟通中，汉语有了与多种语言接触的机会，如英语、日语、俄语、葡萄牙语、法语等等。从鸦片战争到现代，在与多种语言的接触中汉语吸收了大量的语言资源，推动了汉语资源系统的发展。

一　词汇资源的整合

鸦片战争以后的百余年时间里，汉语整合吸收的词汇资源超过了以往任何时期。这些词汇资源数量大、来源广，涉及政治、经济、社会、科

[①] 陈前瑞：《汉语体貌系统研究》，博士学位论文，华中师范大学，2003年，第96页。
[②] 爱新觉罗·瀛生：《满语杂识》，学苑出版社2004年版，第956页。

学、文化、哲学及日常用品、食品等多个方面。从来源看，源自英语的最多，日语、俄语、法语数量也较大。据钟吉娅（2003）统计，《汉语外来词词典》中收集的英语外来词有3602个，日语850个，俄语417个，法语178个。英语是这一时期外来语言资源的主要来源，汉语吸收了反映诸多内容的英语词汇资源，例如：

1. 科技方面的词汇资源

逻辑 赛因斯 雷达 声纳 卡路里 欧姆 马达 麦克风

吉普 卡宾枪 来复枪 加农炮 歇斯底里 凡士林 苏打

尼古丁 维他命 吗啡 海洛因 奎宁 阿斯匹林 荷尔蒙

2. 文体艺术方面的词汇资源

葛朗玛 幽默 引得 道林纸 拷贝 卡通 吉他

曼陀铃 探戈 华尔兹 伦巴 恰恰舞 马拉松

奥林匹克运动会 乒乓球 扑克 高尔夫

3. 日常生活方面的词汇资源

恤衫 夹克 开司米 法兰绒 尼龙 维尼纶

酒吧 威士忌 巧克力 冰淇淋 可口可乐

咖啡 布丁 三明治 沙拉 水汀 的士 巴士

（见史有为《外来词——异文化的使者》，吉林教育出版社1991年版。）

到了当代，出于简约或不便音译或意译的原因，出现了直接引进原文的整合形式，如"AIDS、IT、WTO、DVD、A股、B股、DOS操作系统、FoxPro、C语言等、CD（激光唱盘）、DVD（高密度光学激光影碟）、DJ（音乐节目主持人）、WC、NBA"等。由于学习西方先进科学技术的需要，汉语得以与西方国家的语言频繁接触，伴随着科学技术的引进，汉语整合了大量西方语言资源。

二 语法资源的整合

汉语对欧美语法资源的大量整合，始于"五四"，"从民国初年到现在，短短的二十余年之间，文法的变迁，比之从汉至清，有过之无不及。文法的欧化，是语法史上一桩大事"。[①] 在这段时期出现了所谓的"欧化语法现象"，指现代汉语在印欧语言，特别是英语的影响下产生或发展起

---

① 王力：《王力文集》，山东教育出版社1984年版，第434页。

来的语法现象。汉语在印欧语言的影响下，通过模仿和移植产生一些新的语法成分或句法格式，或汉语中罕用的语法形式由于印欧语言的推动和刺激作用而得到迅速发展。语法资源的整合主要指因模仿和移植而产生新的语法成分、句法格式的现象。"五四"时期西学东渐之风日盛，汉语与西方语言有了更广泛的接触，许多语文工作者在写作、翻译等方面大量模仿、借用外来成分，其中许多资源被汉语正式吸收，成为汉语资源系统的一部分。与词汇资源类似，这一时期吸纳的资源也以英语资源为主。

贺阳（2004）的研究表明，汉语的"关于"原本没有介词用法，清代以前"关于"不作为表示关联的介词使用。"五四"前后"关于"才出现这种用法。清代以前动词"关"和介词"于"是动词性的词组，不是介词。现代汉语"关于"的介词用法是模仿英语而产生的。再如"在 N 的 V（之）下"框式介词结构。依汉语原有的习惯，"在……（之）下"这种介词结构中出现的通常都是表示具体实物的名词，整个结构表示方位。"五四"以来，这种介词结构有了新的发展。受英语等印欧语言行为名词（action noun）用法的影响，在翻译过程中模仿这种介词结构，并用动词去对译其中的行为名词，于是"在 N 的 V（之）下"结构开始在现代汉语书面语中出现。这种介词结构不再表示方位，而是表示事件的条件或伴随情况，常常作状语。

以上所讲各个时期的整合情况是就其主要情况或已经掌握的情况而言的，汉语资源的整合情况是极其复杂的。在不同的历史时期，汉族与外族的接触与交流都会在语言上产生一定的影响。除以上诸种情况外，还存在许多尚需进一步探讨的语言接触情况，这对进一步明确语言接触情况，研究语言资源整合情形都有重要价值。

第三章

汉语资源调查

第一节 语言资源调查概述

一 语言资源调查的界定

(一) 什么是语言资源调查

语言资源观认为,语言是一种十分重要的资源。陈章太先生说语言是一种"有价值、可利用、出效益、多变化、能发展的特殊的社会资源"。[①] 从目前的研究成果看,学界一般认为语言资源主要包括语言的本体资源、社会应用资源以及公民的语言能力三个部分。语言本体资源由两个部分构成,语音资源、词汇资源、语法资源、语义资源、文字资源构成底层语言资源,它们是语言资源的物质基础;修辞资源、语体资源和风格资源构成高层语言资源,它们既是底层语言资源的效益体现,同时也作为资源为人类服务。语言的社会应用资源由各种辞书、工具书、教科书、各类语料库、各种语言产品等语言资源副产品构成,是语言资源价值和社会有用性的具体体现。公民的语言能力主要包括公民的母语能力、外语能力以及多语多言的能力,是国民素质的重要体现。

语言资源调查就是在语言资源观指导下进行的语言本体、语言应用和公民语言能力的调查。语言资源调查包括三个方面的内容:一是语言资源本体要素调查,主要是针对底层语言资源的调查;二是语言社会应用资源的调查,主要包括对语言产品、语言消费、语言政策、语言教育、语言使用等方面的调查;三是公民语言文字能力的调查,如母语能力、方言能

[①] 陈章太:《论语言资源》,《语言文字应用》2008 年第 1 期。

力、外语能力、多语多言等能力的调查。范俊军、肖自辉（2010）提出了"国家语言普查"的概念。他们认为，"国家语言普查是在国家层面开展的语言普查，即语言国情调查，它是'对全国语言文字及其使用情况进行有目的、有计划、有组织的全面调查研究'"。[①] 国家语言普查是和地方语言普查、单语普查和多语普查、专项语言普查和常规语言普查相对的一种语言普查形式。从语言普查的对象或内容来看，"它包括两个方面：一是对语言基本要素和特征做面上调查。它与专业语言调查有所不同，主要记录和描写语言的基本特征和主要现象。二是对语言生态系统进行普查。如：语言和方言的种类及分布，语言使用人口和使用领域，语言资源和语言产品的生产与消费，国家和地区的语言政策，语言教育与语言传播，语言态度和语言习惯，等等"。[②] 这样看来，语言资源调查和国家语言普查是两个相类似的概念。语言资源历来都是国家的资源，所以语言资源的调查就是国家语言资源的调查。

从调查的范围来看，语言资源调查和国家语言普查也有相类似的特征。范俊军、肖自辉（2010）认为，完整的国家语言普查应该包括九个方面的内容，即"1. 调查我国境内所有语言和方言及其文字的种类、分布和使用状况，获得准确的现实数据，分类绘制详细的语言地图。2. 调查我国境内所有语言和方言的生态状况，并根据语言生态指标对所有语言和方言的活力做出定量和定性评估。3. 调查海外华人社区的语言生活状况，包括汉语和方言以及汉字的使用状况。4. 调查边疆地区跨境民族境外语言生活状况。5. 调查境内各种语言和方言资源的数量、种类、分布，包括语言教育、语言传播、语言应用技术、文学文艺等语言产业和语言产品，语言资源的价值评估，语言资源的开发与利用，等等。6. 语言本体的普查。对我国境内所有语言和方言（含次方言、土语）的语言系统进行基本的调查和描写。7. 调查国内各个层级与语言相关的法规、政策和制度及其实施状况，对语言法规、政策和制度的科学性和成效度做出评估。8. 调查少数民族语文人才和汉语方言人才的需求状况。9. 调查外语教育及外语人才的数量和水平、外语产业和产品状况"。[③] 我们认为，语

[①] 范俊军、肖自辉：《国家语言普查刍议》，《语言文字应用》2010年第1期。

[②] 同上。

[③] 同上。

言资源调查还需进一步明确的一个方面是公民语言能力的调查,这一方面的调查应该独立成系统。公民的语言能力是国民素质的重要体现,是语言资源的重要组成部分,应该成为调查中的重要内容。公民的语言能力调查主要调查公民的母语文、外语文、方言能力、民族语言文字的能力以及多语多言的能力。

综上,本书尝试为语言资源调查作一简单界定。语言资源调查是在语言资源观指导下开展的对国家语言资源的调查,是政府主导、专家实施、民间参与的对语言本体资源、社会应用资源及公民语言能力的全面普查。

(二)语言资源调查的意义

语言资源调查具有多方面的重要意义。

首先,科学准确的语言资源数据是制定有效的语言政策的重要依据。语言政策是公共政策的重要组成部分。公共政策可以通过法律法规、行政规定或命令、国家领导人口头或书面的指示、政府规划等形式规范和指导有关机构、团体和个人的行动,"在现代社会,公共政策在法律的制定与实施过程中具有极为重要的作用"。[①] 语言政策的制定是由语言政策制定系统(Language Policy-making System)、语言政策执行系统(Language Policy Execution System)、间接主体系统(Indirect Agent System)共同完成的,而语言政策制定的依据就是语言资源调查获得的系统、全面、真实的数据。只有掌握了语言资源的本体情形、应用状况和公民语言能力的实态,才能有针对性地制定科学的语言政策,以规范语言实践。

其次,语言资源调查是更好地保护语言资源的前提。语言资源保护的一个重要前提就是"知己知彼"。也就是说,只有系统掌握各种语言及其方言的实际发展状况,才能有针对性地制定相应的措施,从而采取科学的办法保护不同的语言、方言资源,保护语言及方言的多样性,进而保护文化的多样性。对于我国而言,详细了解我国境内有多少种语言,有多少种方言,不同民族的语言和方言的现状如何等语言资源状况,是我们有的放矢地采取相应保护措施的前提。从这方面看,语言资源调查是为了更好地保护语言资源,是语言资源保护的前提条件。

再次,语言资源调查可以留存大量资料,成为语言研究的对象,推动语言科学的快速发展。语言研究的对象是语言,最理想的状态就是我们拥

[①] 袁文全:《论公共政策对契约自由原则的矫正》,《法学评论》2009 年第 5 期。

有一种语言不同历史时期的各个方面的资料,从而对它进行历时的全面的研究。语言资源调查在一定程度上可以达到这一目的。目前,国家开展的"中国语言资源有声数据库建设"就是一种重要的语言资源调查。李宇明(2010)认为,"中国语言资源有声数据库存储着海量的原始数据,学界在很多方面可省却实地调查之劳;学界共同对这一数据库做多方面的长期开发利用,会得到大量的直接和间接的成果。语言学的发展,在很大程度上依赖于语言事实的采录与加工。中国语言资源有声数据库在语言数据采录方面走在了时代前列,如果根据共享原则做好开发利用,这个数据库就是一个学术宝库"。[1]

事实上,语言资源的调查也包含文化资源的调查。系统全面的语言资源数据也必将携带大量的文化信息,对于全面了解文化多样性,进而保护文化的多样性也具有重要的意义。

(三) 语言资源调查与传统语言调查之比较

语言资源调查是在语言资源观指导下的调查,与传统的语言调查存在一定的差异。

首先,语言资源调查与传统语言调查的目的、价值不同。传统语言调查主要针对的是语言结构,调查人们对一些具体的语言成分如何使用,对这些具体用法是赞同还是反对。其目的在于揭示和发现一种语言或方言中人们对语音、词汇、语法、文字等成分的使用现象和使用规律,总结拟测出这些语言或方言的语音系统、语法系统、词汇系统和语言系属等,从而丰富语言学的基本理论和研究方法。20世纪80年代胡明扬先生主持的"北京女国音的调查"、"'胰子'、'姆末(我们)'、'且(从)'、'伍的(什么的)'四个词使用情况的调查"、"北京城里不同地区语言差异的调查"、"不同民族的北京人语言差异的调查",陈松岑先生主持的"北京城区两代人对上一辈非亲属使用称谓情况的调查"、"北京售货员使用礼貌用语的调查"、"北京话'你'、'您'使用情况的调查",都是对方言的调查,是传统语言调查的典型案例。20世纪90年代初曾晓渝在贵州对水语进行了为期三个多月的调查研究,拟测出水语早期共同的声母系统。这种对民族语言的调查也属于传统的语言调查,重在语言结构本体调查。

语言资源调查的目的较之传统语言调查更为鲜明和宏大。它不再局限

---

[1] 李宇明:《论中国语言资源有声数据库的建设》,《中国语文》2010年第4期。

于揭示一些语言结构的现象和规律，而是希望通过对这些现象和规律的调查研究，能够准确地了解国民使用语言文字的状况、态度和能力，全面掌握国家的语言生活实情，以便积极保护和合理开发利用国家的语言资源，服务人民大众和国家建设。这种调查显然有助于增强全民语文素质，有助于构建和谐、健康的语文生活，使文化多样性、教育多元化、生活信息化的建设得以顺利进行；有助于维护公民的语言权利，向社会提供高质量、高效率的语言服务；同时也为国家语言政策、语言规划的合理制定提供重要参考和可靠依据。与"中国语言资源有声数据库"建设相配合的调查属于语言资源调查。

其次，语言资源调查较之传统的语言调查范围更广、内容更丰富。由于传统语言调查仅关注语言的本体结构，所以一般只是对一种语言或方言中的语音、词汇、语法或文字的使用情况和规律进行调查。语言资源调查的内容除传统语言调查的内容之外，还包括对人们掌握各种语言（包括方言）和文字的情况、使用这些语言文字的能力和场合，对各种语言文字及其使用过程中的看法等方面的调查，调查范围明显扩大。2007年"中国语言普查"务虚工作会议上，李宇明明确提出了中国语言资源调查的初步内容和目标，即"（1）调查汉语方言种类及其使用变化状况；（2）调查中国少数民族语言、方言种类及其使用变化情况；（3）调查普通话和简繁汉字的使用情况；（4）调查境内外语教育及外语人才的数量、水平等基本状况；（5）建立中国语言的多媒体数据库，绘制详细的可传之后代的语言地图；（6）研究新世纪国家的语言发展战略和国家语言安全问题"。[1] 可见，语言资源调查在地域范围、语言（方言）种类、内容等方面都比传统的语言调查有所扩大。

再次，语言资源调查的方法和手段更为多样和先进。在传统的语言调查中，由于受到当时科学技术水平的制约，调查方法和调查手段都相对单一落后。调查者大都采用笔头记录，或依靠磁带录音、文档归库等原始的记录方法，损耗掉了大量的语言信息，当然不能全面、精确地反映出当时语言生活的全貌。如今，语言资源的调查和成果的整理，可以充分利用各种语言信息处理手段和技术设备。田野调查的录音、转写技术（电脑、录音机、照相机、摄像机、复印机等设备），地理信息系统技术（GIS）

---

[1] 林有苗：《论我国新一轮语言普查的多重科学意义》，《池州学院学报》2009年第1期。

和卫星定位技术（GPS），用于语料库存储和检索的多媒体语言资源有声数据库、多媒体语言地图，用于语料分析、标注的软件技术等都将使调查更加科学、全面，成果整理储存更加合理、丰富。例如，国家语委在"中国语言资源有声数据库（江苏库）"的调查采录过程中，便充分利用了各种科技手段和技术设备，实地采集当地真实的、具有特色的普通话和方言有声资料，进行科学的整理加工，并通过建立真实语音及转写文本的语料库对其永久保存，这将对未来的研究和开发起到积极的、不可替代的作用。

二 汉语语言资源调查回顾

传统的语言调查可以作为语言资源调查的一部分。如果这样看，汉语语言资源调查在我国很早就已经展开了。早在周秦时代，我国就已经有人对汉语方言进行调查，但由于受到历史条件等多方面因素的制约，整个中国封建社会时期并没有出现由政府组织的真正大规模的语言调查。那时的调查多是出于个人意愿，调查的内容和范围还有很大的局限性，所以这些调查只能算作传统的汉语语言调查。时至 20 世纪，从三四十年代开始，我国开始出现了由政府牵头组织的大规模的语言调查，这些调查在目的、范围、内容和影响上都与以往的语言调查大不相同，是对汉语言文字及其使用情况进行的有目的、有计划、有组织的调查。新中国成立后，汉语调查的目标日益鲜明，范围和内容不断扩大，意义也更加深远。因此可以说，真正意义上的汉语语言资源调查始于 20 世纪三四十年代。

（一）20 世纪三四十年代的汉语资源调查

20 世纪三四十年代，赵元任主持的国民政府中央研究院历史语言研究所进行过八次大规模的汉语方言调查。这次调查主要针对两广、陕南、徽州、江西、湖南、湖北、云南、四川等地的方言，以语音调查为主，积累了比较丰富的田野调查经验，取得了一批宝贵的调研成果。

尽管这次调查只是一次粗疏的语言资源调查尝试，但却是当时世界上规模最大的语言普查工程。这次调查记录了大量方言，灌制了方言音档，绘制了方言地图，编纂了两部重要的方言调查报告，即《湖北方言调查报告》和《关中方音调查报告》，还在汉语方言分区问题上取得了一定的成绩。这些工作为日后的方言调查打下了一定的基础。

（二）20 世纪五六十年代的汉语资源调查

我国在新中国成立之前虽进行过一些粗略的语言资源调查，但人们对我国民族语文的情况还只有一个模糊的认识，关于我国究竟有多少种语言、其特点是什么、语言关系如何等一系列问题尚不清楚。针对这种情况，我国政府从新中国成立起就决定大力开展国家语言资源调查工作，20世纪五六十年代，新中国启动了第一次大规模的语言资源调查。

1956年，汉语和少数民族语言资源调查进入实质性阶段。这次调查由政府组织领导，由著名语言学家丁声树、李荣等专家牵头，共组建了由700多人参加的7个少数民族语言调查队，分赴全国各民族地区进行民族语言调查。到1960年这7个工作队共调查了大陆1849个市县的汉语方言，大致完成了中国民族语言的普查任务，编写了包括河北、辽宁、黑龙江、山东、河南、山西、陕西、甘肃、江苏、浙江、安徽、湖北、湖南、四川、云南、贵州、福建、广东、广西等地的方言概况20种，学话手册300余种。随后的几年，又在各个地区开展了多次规模不同的语言调查，出版了《中国少数民族语言简志》《中国少数民族语言概况》和各种民族语言（方言）的调查报告等文献资料。有的地区还进行了词汇专项调查，如1959年中国科学院河北省分院语言文字研究所调查了河北省150多个市县的方言词汇，编写了《河北方言词汇》。由此，我国获得了对少数民族语言和汉语方言基本面貌初步但比较全面的认识，对方言分区问题有了深一层的认识和更科学的划分。

新中国成立后的这次语言资源调查是第一次真正意义上的国家语言资源普查，基本摸清了我国语言资源的家底，积累了大量的田野调查经验，培育了一批语言研究骨干，收获了一大批语言调研成果，一定程度上推进了我国语言科学的发展，尤其是方言学和民族语言学的建设与发展。

（三）20世纪末的汉语资源调查

20世纪中期以来，在政府的组织下，语言工作者们先后开展了各类语言调查工作，取得了丰硕的成果。新中国成立以来第二次大规模的语言资源调查工作是1998—2004年的"语言文字使用情况和语言生活状况调查"。1999年，教育部、国家语委等11部委联合开展了这项调查。调查历时6年，采用入户问卷方式，涉及全国1063个县市，直接被调查对象47万多人。此次调查获得了我国语言文字使用的大量的宝贵数据，积累了田野调查和问卷调查的工作经验，同时为教育、文化、科技、经济以及劳动人事等部门制定规划和有关政策提供了依据。

与此前进行的语言调查相比，这次普查有三点进步："（1）设计方案过程中先进行了试点和实验，准备较为充分。（2）调查人员专业水平较高。（3）调查表设计较为科学，内容也比较丰富。"①

为全面摸清国家语言资源的家底，新中国成立60多年来，我国大大小小、各种形式的语言普查进行过多次。除上文提到的两次大规模的语言普查外，还进行了其他方面或形式的调查，积累了比较丰富的成果。如1986年国家民族事务委员会和中国社会科学院民族研究所承担的"中国少数民族语言使用情况和文字问题调查研究"课题；1987年、1988年由中国社会科学院和澳大利亚人文科学院合作编制的《中国语言地图集》的出版；1986—1992年由国家语委主持的国家"七五"重点项目"北方话基本词汇调查"；1992年起孙宏开和徐世璇主持的中国科学院重大课题"中国新发现语言调查研究"；2001—2008年北京语言大学"十五"规划项目"汉语方言地图集"等。

三 中国语言资源有声数据库建设

在信息全球化的大背景下，我国的汉语方言、少数民族语言正处于急速变化之中，有些语种甚至面临着萎缩或衰亡的危险。科学、全面地采录和保存我国语言、方言的基本状况和原始数据成为当务之急。为此，国家语委启动了"中国语言资源有声数据库建设"。这是一项政府主导、专家主持、全民参与的系统工程，是21世纪以来我国开展的一次大规模的国家语言资源调查。这项工程于2007年开始论证和筹备，2008年10月第一个建设试点在江苏省苏州市率先启动，第二批试点单位北京、上海、辽宁也在顺利进行之中。到目前为止，第三批试点单位已经启动调查工作。中国语言资源有声数据库的建设旨在"按照科学、统一的规划，调查收集当代中国汉语方言、少数民族语言和普通话的实态、有声语料，并进行科学整理、加工和有效保存，为推进中国语言文字信息化、推广普通话和社会文化建设服务"②，是真正意义上的大规模的国家语言资源调查。

（一）中国语言资源有声数据库建设的背景

1. 前期经验与现实需要

新中国成立以来，我国语言调查的成果为语言政策的制定与实施、为

---

① 范俊军、肖自辉：《国家语言普查刍议》，《语言文字应用》2010年第1期。

② 王铁琨：《基于语言资源理念的语言规划——以"语言资源监测研究"和"中国语言资源有声数据库建设"为例》，《陕西师范大学学报》2010年第6期。

语言文字工作的顺利开展提供了重要依据，创造了有利的条件。但遗憾的是，至今还没有对我国语言状况进行过全面、系统、深入的普查，没有建立基于我国语言和方言的知识库与信息库。如前所述，我国 20 世纪 50 年代开展的汉语方言和少数民族语言调查，由于当时形势和条件的制约，存在诸多不足，以致今天我们所能利用的资料和成果极为有限，有声语料更是几乎为零。1999—2003 年开展的中国语言文字使用情况调查，由于重点在收集语言生活、语言使用方面的数据，因而未对语言、方言的本体面貌和有声语料进行收集和保存。

近十多年来，我国社会生活发生了巨变，语言及其使用状况随之发生了较大的变动，国家语言普查作为周期性的常规活动进行实施显得非常必要。可见，启动国家语言资源调查具有现实的必要性和紧迫性。

2. 学界关注

越来越多的有识之士已经认识到进行全面的国家语言资源调查，建设中国语言资源有声数据库的重要性和紧迫性，正在积极呼吁开展新世纪的语言资源调查。2007 年 6 月 29 日，部分学者在北京语言大学召开"中国语言普查务虚会"，提出了新一轮国家语言资源调查的动议。部分专家学者就数据库的建设提出了颇具建设性的意见。李宇明《论中国语言资源有声数据库的建设》，专文讨论数据库的基本情况、若干特点、数据库的作用等相关问题。王铁琨（2010）认为，数据库的建设应"由语言文字主管部门牵头，建立各种顾问委员会、学术委员会、调查工作团队以及数据库中心，组织各高校、科研机构、地方语委和专家协同作战，集体攻关"。[①] 王世凯、张亮就"中国语言资源有声数据库辽宁库"的建设提出建议，认为辽宁库的建设"需要凭借深厚的语言学理论以及社会学、民族学、心理学、统计学、教育学、民俗学乃至哲学理论为指导，而这些都离不开大批高素质、高能力、业务精干的专家和学者"。[②] 我们认为，学界所应承担的任务主要是为国家语言资源的开发利用，包括有声数据库的建设提供理论指导和人才支持。"首先，学界要承担起为官界服务的任务，为语言资源开发的国家调控机制、教育体制、管理体制等方面的改革

[①] 王铁琨：《基于语言资源理念的语言规划——以"语言资源监测研究"和"中国语言资源有声数据库建设"为例》，《陕西师范大学学报》2010 年第 6 期。

[②] 王世凯、张亮：《论"中国语言资源有声数据库辽宁库"建设》，《渤海大学学报》2011 年第 6 期。

提供服务；其次，学界要承担起为语言产业服务的任务，为语言产业提供理论支持，为行业标准规范建设服务；第三，学界本身要承担起自然语言资源开发的任务，发现新资源、发掘现有资源的潜在价值；第四，学界必须和官界、民界结合，建构良好的协调机制，在语言资源的开发利用方面为官界和民界服务。"[1]

3. 政府重视

语言资源开发，以及中国语言资源有声数据库的建设得到了政府的高度重视。原教育部副部长、国家语委主任赵沁平讲话指出，"全面科学地描写、展示我国少数民族语言和汉语方言的传统面貌，及时记录和保存语言、方言资料，保护民族语言文化遗产，是我国政府和学术界迫在眉睫的使命，也是尽快开展语言普查的主要目的"。[2] 国家语委副主任、教育部语信司司长李宇明在"中国民族语文国际学术研讨会"上发言时认为，"树立语言资源观念，了解中华语言资源的基本状况，制定切实可行的语言资源保护、开发措施，已经成为当今国家语言规划的必务之事、当务之急"。

2007年以来，相关部门和单位召开多次专题会议进行有声数据库建设的前期论证，先后为研制中国语言资源有声数据库的技术规范和工作规范立项20余项。2008年国家语委启动了中国语言资源有声数据库的建设，并首先在江苏进行试点。"2010年，有声数据库建设的重要规范《中国语言资源有声数据库调查手册》正式出版，试点工作已经顺利完成，中国语言资源有声数据库建设全面展开的条件已经成熟。"[3]

(二) 本次语言资源调查的特点

教育部副部长、国家语委主任李卫红在"中国语言资源有声数据库建设上海启动仪式"上指出："国家语委推动建设的'中国语言资源有声数据库'最大的特点是'有声'，也就是要实地采集真实语音并建立真实话语及其转写文本的语料库。这个数据库将依照统一规范，采集当代中国的汉语方言和带有地方特色的普通话的有声资料，采集中国各少数民族语言及其方言的有声资料，并进行科学的整理加工，长期保存，以便将来深

---

[1] 王世凯：《略论我国语言资源的开发与利用》，《云南师范大学学报》2010年第5期。
[2] 宋常青、于洪志：《我国急需进行首次全国语言全面普查》，新华社2008年3月9日。
[3] 李卫红：《中国语言资源有声数据库建设，功在当代，利及千秋》，2011年4月6日，中国语言文字网。

入研究和有效地开发利用，为学术发展提供数据，为国家提供各种战略服务。"① 从这次调查的设计和已经完成的实践看，与此前的调查主要有这样几点不同。

1. 调查目的更加明确

国家语委正在开展的中国语言资源有声数据库建设，旨在利用现代科学信息技术将收集到的中国各县市话语的有声语料（包括普通话、方言、地方普通话）记录下来，并进行科学整理、归档建库，永久保存。其目的主要有三："（1）抢救保存濒危语言和方言；（2）清理和开发、利用语言资源；（3）促进国家信息化发展。"② 与之前的任何一次语言调查相比，此次的调查目的更加明确，具有前瞻性和国际视野。

2. 调查范围和内容更加广泛、全面

此次语言资源调查的范围包括中国各省市（包括港澳台地区）以及海外地区。大陆地区根据县级行政单位设置调查点，原则上"一县一点"，据李宇明估计，实际选点将达到4000以上。在采录1000个单字语音、1200个词汇、50条语法规则的基础上，增加了规定话语和自选话语两个单元，非常关注当下语言的实态。与传统语言调查选点着重"典型性"相比，这次语言资源调查对调研点的选择更广泛，注重"全面性"。从调查内容方面看，这次重视语法的调查和话语的调查，注重保存当下最真实的语言实态。与传统语言调查注重语音和词汇相比，这次的调查内容更加全面。

3. 调查实施更加科学

传统的语言调查大都是由专家学者牵头组织，政府没有起到主导作用，民间参与受到很大限制，因此调查实施过程不够完备，不但调查力度不够，内容也不够翔实。与中国语言资源有声数据库建设相配合的语言资源调查坚持政府主导、专家实施和全民参与，充分调动和发挥了各方的积极性。江苏省的试点工作已经实现和证明了这一点。值得注意的是，这次的调查实行全国统一的规范和标准，也使调查工作更加完备和科学。

---

① 徐川山：《中国语言资源有声数据库上海建库工作正式启动》，《语言文字周报》2011年4月27日。

② 王铁琨：《基于语言资源理念的语言规划——以"语言资源监测研究"和"中国语言资源有声数据库建设"为例》，《陕西师范大学学报》2010年第6期。

4. 调查手段更加先进

以往的语言调查大都以笔头记录，使用录音设备作为"备忘"辅助。中国语言资源有声数据库的建设，"在田野调查、资料整理、成果编写、保存管理和开发利用等环节将全面、充分运用最新数字化设备、信息处理技术以及其他相关科技手段"。[①] 录音、摄像、照相相结合，语音实验、电脑文字处理、地理信息系统（GIS）、卫星定位技术（GPS）、数据库、语料分析处理软件等的使用，为数据库的建设提供了前所未有的技术保障。从调查手段上看，要比此前的调查更加先进。

（三）中国语言资源有声数据库建设的现状

按照"中国语言资源有声数据库"的建设规划，2008年10月在江苏省启动首批试点单位，已经完成阶段性工作，产出了部分成果。第二批建库单位已经确定上海、北京和辽宁，相关工作已经展开。第三批建库单位已经确定在广西等省开展。

1. 首批试点单位——江苏

2008年10月11日，中国语言资源有声数据库建设试点启动仪式在江苏省苏州市举行，确定苏州市区及常熟、昆山市区为首批试点地区。苏州、常熟、昆山语委与南京大学、南京师范大学和苏州大学的专家团队按照《中国语言资源有声数据库建设实施方案》（江苏省试点稿）要求展开调查实践。

2011年4月7日，"中国语言资源有声数据库建设试点总结会"在南京举行。截至总结会召开，江苏省已经完成第一、二批共15个点的调查工作，开通了"中国语言资源有声数据库（江苏库）"展示网，共收录15个调查点的文字、声音、视频资料，分设字库、词库、句库、话语库、地方普通话库、地方口头文化库。此外江苏省还在国家库的基础上增录了"地方口头文化"资料，包括地方戏曲、民歌、童谣等。

2. 第二批建设单位——上海、北京、辽宁

继江苏试点成功之后，中国语言资源有声数据库将在各省市陆续启动，上海、北京、辽宁作为国家第二批建库单位。

2011年3月24日，中国语言资源有声数据库（上海库）正式启动。

[①] 王铁琨：《基于语言资源理念的语言规划——以"语言资源监测研究"和"中国语言资源有声数据库建设"为例》，《陕西师范大学学报》2010年第6期。

教育部副部长、国家语委主任李卫红,上海市副市长、市语委主任沈晓明出席启动仪式,并共同为上海建库工作揭幕。2011年7月23—24日,上海市语委召开"中国语言资源(上海)有声数据库建设"学术研讨会,就有声数据库建设的程序规范、技术标准及相关学术问题进行了研讨,并就有关问题形成了决议。

3. 第三批建设单位

"中国语言资源有声数据库广西库"建设2012年正式启动,计划5年内基本完成。广西库建设将采取入点调查的方式采集整理基础数据,在对数据进行深入分析的基础上,绘制广西汉语方言地图,建设广西方言文化信息公共数据库,并开展语言战略研究。2013年6月18日,"中国语言资源有声数据库山东库"建设工程培训班举行,标志山东库建设工程正式启动。2013年7月,福建省教育厅、省语委启动中国语言资源有声数据库(福建库)建设试点工作,并选派福建师大的专家团队开展语言调查工作。

第二节　汉语资源调查的范围和内容

一　汉语资源调查的范围

汉语资源的调查对象应该在什么样的范围内划定,这是语言资源调查首先需要解决的问题。语言资源是国家资源,从国家语言资源的角度讲,主权范围内的资源都属于国家语言资源,均应列入调查范围。从汉语资源分布角度讲,汉语在主权领域内外均有分布。对一种语言资源的调查其价值是多方面的,受益对象也是多样的,所以分布在主权领域外的汉语资源也应列入调查范围内。语言资源调查涉及执行主体、对象和客体等问题,我们把调查主体、调查客体和地域分布等几个问题均放在汉语资源调查范围中,以历史梳理的方式进行讨论。

(一)汉语资源调查的主体

汉语资源调查从20世纪三四十年代开始到如今"中国语言资源有声数据库"的建设,参与主体在逐渐壮大,队伍组成也越来越科学。

20世纪三四十年代,在赵元任的领导下,史语所语言组对广东等省的地方方言展开调查。调查主体仅是学术界的专家,政府没有参与,也没有成为全民的行为。1949年新中国成立后,在20世纪五六十年代和20世纪末的两次大规模的语言资源调查工作中,政府起到了一定的作用,但主要还是语言学界的专家学者在组织实施,民间的参与力量也不大。

进入21世纪,国家正在进行新一轮的语言资源调查,开展中国语言资源有声数据库建设。目前,数据库建设已经形成"政府主导、专家实施和全民参与"的操作体系,充分调动和发挥了各方的积极性,参与主体已从政府和学术界扩大到全体国民。从主导者看,已经形成了国家语委、省语委、市语委及县区语委层层负责的体系;从实施者看,实现了高校、科研院所和其他研究机构专家的整合,队伍建设更加科学;从民众参与方面看,由于宣传工作及时到位,民众参与语言资源调查的积极性和热情均比以前要高。苏州作为中国语言资源有声数据库建设的首批试点单位,在建设过程中,教育部、国家语委、江苏省政府、江苏省语委等政府单位起到了主导作用,江苏省各高校的专家学者确保了调查的科学性,民众的参与热情保证了调查的顺利进行。江苏省为了遴选出当下最纯正的方言发音人,采取"海选"的办法,一周内就有362名市民踊跃报名。从目前看,语言资源调查已经形成了一个由"官界+学界+民界"构成的科学的主体系统,这将为调查的科学性、数据的真实性提供保障。

(二) 汉语资源调查的客体

汉语资源调查的客体主要讨论调查指向的语言要素、言语要素及其他相关要素问题。传统的汉语资源调查一般倾向于语言要素,即主要针对语音、词汇、语法等进行调查。从现代语言资源调查角度看,应该对语言要素、言语要素、应用情形及公民语言能力等多方面展开全面调查。按照汉语资源调查客体的变化,我们将自20世纪初至今的语言资源调查分为三个阶段。

第一阶段是单一客体阶段,语音受重视,其他方面被忽视。20世纪三四十年代开展的汉语调查,学者们把主要精力放在了汉语方言语音的记录、研究上,形成的成果也主要集中在语音方面,如《厦门音系》《临川音系》《闽音研究》《粤音韵汇》《关中方音调查报告》等,对词汇和语法的调查较少。

第二阶段是语言要素客体阶段,即主要关注语音、词汇、语法。新中国成立后两次大规模的方言调查,逐渐改变了以往只侧重于语音调查的单一格局,开始注意方言中丰富多彩的特殊词汇和语言结构,对语音、词汇和语法的调查都有成果问世，编纂和出版了各地汉语方言词典。这表明这一时期的汉语资源调查在语言要素方面范围有所扩大，但还是很少涉及语言应用的话语调查。

第三阶段是兼顾语言要素和言语要素阶段。中国语言资源有声数据库的建设不仅对汉语的本体资源进行详细调研，还把话语作为基本数据进行采录，作为语言调查中的重要内容。这是一个新的突破。因为"最能反映语言实态的是话语，保存语言样本的最好方式是保存话语"①，这是语言资源调查的一大进步，对语言学相关理论的建设和国家语言政策的制定实施有着重要的作用。至此，汉语资源调查的客体已经从单一的"语言要素"逐渐过渡到了"语言要素＋言语要素"的全面调查阶段。

历史地看，语言资源调查的客体范围在不断扩大，调查的科学性和实用性在不断增强。这是汉语资源调查非常可喜的变化。但是我们认为，语言资源理论指导下的语言资源调查，还需不断扩大客体范围，如关于语言能力的调查、汉字应用能力的调查等都应该进入语言资源调查范围。这类调查至今还没有系统进行过，现有的调查方式还有待完善。

关于语言能力的调查，一般都是专家、学者针对小范围人群所作的调查，如胡妍《军校学员语言能力调查——以南昌陆军学校为例》；赵爱平、钱萍、刘金妹、丁学易《护士语言能力调查分析与对策》；乔虹《成人高等教育民族学员英语学习及语言能力调查分析》；邬颖祺、陈国华《中国大学生英语语用语言能力：调查与分析》；李力《高校双语教学学生语言能力调查分析与应对策略》；张文莲《高职英语专业学生英语语言能力和语用能力的调查与对比分析》。这样的调查具有一定的价值，但是不够全面。此外，普通话水平测试，相关的外语考试等也都可以看做一种间接的语言能力调查，但是从被测人群的构成看，范围也不够大，而且不是一种直接的语言资源调查，价值不大。汉字应用能力的调查目前还没有系统进行过，汉字应用水平测试只能算是一种间接的调查。汉字应用水平测试适用于各级政府部门、新闻出版单位、各级各类教育机构、其他事业单位和企业单位等录用人员和核定在职人员资格，以及各级各类学校考核学生汉字应用水平；适用于公务员、编辑、记者、校对和文字录入人员，各级各类学校教师和学生，文秘及办公室工作人员，广告业从业人员，中

---

① 李宇明：《论中国语言资源有声数据库的建设》，《中国语文》2010年第4期。

文字幕机操作人员，以及日常工作与汉字应用密切相关的其他人员；也适用于想要了解自己汉字应用水平和能力的其他人员。从适用范围看，这种测试具有很大的价值。但是这种测试毕竟不是调查，测试结果和调查结果之间差异很大。所以，我们认为应该适时开展关于语文能力等方面的调查。

（三）汉语资源调查的地域范围

汉语资源调查覆盖的地域范围受到多方面因素的制约，如调查的目的、参与的主体、政府的态度等都会对之产生一定的影响。但从整体上看，汉语资源调查的地域范围呈现逐步扩大的趋势，这也可以划分为三个阶段。

第一阶段，赵元任先生主持的八次大规模的语言调查，主要调查了中国一些南方省市的方言方音，覆盖两广、陕南、徽州、江西、湖南、湖北、云南、四川等地。第二阶段，新中国成立后几次语言调查的地域范围逐渐扩大，基本覆盖了中国所有的省、自治区、直辖市以及港澳台地区。第三阶段，虽然汉语资源调查正在进行之中，但是大部分专家学者基本形成了统一的意见，即汉语资源调查可以而且应该进行泛地域性的调查。例如陆俭明提出的大华语概念；游汝杰、邹嘉彦提出的划分全球华语社区的思想；徐大明在言语社区理论指导下提出的华语分层观点。这些思想或观点的一个共性就是认为世界范围内的汉语都是汉语资源的组成部分。依此而论，汉语资源调查应该包括对大陆的汉语资源和大陆以外所有地区的汉语资源进行调查。范俊军、肖自辉（2010）从国家语言普查的角度讨论过汉语资源普查问题，他们明确提出海外的华语应该作为调查的对象。事实上，海外华语资源的调查已经取得了部分成果，例如李宇明主编的《全球华语词典》就是对海外华语进行调查和研究的成果。《全球华语词典》收录世界各华人社区内使用的华语词语约1万条，覆盖地区包括中国大陆（内地）、中国香港、中国澳门、中国台湾、新加坡、马来西亚、泰国、印度尼西亚等东南亚地区和澳大利亚、美国、加拿大等地区。目前正在建设的"中国语言资源有声数据库"覆盖区域最为全面，不仅涵盖了中国主权范围内所有省、市、区（包括直辖市、自治区），还囊括了主权范围外使用汉语的所有地区，这将是一次史无前例的汉语资源调查。

（四）汉语资源调查客体范围设定的几点想法

汉语资源调查是国家语言资源调查的重要部分、核心部分、关键部分。语言资源与其他资源不同，它在分布上具有跨主权区域的特征，会随语言接触或人口流动而流布海外，所以汉语资源调查必然与其他资源不同。汉语资源调查应该具有全球视角，坚持分层调查。

1. 汉语资源的分层调查

汉语本身就是一个分层体系，从语言资源要素角度看主要表现在语音、词汇、汉字等方面，从地域分布角度看就是形成的各种不同的方言。从普通话内部角度看，存在标准状态的普通话和非标准状态的普通话之分。这就要求在汉语资源调查的过程中，要分层调查。

汉语方言是汉语资源的重要组成部分，是历史上汉语在不同地区形成的地域变体。从方言现状看，各地方言之间存在一定的差异。若以普通话为衡量标准，方言之间的差异大小不一，总体上看，北方方言与普通话较为接近，南方方言与普通话距离较远，不同方言之间在与普通话的接近程度上形成一个梯次的序列。对方言资源进行全面调查，可以更加明显地看到这种分层现象，这不但有利于方言本身的研究也有利于方言之间的比较研究。对汉语方言进行分层调查，发现方言之间的对应性差异，可以对普通话的进一步推广起到积极的作用。此外，对方言资源进行大规模的调查，可以发现方言的地位差异，哪些方言具有强势地位，哪些方言处于濒危或即将消亡的情形，方言的层次性与方言地位之间是什么样的关系，这样有助于保护方言、保护方言中的文化信息。

在国家推广普通话的大背景下，普通话本身也形成了一个分层体系，即存在标准普通话和非标准普通话的梯度差异。1955年召开的全国文字改革会议和现代汉语规范问题学术会议从语音、词汇、语法三个方面确定了汉语普通话的标准，即普通话是以北京语音为标准音，以北方话为基础方言，以典范的现代白话文著作为语法规范的现代汉民族共同语。国家宪法规定推广全国通用的普通话。在60多年的推普过程中，形成了标准普通话和处于过渡状态的普通话（inter-language）的不同形态。对标准普通话和地方普通话从资源方面进行调查，可以发现处于过渡状态的地方普通话在语音、词汇、句法等方面的特征，对进一步推广标准的普通话具有积极的意义。

2. 汉语资源的全球调查

汉语资源是国家语言资源，但由于语言的接触以及人口流动等方面的原因，汉语资源不一定只分布在国家主权区域内，在非国家主权地区也分布着汉语资源。汉语资源调查是世界语言资源调查的一部分，不仅仅对汉语、对中国，对其他语言、其他国家都有积极的意义。所以，从一个更高的视阈着眼，应该进行全球范围内的汉语资源调查，这将是惠及全球及所有语言的大事。

汉语资源的全球调查就是对大陆、香港、澳门、台湾及海外华语社区的汉语资源进行全面系统的调查。目前我们启动的主要是内地的汉语资源调查，中国语言资源有声数据库的建设从试点到铺开也主要集中在大陆地区。内陆地区的汉语资源调查经过江苏试点，经过上海、北京、辽宁、山东、广西的建设必将积累丰富的经验，培养出精干的队伍，这将对在全国乃至全球范围内展开的汉语资源调查起到积极的作用。

香港、澳门、台湾与大陆一样，同是华夏疆域、一脉相传，汉语是这些地区人们交际的主要工具。然而由于历史、政治、文化和社会环境等因素的影响，最终导致不同区域在字体、语音、词汇、语法以及表达方式等方面产生了较大的差异。汉语的区域差异给交际带来了一定的负面影响，但从资源的角度看，也为我们储备了多样化的资源，具有不可替代的作用。这些地区的汉语资源进行调查，具有非常重要的意义。首先，有利于国家通用语规范标准的制定和推广。国家通用语有统一的规范标准，标准的制定首先需要对现存的差异有充分的把握。通过对四地汉语资源的调查，与内地汉语资源比照，可以更好地发现其中存在的差异，可以更加科学地制定规范的标准，这将对推行推广国家通用语起到积极作用。其次，国家通用文字的推广有赖于对现有文字的使用情况进行充分的了解和掌握。汉字使用在大陆、香港、澳门、台湾存在一定的差异，如香港、澳门、台湾主要使用繁体字，内地主要使用简体字；不同地区还有一些特用字。对汉字的使用情况进行充分调研，可以为推广国家通用汉字、制定相关推广措施起到重要的作用。

华人移居海外已有1000多年的历史，目前约有4000多万华人分布在全世界100多个国家和地区。早期移居海外的华人多半来自两广和福建，主要使用闽粤方言。近年随着国际交往越来越频繁，其他方言区的华人也有移居海外的情形，海外华语社区的汉语使用越来越复杂。由于汉语方言差异较大，移居海外的华人也需要一种共同语进行交际，所以在不同的华语社区出现了不同的共同语变体。海外华语也是汉语资源的重要组成部分，对海外华语资源进行系统调查既非常重要又迫在眉睫。郭熙认为：

"汉语在海外的分布和使用已经有一些初步的研究，但各国华人的语言态度，华语和方言、华语和所在国或地区的主流语言的关系，华语在不同的国家和地区的各种各样的矛盾和冲突等，亟待相关的研究成果。应该抓紧描写记录各地华语的现状，以积极解决华语传播中的各种问题。"①

3. 多地汉语资源的比较调查

汉民族共同语与汉语方言是一种同源异流的关系，从资源的角度看，内地的汉语资源与其他地区的汉语资源也存在这样的关系。从全球范围看，汉语资源呈现一种核心部分共性特征明显，外围部分差异明显的态势。对汉语资源在全球范围内存在的差异进行系统调研，即对多地汉语资源进行比较性质的调研，具有非常重要的价值。首先，这种比较性调查将推动汉语科学研究的进步。汉语研究中的普方比较、方方比较是历来受到重视的一种研究方法，为汉语研究作出了不小的贡献。但是我们不得不承认，这种研究方法的使用还存在一定的局限，主要表现在比较的范围还比较小，这在一定程度上限制了研究的科学性和结论的普适性。对汉语资源进行全面调查，在一定程度上可以改善这一状况。其次，多地汉语资源的比较性调查可以使我们站在一个更高的角度上进行汉语规范研究。此前的汉语规范一般是就内地汉语存在的差异和混乱现象进行的规范。在全球化的大形势下，这种规范已经不适应形势的需要。"华语规范"的提出要求全球范围内的汉语资源调查作为规范制定的基础，因此多地汉语资源的比较性调查就更显必要和重要。

多地汉语资源的比较性调查主要可集中在词汇调查、汉字调查、语音调查等方面。《全球华语词典》列出了全球范围内客观存在的大量同实异名的词语，这些词语在一定程度上影响了华人之间的交际，是规范的对象。汉字在不同地区的使用上也存在差异。例如汉语普通话中不使用"覅"，在吴方言中这个词的使用频率是比较高的。这样的情形在汉语中还有多少，目前还不是十分清楚，应该深入调查。另外，方言地区有很多汉字在普通话中是不用的，如"冇、唔、佢"等，这些也应该进行充分的调查。汉语北方话保留的古音很少，但是南方的某些方言却保留着较多的古音，这些都是应该充分调查的资源。另外，普通话中的拼音规则与方言中的拼音规则有多大差异，有什么样的差异，目前也不是很清楚，如吴

---

① 郭熙：《论华语研究》，《语言文字应用》2006年第2期。

方言中显然是允许唇齿音和齐齿呼相拼的，而普通话就不允许这样的拼合。这样的比较性调查如果能够大范围进行，必将起到积极的作用。

二　汉语资源调查的内容

汉语资源调查的内容就是在语言资源观的指导下，确定哪些要素作为调查的对象。我们认为，汉语资源调查的内容可以分为三个方面：即汉语资源要素调查、社会应用情况调查和语言能力调查。汉语资源的要素调查应从语言、言语构成要素的角度来进行，主要包括对语音资源、词汇资源、语法资源、语义资源、汉字资源、修辞资源、语体资源、风格资源的调查；语言资源的社会应用情况调查可从语言地位、规范程度、语言产品、使用情况、语言社团及政府语言政策等角度进行；语言能力调查可分为母语能力调查、外语能力调查以及多语多言能力调查等几个方面。

（一）汉语资源要素的调查

汉语资源要素调查是要摸清汉语资源各个子系统的基本情况。从资源构成角度看，就是要调查清楚分布在不同地域的汉语的语音、词汇、语法、语义、汉字等底层资源的基本情况。因为对于一种特定的语言资源来讲，修辞、语体、风格等高层资源主要显现的是共性特征，如果差异性不大，可以不作为调查的对象。从汉语及其不同地区的变体情况看，共性资源的调查固然重要，但是其中对个性资源的调查应该是重中之重。不同区域的个性资源可能更有研究价值。

1. 汉语语音资源调查

语音资源调查涉及很多方面，包括目标、范围、重点、计划、投入、结果等。汉语语音资源的调查此前也进行过，取得了丰富的调查成果，为汉语语音研究作出了一定的贡献。但需要注意的是，以前的调查主要还不是从资源的角度进行的，那么语言资源观指导下的语音资源的调查应该设定更科学的目标，确定更加合理的范围，有重点、有计划地进行；调查结果的形成和保存应该充分利用现代科学技术成果，不仅要利在当代，更应该惠及后世。

（1）调查目标

进行汉语语音资源调查，首先要明确调查的目标。目标不同，调查的内容、方法、对象和范围也就不同。资源角度观照下的语音资源调查，其目的主要是忠实、详细、完备地记录汉语所有的语音，包括普通话、地方普通话、方言以及海外华语社区的语音系统。

汉语方言之间的差异主要体现在语音方面，不同方言之间的语音差异究竟如何，需要作充分的调查。例如汉语普通话有21个声母（不含零声母），39个韵母；而云南永胜方言只有18个声母，28个韵母。在云南永胜话中只有z、c、s三个舌尖前音作声母，与普通话相比少了zh、ch、sh三个舌尖后音声母。韵母方面，永胜方言只有开口呼、齐齿呼和合口呼韵母，普通话中的撮口呼韵母一律归入齐齿呼；永胜方言没有卷舌元音er，没有uo韵母，但却有io韵母。在永胜方言内部也存在差异，如永胜的期纳、涛源的声母系统中就有zh、ch、sh声母。

从拼合规律上看，汉语各个方言之间也存在很大的差异。例如在普通话中，唇齿音和齐齿呼是不可以相拼的，但这条规律在其他方言中就可能被打破。如吴方言中的"勥"就是如此。普通话中ng只能作韵尾，不能作声母，但是在广东东莞就可以，如"liu"（流）在东莞就读成"ngiu"。

声调方面，汉语方言之间也存在很大差异。汉语方言最少的有3个声调，如河北滦县、山东烟台；最多的有10个声调，如广西玉林。湘、赣、客家、闽、粤方言中还有入声，普通话中没有。

海外华语的语音系统此前还没有系统的调查结果。一般地讲，由于海外华语受到不同语言的影响，其语音系统可能也会非常复杂。

汉语语音资源调查不仅要记录不同区域内方言及海外华语社区的汉语语音系统中共同的部分，更重要的是要忠实地记录不同区域的汉语语音资源的差异。

（2）调查的范围和重点

汉语语音资源属于国家语言资源，所以调查的范围应该是全球范围内所有的汉语语音。汉语标准普通话、地方普通话、汉语方言以及海外华语社区的汉语语音都应该在调查之列。

我们认为，汉语语音资源调查的重点不应该以是否是国家规定的通用语来衡量，应该以是否有利于科学地推广国家通用语为标准。国家通用语内部也存在需要继续规范的部分，但是这种规范应该属于一种补缺型规范。例如标准普通话内部轻声的使用问题就是如此，究竟哪些轻声哪些不轻声，这不是轻声本身的问题，而是看轻声是否有价值的问题。但对于地方普通话、方言以及海外华语来讲，可能问题就不是如此。我们应该找到非标准普通话中与普通话存在差异的部分，在此基础上提出推广普通话更加科学的措施和办法。所以我们认为，汉语语音资源调查的重点应该是语音方面存在的差异。

（3）语音资源调查结果的储存

语音资源调查结果的储存方式决定于采录的方式、手段和当时科学技术的发展水平。最早的语音调查一般采用笔录的方式储存，后来出现灌制音档的方式。在现有的科学技术条件下，语音资源的调查需要使用目前最好的科学手段进行采录和储存。李宇明在介绍"中国语言资源有声数据库"的基本情况时讲道："中国语言资源有声数据库是国家语言资源建设工程之一，它用现代信息技术采录语言数据，经转写、标记等加工程序将相关的文本文件、音频文件及视频文件整理入库，以数据库、互联网、博物馆、语言实验室等形式向学界和社会提供服务。"[1] 我们认为，语音的采录最好保留原发音人的语音资料，这样可以建成一个口语语料库。从历史上看，这将是未来的原声语料库。

2. 汉语词汇资源调查

和语音资源调查一样，词汇资源的调查也涉及很多方面。汉语词汇资源的调查以前也进行过，取得了丰富的调查成果，为汉语词汇研究作出了一定的贡献。同样，此前的调查主要也不是从资源的角度进行的。以语言资源观为指导，词汇资源的调查应该与此前的调查有所区别。

（1）调查目标

汉语词汇资源的调查应该是"排查"式的，即对所有区域内的汉语词汇进行摸底式的清查。此前进行的词汇调查主要存在以下两个方面的问题：一是调查基本是在小范围内进行的，即使有相应的比较，也往往是从特定研究目的出发进行的，未能对汉语词汇资源进行全面的调查；二是调查往往集中于设定的调查范围，如对基本词汇的调查或对特征词的调查。这种调查最大的问题是不能全面了解汉语词汇的构成，调查不够完备。从资源调查的角度讲，抽样是一种办法，但不是最好的办法。不论是基本词汇还是特征词，任何词汇成分都是词汇资源的重要组成部分，都应该在调查范围之内。

（2）调查的范围和重点

汉语词汇资源属于国家语言资源，所以汉语词汇资源的调查应该覆盖

---

[1] 李宇明：《论中国语言资源有声数据库的建设》，《中国语文》2010年第4期。

全球范围内的所有汉语方言区及汉语社区，包括大陆、香港、澳门、台湾的汉语词汇资源以及海外华语社区中的词汇资源。

汉语词汇资源的调查主要应该对基本词汇、一般词汇以及新词进行穷尽式排查。对于一种语言而言，基本词汇一般来讲在不同地域上的差异较小，但是一般词汇和新词，其差异可能就比较大。所以调查的重点应该是一般词汇和新词。从另外一个方面考察，汉语词汇资源的调查应该注重同实异名成分的调查。同一个现实现象在不同的方言区或不同的语言社区，其表达方式可能有差异，或者是异说，或者是异写，这些成分应该成为调查的重点。《全球华语词典》列出了全球范围内的部分同实异名成分，但还不是很全面，应该对这些成分进行全面、彻底的"清查"。

（3）词汇资源调查结果的储存

词汇资源的调查结果一方面可以让我们摸清目前现代汉语词汇的构成情况；另一方面可以使调查结果成为研究的对象，促使汉语词汇学更快发展。词汇资源的调查成果可以通过建设相关的数据库、语料库和词典来储存。

严格地讲，语言学研究中使用的语料库就是数据库，所以词汇资源的储存可以采用建设大规模语料库的形式来实现。这个语料库的建设首先需要具有全面性特征，即能够网罗目前调查到的所有的汉语词汇资源；其次，语料库能够做到以最优方式为特定群体提供多种应用服务，例如服务于词汇学研究、文化学研究、民俗学研究等；最后，应该建设独立于语料库的应用管理系统，语料库可以实现对数据的增、删、改和检索，为语料库发挥作用提供服务。我们认为，如果建成这样的语料库，最好形成一个针对用户端的有限开放平台，使其可以对语料进行修订和完善。

词汇资源的另一种储存方式就是开发词典。开发词典可以以纸质词典和电子词典两种形式同时进行。纸质词典的开发，《全球华语词典》已经做了有效的尝试。但是我们在对《全球华语词典》进行穷尽式统计的过程中，发现其存在一些使用上的问题。首先，有些比较常用的异名词语没有收录进来。例如，"出风头（大陆）—出锋头（台湾）"，"海归派（大陆）—海龟派（台湾）"，"公元（大陆）—西元（台湾）"等，《词典》就没有收。其次，异名词语释义的安排问题不方便使用。异名词语是几个不同的语言形式表示一个共同的概念。因为出条是按照音序排列的,所以在释义上就存在先后的问题。例如"阿凤"与"凤姐"属于异名词语,"阿凤"在《词典》正文的第2页出现,"凤姐"在《词典》的第275页出现。"阿凤"的释义《词典》采取的是"义同'凤姐'(见275页)"的释义方式。这种释义方式对使用者来讲是不太方便的。我们建议采取"条先出义先注"的释义方式,先出条的词语直接释义,后出条的异名词语采取"义同'＊＊'(见＊＊页)"的方式释义,这样便于使用者查阅。电子词典的开发目前已经积累了比较丰富的经验,词汇资源的电子词典可以与语料库同时开发或者合并开发,这样既节省资源,又能实现多功能化。

3. 汉语语法资源的调查

汉语语法资源调查在此前进行的语言调查中,一般都不是调查的重点。但是在"中国语言资源有声数据库"的建设中,语法调查被明确列为其中的一部分。李宇明在描述"中国语言资源有声数据库"建设的特点时说,"传统的汉语方言研究,精力基本集中在语音和词汇上。近年来,方言语法的研究兴趣大增,甚至还进行了跨方言的专题研究。中国语言资源有声数据库的语法调查,根据类型学的研究成果和我国语言的实际,设计出50个句子,以调查汉语和民族语言的若干重要的语法点。这些数据隐含着类型学的背景,因此不仅可以对汉语各方言进行比较研究,而且也可以对我国的各语言进行比较,甚至可以同世界上的许多语言进行比较,进而获得类型学上的成果"。[①] 语法的调查具有非常重要的意义,尤其是对语言研究的意义更加重要。

(1) 调查目标

汉语的语法资源在汉语各个方言中并不是完全相同的,这表现在语法形式、语法手段、语法范畴等不同的方面。先以体标记为例。一般认为汉语是形态不丰富的语言,但是体标记的说法目前学界一般都是认可的。体标记在各种方言中差异是比较大的。表3-1是张双庆(1996)收录的东南方言中体标记的材料。

[①] 李宇明:《论中国语言资源有声数据库的建设》,《中国语文》2010年第4期。

表 3-1　　　　　　　　　东南方言中的体标记

方言点	体	标记形式	例句
苏州	进行	勒海 + V	姆妈勒门口头纶衣裳，阿姐勒海灶下烧饭
	持续	V + 勒海	我听（好）勒海，耐说末哉
	完成	V + 仔	倪爹爹搭我讨仔个蛮标致个家主婆
杭州	进行	来东 + V	我来东吃饭，你等一等
	持续	V + 来东	电灯开来东，门窗开来东
	完成	V + 勒	你们还没有来，他就走勒
绍兴	进行	来动/来亨 + V	伊来亨讨相骂
	持续	V + 动/亨	伊墙壁高头（靠）亨来吃香烟
	完成	V + 得	我等得伊半个钟头
金华汤溪	进行	是达 + V	尔还是达望电视啦？
	持续	V + 达	渠手里捏达个茶筒儿
	完成	V + 来	我买来一件衣裳
温州	进行	着搭 + V	外面着搭落雨，着（要）带雨伞
	持续	V + 着搭	门开着搭，屋底没有人
	完成	V + 爻/起	饭吃爻走
汕头	进行	放块 + V	熄灯了，你还放块唱歌？
	持续	V + 放块	个门开放块，好分只猫出入
	完成	V + 了/好	阮等了半点外钟门正开

由表 3-1 可见，汉语方言中的体标记不仅形式不同，而且用法也不统一。再以句法结构为例。汉语中的双宾结构在各种方言中也不一致。例如普通话中一般都是直接宾语在后，间接宾语在前，而在湖北的大冶话、浠水话中两种情形都可以。针对汉语句法方面的差异性，我们认为句法调查的目标就是穷尽性地调查汉语所有的语法形式、语法手段，对其进行逐一的描写。

（2）语法资源调查的范围和重点

语法资源调查的范围就是对所有汉语方言及全球范围内的所有华语社区的语法资源进行逐一调查。调查的重点可以是以一种方言，如普通话为参照系，然后进行比较式的调查，主要目的在于发现和描写存在的差异，以及其他方言或华语社区特有的语法形式、语法手段。

（3）语法资源调查结果的储存

语法资源的储存目前还没有现成的经验可资借鉴。目前出现的工具书一般局限于字典、词典、语典,语法类的工具书也多是以词类为纲编写的,如《汉语动词用法词典》《汉语形容词用法词典》等。这不能算是真正意义上的语法工具书。我们建议,语法资源的保存可以编辑类似《汉语语法大观》之类的工具书,可以分别建设纸质版和电子版两个版本。这类工具书可以对汉语中的所有形态、所有语法手段、语法结构的所有形式进行整理,共性结构以普通话为参照系进行编写,个性形式、结构单独编写。

4. 汉字资源的调查

汉字资源的调查曾经进行过,取得了比较丰富的研究成果。从资源角度看,目前应该进行新一轮的汉字资源调查。开展汉字资源调查是汉字规范、汉字资源开发的前提,具有非常重要的意义。

(1) 调查目标

汉字是目前世界上仅存的最古老的文字之一,由于汉字产生、发展的历史很长,而且尚有还未识别的汉字,所以汉字的调查应该设定科学的目标。我们认为,汉字资源的调查可以在不同的层面展开,分别设定不同的目标。对于历史汉字来讲,以发现越来越多的历史汉字,建设汉字全库为目标;对于现行汉字来讲,主要以调查汉字不同形体和字量为目标,建设现行汉字全库。目前的调查建议以现行汉字为主体目标,以历史汉字为辅助目标。

(2) 汉字资源调查的范围和重点

汉字资源调查的理想状态是对汉字从产生到现在的所有字体、字形、字号及相关的书法作品等资源进行穷尽式的调查,但这需要足够长的时间,尤其是目前还有一大部分古文字未能识别,这都给汉字资源的调查带来一定的难度。我们认为,目前调查的重点应该放在现行汉字资源方面,对大陆、香港、澳门、台湾以及海外华语社区使用的汉字进行穷尽性调查,尤其是同字异写的情形和方言区及海外华语社区的特用汉字。林寒生在讨论汉语方言字的时候,已经明确提出了方言字规范的问题。他说,"当前汉语方言字在造字与用字方面都十分混乱,处于无政府状态,给人们的社会生活与研究工作、电脑使用等带来诸多不便,因此对方言用字进行规范、建立一套方言用字系统便显得十分必要"。[①] 这也是我们建议把

---

① 林寒生:《汉语方言字的性质、来源、类型和规范》,《语言文字应用》2003 年第 1 期。

调查重点放在全球范围内现行汉字上的原因。

（3）汉字资源的储存

汉字资源在当代发达的科技条件下，储存起来应该比较方便。首先，对于历史汉字来讲，可以建立对应的档案库，把目前已经收集到的所有形体的汉字按一定的顺序归档，建立汉字库。汉字库的建设最好具有开放性，以便存储将来发现的古汉字以及将来可能因需要而造的新字；其次，对于现行汉字来讲，应该把现行汉字统一建库，按音序整理成现行汉字库。现行汉字库最好建设成动态的库，以便对汉字的使用进行跟踪研究；最后，汉字资源的储存可以通过汉字字库开发的形式进行。汉字开发需要企业与学界联合，共同进行，把汉字切实放到应用中去实现对其的保护。这是一种可行的办法，而且是一种双赢的办法。

汉语资源的调查中还有关于语义资源、话语资源的调查。我们认为，语义资源的调查可以和词汇资源的调查相结合。因为语义中的文化含义、方言色彩等一般都是在词汇资源中体现的，所以语义资源的调查可以和词汇资源的调查相结合。话语资源的调查可以和语法资源的调查相结合。最大限度地保留口语中的语法资源，也就保留了口语资源，所以可以把语法资源的调查与话语资源的调查结合起来。

（二）语言资源的社会应用情况调查

语言资源的社会应用情况调查主要包括对语言地位、规范程度、语言产品、语言政策等方面的调查。从目前的情形来看，这些方面虽然在以前的调查中没有作为重点或者没有系统地开展过相应的工作，但是零星的成果还有。我们认为，从保护语言资源的角度讲，首先应该开展语言及其方言使用情况的调查以及相关的语言政策的调查；从语言资源开发的角度讲，应该适时开展关于语言产品及其与之相关的语言行业规范等方面的调查。这一部分本书主要讨论汉语及方言使用情况的调查，包括海外华语社区汉语使用情况的调查。

1. 汉语普通话的社会应用情况调查

汉语普通话是宪法规定的国家通用语。经过 60 多年的推广普及，普通话（含地方普通话）已经成为汉族的族内交际语，汉语与少数民族之间的族际交际语。汉语普通话目前在国内的使用情况究竟如何，需要跟踪调查。这是科学推广普通话的前提和基础。对汉语普通话的社会应用情况进行调查主要涉及汉语普通话的普及情况调查、使用人口及年龄结构与社会分布调查、使用领域调查、语言教育与传播调查、语言态度及语言政策调查等方面。

(1) 普通话的普及情况调查

2004年国家语言文字工作委员会公布的调查结果显示，我国能用普通话交际的人口比例达53.06%，掌握汉语拼音的人口比例达68.32%，平时书写使用规范汉字的人口比例高达95.25%。普通话使用频率与教育程度和年龄结构密切相关，基本上呈现使用频率与教育程度成正比，与年龄结构成反比的关系。从使用领域看，普通话的使用比例与交际场合密切相关，场合越正式，普通话使用比例越高。从地域差异看，能使用普通话交际的人口比例在城乡之间也存在一定差距，城镇人口使用普通话的比例高出乡村21个百分点。距离上一次调查已经过去十年的时间，普通话的普及情况发生了怎样的变化，需要进一步进行跟踪调查，这是制定语言政策和科学推广普通话的依据和前提。

(2) 语言教育与传播情况调查

1998—2004年"语言文字使用情况和语言生活状况普查"显示，全国有94.63%的小学和95.44%的中学选择普通话作为教学语言。不同民族对中小学教学语言的认可程度不同，在不同阶段也有变化，而且提出了双语教学的要求，即使用普通话和少数民族语言进行教学。这次普查还对城市校园用语、教师普通话水平以及语言认同程度等作了充分的调查。这为语言教育政策的制定等提供了非常重要的数据。

在新的形势下，如何开展更加科学的语言教育，如何更加科学地传播语言，显得更加重要。我们认为，教学语言的选择应该以一定范围内的调查结论为基础。目前，普通话已经成为大众认可的教学语言，这是不争的事实，也必然是未来的发展趋势。但是从我们目前的语言教学实践看，还存在一定的问题。例如民族语言教学就可能不是很理想。那么在不同的地区，教学语言的使用情形如何，人们对教学期望值是怎么样的，都需要进行系统的调查。我们提倡多语多言式的教学，即学生应该掌握母语、民族语言、外语，掌握相应的方言。但是这种多语多言式的教学和学习模式究竟该如何操作，需要相应的数据作为方案形成的根据。从目前语言传播的情况看，普通话占优势地位，部分方言处于非常不利的境地，或有可能走向消亡。方言资源也是重要的语言资源，方言资源的消失也是文化资源的消失，所以对方言的调查非常必要。一种语言或方言不能进入目前的传播媒介，就证明它不可能处于优势的地位。一种方言在网络、电视等有声媒介中占有多大比重，都是需要系统调查的。语言传播情况的调查将为语言或方言地位的确定，为保护语言或方言起到积极的作用。

（3）语言态度及语言政策调查

关于语言态度的调查，学界有基于小范围或特定群体的调查，涉及对普通话、方言及外语态度的调查。大规模的调查当属《中国语言生活状况报告》中的调查结果，具有一定的普适性，其中主要集中在对普通话的态度上。"语言文字使用情况和语言生活状况普查"显示，人们对普通话的态度分为实用价值评价、社会声望评价和情感价值评价三个部分。从实用价值评价方面看，普通话作为国家通用语言，在"有用"这一指标上得分最高；从社会声望评价方面看，普通话是法律规定的公务语言、教学语言和传媒语言，其社会声望得到了很高的评价，而且不同民族的评价差异不大；从情感价值评价方面看，语言的情感价值是民族文化归属感的重要构成要素。普通话"亲切"指标与"有用"、"有社会影响"、"好听"三个指标相比得分较低，但调查数据显示，民族因素对"亲切"方面评价的影响并不非常明显。从目前来看，我们所进行的语言态度调查还不够充分。我们建议对普通话、方言，在可能的情况下，对民族语言和外语同时进行语言态度方面的调查，采用相同的指标体系，对人们的语言态度进行比照性质的调查，这样更有利于发现人们语言态度的差异，这对国家制定相应的语言政策将起到非常重要的作用，也可以为地方出台的相关法律、法规提供重要的参考依据。

2005年发布的《中国语言生活状况报告》显示，关于语言政策方面的调查主要包括国务院行政部门发布的关于语言文字的文件和规章、地方语言文字法规、地方政府关于语言文字的文件等几个部分，涉及媒体语言文字规范、民族教育语言文字使用、民族地区社会用字规范、语言文字使用监督、普通话培训等不同方面。此次调查的区域包括辽宁、吉林、上海、山西、新疆、广西等地。

这次语言政策方面的调查非常重要，但同时也存在诸如领域狭窄、区域狭小等问题。关于语言政策的调查，我们建议从两个方面进行：即历史调查和现时调查。历史调查可以从我国有语言政策开始，一直调查到现在，可以通过立项招标的方式由专家、学者完成。历史调查的作用在于我们可以以史为鉴，制定科学的语言政策，例如秦代的语言文字政策、清代的语言文字政策都有借鉴作用。现时调查就是对目前各地的语言政策、法规、相关文件进行全面、穷尽式的调查，这样可以汇集不同方面的情况，为国家语言政策的制定提供数据或借鉴。

2. 方言的社会应用情况调查

语言资源调查中讨论的方言一般都指地域方言，即普通话在不同地区的地域变体。此前的方言调查一般集中在词汇、语音等语言结构方面，很少有关于方言的社会应用情况方面的调查。2004年12月发布的"中国语言文字使用情况调查"结果显示，全国能用普通话进行交际的人口比例约为53%，能用汉语方言进行交际的人口比例约为86%。从方言使用领域看，出现了几种值得关注的现象。首先是方言进入媒体，杭州电视台、福州市人民广播电台、重庆卫视、四川广播电台，湖北地区的《楚天都市报》《武汉晚报》《楚天金报》都出现了使用方言的情形；其次，方言成为教学语言，如2005年9月，上海市小学六年级增加了一门《语文综合练习》课程，涉及上海方言发音、声调、词汇等相关方面。与此同时，出现了"保卫方言"的提法，上海、杭州都提交过涉及保卫方言内容的提案。

我们认为，这些都是非常值得重视的数据和现象。同时我们也发现，对方言的调查还不够全面。我们建议，方言调查应该着眼于以下几个方面：首先，制定方言资源调查的详细预案和方案。从语言资源社会应用的角度进行方言调查，主要不再是调查方言的语音、词汇、语法等结构要素，应该关注方言使用的人口、年龄结构、文化程度、语言态度及地方语言政策等方面的内容。这需要有详细的预案和方案作为基础。其次，应该扩大调查的地域范围。目前得到的数据一般是从网络中收集来的，而且地域范围比较狭窄，局限于某些特征明显的地区，其他地区的资料尚属空白。我们建议对方言区进行拉网式的排查，以获得更丰富的资源。再次，调查的领域应该进一步扩大。目前的调查一般集中在日常交际、媒体和教学语言方面。当然，媒体、教育教学语言是调查的重点，但是还有一些领域也比较重要、不容忽视，例如政府公务员用语、行政会议用语等也应该列入调查的范围。最后，开展比照性的调查。对方言的调查如果能和普通话、外语、民族语言的调查同时进行，进行数据的比较，这对将来制定相应的语言政策、教育政策都将起到积极的作用。

3. 港澳台汉语的社会应用情况调查

对港澳台汉语应用情况进行调查是汉语资源社会应用情况调查的重要

组成部分。

目前，香港大多数公共服务机构采用"两文三语"的语言政策。所谓"两文"，指的是书写上的英文和中文，"三语"指的是口头表达上的英语、粤语和普通话。但就实际情况来看，口语层面更多使用粤语和英语，普通话所占比例还小。为了逐步加强普通话教育，香港教育局提出了"母语教学、中英兼擅"的语言教学政策，学校的语言生活已从全英语状态逐步转向普通话（或粤语）状态。从 2006 年起，香港开始引入小学生普通话水平考试，普通话与粤语形成了分层共处的局面。商业语言向普通话倾斜，民众积极学习普通话，普通话的使用正在增加。

澳门是个移民城市，语言问题既与社会连在一起，也与政治纠缠不清。澳门社会长期以来存在"三文四语"的语言实态：所谓"三文"是指在回归之前，葡萄牙文是官方语文，英文是商业使用的主要语文，中文是澳门华人使用的民间语文；所谓"四语"，包括葡语、英语、普通话以及粤方言。澳门回归以后，中文官方地位走向名副其实，正在逐步落实"基本法"有关"正式语文"的条款。目前澳门基本的语言政策是，中文和葡文作为官方语文，中、英、葡三语并存作为社会普遍的交际工具。特区政府确立了中文的官方地位，学校不同程度地重视或加强中文教学，民间社团对中文的推广表现出高度的热情与积极的态度，这是澳门语言生活的积极方面。但是由于葡萄牙的长期统治以及中文取得官方语文地位时间很短，特区至今还未对中文和葡文的关系及使用作出具体的规定。

台湾的语言应用情况比较复杂。台湾除了作为官方语言的国语外，福建移民多操闽南话（台语），客家人操客家话，广东移民操广东话，国外人士或高层精英多操英语。学校的教学语言主要是普通话，方言的使用受到限制。母语的使用场合主要限于家庭。从口语的情况看，闽南话的流利程度高于普通话；从读写情况看，普通话程度高于闽南话。总体上看，台湾人的语言能力较强，大部分人除了会说母语以外，还能说一种或多种的语言或方言。但是台湾的官方语文政策比较混乱。"通用汉语拼音"的提出与实施，"去中国化"的各项政策，"语言发展法"改称国语为华语，抵制简化汉字，谋划闽南语文等的提出，一定程度上破坏了正常的语文生活。

4. 海外华语的社会应用情况调查

学术界在华语的界定上有广义和狭义之分。广义的华语既包含汉语普通话，也包括分布在世界各地的汉语的各种变体。这里使用的是广义的华语概念。"据有关部门公布，到 2005 年，世界上通过各种方式学习汉语的人数超过 3000 万人，100 个国家超过 2500 余所大学在教授中文，越来越多的中小学开设汉语课程，各种社会培训机构不断增加；全世界有 1 万多所华文学校，并且数目和规模都在不断发展。"① 同时，海外华文传媒、华文网站、华语教育与研究网站均有不同规模的发展。

截止到 2001 年的统计表明，澳大利亚国内讲普通话、粤语及其他汉语方言的人数为 401357 人，占人口总数的 2.1%；澳大利亚有中文学校 49 所，在校学生 9427 人。截止到 2003 年的统计表明，法国参加汉语水平考试的人数超过 5.3 万人次，仅巴黎就有 140 多所学校开设汉语课程。菲律宾目前有各类华语学校将近 200 所，华文教师 3300 多人，学生超过 10 万人。加拿大 2001 年的统计结果显示，加拿大大约有超过 87 万人以华语为母语，占加拿大人口总数的 2.9%，仅温哥华就有华文学校 100 多所。此外在柬埔寨、老挝、马来西亚、美国、缅甸、南非、日本、泰国、文莱、新加坡、新西兰、印度尼西亚、英国、越南等国家和地区都有一定数量的华人使用汉语进行交际，开办了数量可观的华文学校。

海外华文媒体建设历史悠久，至今已有 200 多年的历史。"根据学者统计，近 200 年来，在海外共有 52 个国家和地区出现华文报刊，累计 4000 多种。目前仍在出版的印刷媒体有 500 多种，其中日报 100 多家，期报 180 多家，各类刊物 230 多种。"② 阿根廷、爱尔兰、奥地利、澳大利亚、巴拿马、巴西、比利时、秘鲁、丹麦、俄罗斯、法国、菲律宾、斐济、古巴、韩国、荷兰、加拿大、柬埔寨、科特迪瓦、肯尼亚、罗马尼亚、马达加斯加、马来西亚、毛里求斯、美国、缅甸、南非、尼日利亚、葡萄牙、日本、斯洛伐克、苏里南、泰国、委内瑞拉、文莱、乌克兰、西班牙、希腊、新加坡、新西兰、匈牙利、意大利、印度、印度尼西亚、英国和越南等国家和地区都有一定数量的华文媒体。这些华文媒体客观上在传播汉语方面发挥了积极的作用。

网络技术的发展促使以华文为媒介的网站出现，它们在华语的传播方

---

① 中国语言生活状况报告课题组：《语言生活状况报告（2005）》，商务印书馆 2006 年版，第 349 页。

② 同上书，第 356 页。

面起到了积极、重要的作用。华文网站、华文教育和研究网站的出现使华语的传播更加方便、快捷，其影响力在一定意义上比传统的媒体更加重要。目前，分布在大陆以外世界各地的华文网站以及华文教育和研究网站近80家，分布在加拿大、意大利、匈牙利、西班牙、日本、美国、澳大利亚、荷兰等国家和地区。

海外华语资源是国家语言资源的重要组成部分，对其进行系统的调查既是汉语资源调查的重要环节，也是充分发挥汉语资源价值的重要前提。充分调查海外华语资源，对推动海外华语教育、促进汉语走向世界都有不可替代的作用。

（三）语言能力调查

李宇明（2009）认为，"公民的语言能力应看作国家重要的语言资源，看作国家软实力的重要组成部分"。[①] 2011年，他又进一步讨论了公民语言能力作为语言资源的细节问题。李宇明认为："讨论公民的语言能力，不能仅仅停留在认字多少、字写得美观与否、背了多少诗词古文这些层面上，还必须考虑语种能力和现代语言技术的应用能力。要研究公民应该掌握几种语言，每一种语言应该达到什么水平；还要研究公民应该掌握哪些最基本的现代语言技术，比如键盘输入、收发电子邮件、网络搜索等等"。[②] 我们认为，公民语言能力的调查可以从以下几个方面进行。

1. 国家通用语语言能力的调查

国家通用语语言能力的调查就是指公民普通话能力的调查。我国幅员辽阔，方言众多，而且方言之间的差异较大，交际障碍较多。另外，我国境内有50多个民族，大多数民族都有自己的语言，民族之间的交际如果没有国家通用的语言，就无法实现正常的交流。因此，应该选择一种语言作为国家的通用语。我国宪法和通用语言文字法都规定，普通话是国家法定的语言，是国家通用语。国家通用语的使用是与普通话的推广相适应的，所以国家通用语在不同的人群中使用水平和个体语言能力方面都存在一定的差异，存在分层的现象。对公民国家通用语能力进行调查，是进一步科学推广普通话的依据，是国家、社会发展的前提。

[①] 李宇明：《公民语言能力是国家语言资源——序〈母语·文章·教育〉》，《中国大学教学》2009年第2期。

[②] 李宇明：《语言也是"硬实力"》，《华中师范大学学报》2011第5期。

关于语言能力的调查，目前我们并没有系统进行过。国家层面上进行的普通话水平测试主要是针对在校大学生、学校教师、媒体工作人员，覆盖面过窄，不能反映全体公民的国家通用语的实际能力。有些公司进行的语言能力调查，抽样过狭，往往是一种态度性质的调查，而且在操作上专家参与少，还不是真正意义上的语言能力调查。如2011年4月23日，北京数字一百市场研究有限公司通过数字100在线样本库（assured sample）在"态度8调查网"对全国范围内的803位受访者进行了抽样调查。他们设置了包括"您是一个能正确地说话的'会说话之人'吗？""您觉得怎样才叫会说话？""您有没有尝试提高自己的说话水平？""您曾经在与人沟通的时候因为没有正确地说话而犯错误"等几个不同的问题。这种调查很有意义，但是首先这不能算是语言能力的正式的调查，还仅仅是一种态度性和摸底性的调查；其次，这种调查的抽样数量过小，分布不科学，不能反映公民语言能力的实际状况。但是毋庸置疑，他们的调查结果说明，进行公民国家通用语能力的调查是十分必要和重要的，不仅仅是国家的需要，也是公民个人的愿望。

我们认为，国家通用语能力的调查可以从这样几个方面入手：首先是语言要素的掌握水平，即公民个体对汉语普通话语音、词汇、语法、语义、汉字等的掌握程度；其次是对公民口语表达能力的测试，即是否能够根据不同的语言环境，合旨适境地表达个人的意思、想法，达到交际目的；最后，公民国家通用语能力的调查是一项复杂的系统工程，应该由国家统一组织制定调查方案，依靠专家设计科学的调查表，依托地方政府、高校或其他科研机构来实施，以保证调查数据的科学性、可靠性和真实性。

2. 方言语言能力的调查

方言是我国重要的国家语言资源，保存了重要的文化资源、信息资源和语言资源，是进行文化研究、民俗研究、语言研究不可或缺的资源。国家推广普及国家通用语并不是要消灭方言。但在目前的情形下，如何保护方言资源确实成为一个重要而且是亟待解决的课题。一种语言或方言是否具有活力，与使用这种语言或方言的人口数量、年龄结构等具有密切的关系。进行方言能力的调查，有助于了解一种方言的活力，预测一种方言的发展方向，从而对保护方言起到积极作用。

我们认为，方言能力的调查首先应该分区、分层进行。分区，即按照方言地域分区进行调查，主要调查方言使用的人口、人口的年龄特征、同一区域内方言与国家通用语或其他语言或方言的使用比例等情况。分层，首先就是要考虑城市、城镇、农村之间的差异，考虑人口职业特征、学历特征等方面的差异，调查并统计出各自的数据。其次，方言能力的调查应该主要从语音能力、词汇能力、语法能力，尤其是口语表达能力方面进行，关注普通话、方言以及与其他民族语言之间在使用上的冲突，主要是方言与普通话之间的过渡情形。

3. 民族语言语言能力的调查

我国是一个多语多言的国家，民族语言也是我国重要的国家语言资源。《中国的语言》反映了我国语言调查的最新研究成果。该书认为，目前我国56个民族使用的语言有129种，覆盖汉藏语系、阿尔泰语系、南亚语系、南岛语系、印欧语系、混合语等不同的语系、语种。但是从具体的语言使用方面看，目前很多语言已经丧失了交际功能。赫哲族能用本族语交际的只有十几位60岁以上的老人，绝大部分赫哲族人都已转用汉语。青藏高原东部、四川西部甘孜藏族自治州雅江县境内的"倒话"的使用者目前仅有2685人。满语曾经是盛极一时的国语，现在只有约100人能够听懂，约50位老人还可以讲满语。仙岛语的使用人数仅有100人左右。木佬语目前仅有两位80多岁的老人会讲，已经是名副其实的濒危语言。民族语言的活力与民族个体的语言能力息息相关，对民族语言能力进行调查可以发现这种语言的实际使用状况，可以在一定程度上预测这种语言的发展趋势。

我们认为，民族语言能力的调查首先要调查使用这种语言的人口状况，包括人口数量、年龄结构、文化程度等；其次，调查口语表达能力的情形。2004年12月发布的"中国语言文字使用情况调查"显示，满族、回族基本都转用了汉语，其他民族语言在多大程度上作为主要的交际用语、转用情形如何，都需要详细的调查；再次，建议民族语言能力的调查中附带进行转用情形的调查，即调查一个民族在放弃自己母语的时候，主要转用哪些语言作为主要的交际工具。

4. 外语语言能力的调查

语言能力对个体来讲，是使语言资源充分显现其价值的一种资源。现在越来越多的人认识到外语能力的重要性，学习外语也成为一种普遍现象，双语人或多语人呈现逐渐增多的态势。语言能力是国民素质的一种表现，其中包含外语能力。对外语能力进行充分调查，对于进一步提高国民素质，制定相关的语言政策，都有积极的价值。

我们认为，外语能力的调查可以从以下几个方面入手。首先，需要调查目前国民外语学习的语种。毋庸讳言，目前英语在世界范围内具有相当大的影响力，我国也不例外。各种考试、考核几乎都离不开英语。不论出于自愿还是由于被迫，英语成为我国国民外语学习的主要语种。这首先就带来一个外语语种单一化的问题。语种的单一问题放在国际化的大背景下，显现的是国民整体语言能力不高的问题。其次，我国外语学习投入和产出不成正比，这也证明我们的外语学习是有问题的。这些问题的解决有赖于对国民外语能力的充分调查。最后，调查国民的外语运用能力。语言主要是交际的工具，一种外语不能成为交际的工具，这样的学习就是不完美的。对英语等外语进行个体方面的口语交际能力的调查已经成为重要的课题。

语言能力调查还涉及一个很重要的问题，就是多语多言能力的调查。这种调查可以单独进行，也可以与上面的几种调查结合进行。从节省资源和成本的角度讲，我们建议多语多言能力的调查与上面关于国家通用语能力、方言能力、民族语言能力和外语能力的调查同时进行。

第三节　汉语资源调查的成果

我国语言调查工作取得了丰硕的成果，组建了经验丰富的队伍，形成了几个有影响的阵地，为我们今后的语言资源调查积累了丰富的经验。这一部分本书拟以历史为纲，对汉语资源调查的成果进行简要叙述。

一　方言调查的成果

方言资源调查是汉语资源调查中启动时间最早、历经时间最长、成果也最丰富的部分。方言资源调查一方面形成了大量的调研成果，积累了丰富的调研经验，形成了越来越壮大的队伍；另一方面也促成了中国方言学科的建立、发展并逐步趋向成熟。

（一）方言调查奠基期及其典型成果

1. 方言调查的时代背景

20世纪初，中国社会发生了巨大的变化。中国社会生活的各个方面，包括学术思想在内，有了彻底挣脱封建正统观念束缚的可能。随着欧洲科学和民主思想的传入，一些先进的语言学理论和方法也被中国的知识分子所接纳。五四运动的爆发掀起了一场平民思潮，过去不被重视的民间风俗、歌谣、谚语等重新受到语言学者的重视和研究。王福堂在《二十世纪的汉语方言学》中提到，北京大学从1918年就开始收集民间歌谣，不久后成立歌谣研究会。学者们在记录和研究歌谣时经常会遇到一些不同地域的语音记录和词义解释的问题。汉语方言调查研究的重要性和价值性日益凸显。正如沈兼士在《今后研究方言新趋势》一文中所言，歌谣是一种方言文学，歌谣里的词语多少都是带有地域性的。倘使研究歌谣而忽略了方言，歌谣中的意思、情趣、音调至少会有一部分的损失。所以研究方言可以说是研究歌谣的第一步基础工夫。这样，方言研究由歌谣研究引发起来。随后，沈兼士、林语堂等提出了方言调查研究独立存在的价值，并主张方言研究要广泛联系其他学科共同发展，至此拉开了现代汉语方言调查的序幕。

2. 阵地建设和队伍建设

1924年北京大学成立了"方言调查会"。调查会成立宣言书中提出了"绘成方言地图"、"考定方言音声"、"调查殖民历史"、"考定苗夷异种的语言"、"依据方言的材料反证古音"、"扬雄式的词汇调查"和"方言语法的研究"七项调查任务。但是，由于调查人员、经费等多方面原因，方言调查会的研究计划始终没有开展起来。

1928年，国立中央研究院成立了历史语言研究所，并创办了《国立中央研究院历史语言研究所集刊》。在《集刊》第一本第一分《所务记载》里，对方言的调查研究有一段十分精辟的叙述："以后我们的汉语学不得不以方言的研究为成就的道路……以某一种方言的细密研究，认识其中各种机用，以相互的关系和古今的变迁认识其演变……待后来方言研究得好了，然后可以更认识在古代给我们的那些不大记音的记载。所以我们现在要于汉语学的致力，左也是方言，右也是方言。"这说明，当时已经意识到方言研究的重要性。"我们希望……能为中国方言歧异的东南区域画成分县分乡的语言图，能解决在几种方言中音素音调相互影响以成变化的题目若干个，能辨出方言中字的时代层次，能接触到些很宽广的题目，……总而言之，我们要横着比较方言，纵着探索某个方言所含的事实。"这里提出了研究的目标和方法。这些论述，较之方言调查会的宣言更深入、更具体，而且看得更远。可见，历史语言研究所当时已经看到了方言研究的重要意义和价值，并且自觉地把汉语方言的调查研究纳入了最重要的研究计划里。

从方言调查的实际工作看，20世纪50年代以前的汉语方言调查工作，几乎都由当时的中研院史语所包揽了。史语所进行方言研究的主要队伍是一些接受过现代语言学训练，掌握了比较科学的研究方法和研究理念的学者。刘复在留学欧洲时以实验手段研究汉语方言声调，发明了声调推断尺；赵元任使用渐变音高管记录方言声调的绝对音高，又在《一套标调的字母》中用他创造的五度制标调法标写方言声调的相对音高；赵元任设计了《方言调查表格》，收字3567个，供方言调查时记音之用。

3. 奠基期的经验积累

史语所成立，聘赵元任为语言组主任，把调查汉语各地方言作为最重要的研究任务。该所先后组织了八次大规模的方言调查，先后调查了两广、陕南、徽州、江西、湖南、湖北、云南、四川等地的方言。赵元任在两广调查了22个方言点，在海南调查了6个方言点；白涤洲在关中地区调查了42个方言点；罗常培在皖南歙县等地调查了5县64个方言点。1935年，史语所又拟订了一个调查方言的总计划，决定成立一个人数不多的调查队，在全国作一个粗略的初次调查，灌制方言音档，绘制方言地图，这便有了对江西、湖南、湖北三省的调查。以后因计划变动和抗日战争爆发，调查工作停顿了几年。再后又调查了云南和四川两省。

这些调查开创了汉语方言研究大面积调查、合作攻关的先例，获得了田野调查的丰富经验，培养了专业的方言调查队伍。同时这次调查也为汉语方言调查研究积累了一批前所未有的可靠资料，出版了一批有分量、有影响的著作，对后来的方言调查产生了重大影响。

4. 奠基期的代表成果

这一时期有关现代汉语方言调查的重要成果主要有以下一些。赵元任《现代吴语的研究》，记录了江苏、浙江两省吴方言区33个方言点的声韵调和30个方言点的75个词语，以及方言声韵调和中古音的比较。该书是现代汉语方言调查研究的标志性著作，是第一部通过田野工作完成的、用国际音标准确记音的方言著作。陶朋民《闽音研究》，记有福州方言声母类化规律和声调转变规律，以及声调影响音节中元音音质的条例。罗常培《厦门音系》，对厦门方言的文白异读有比较详细的说明。赵元任《钟祥方言记》，内容包括钟祥方言的声韵调及配合关系、音节表、同音字表、与国音和古音的比较，以及2700多个词语。罗常培《临川音系》，内容包括方言音系、方音和《广韵》、北京音的比较，以及对450条方言特殊词语的解释与说明。黄锡凌《粤音韵汇》，确定了广州方言的语音标准，提供了精细的广州方言音系和同音字表，区分了古浊上字的文白异读，对广州方言的变调现象有详尽的描写。赵元任等《湖北方言调查报告》，包括分地报告和综合报告两大部分：分地报告分列全省64个方言点的材料，综合报告分列各地字音比较、常用词比较、方言分区及概况，以及66幅语言地图。董同龢《华阳凉水井客家话记音》，记录了四川西南官话区中的一个客家话方言岛，介绍了这一客家话的声韵调、音节表、大量语料，以及3000左右条词语。白涤洲《关中方音调查报告》，内容包括42个方言的声韵系统和427个单字音表。

此外，这一时期还有赵元任《北京、苏州、常州语助词的研究》《南京音系》《中山方言》，王力《两粤音说》，龙果夫夫妇《湖南省湘潭、湘乡方言》，刘文锦《记咸阳方言》，白涤洲《关中入声之变化》，张洵如《北平音系十三辙》，岑麒祥《广州音系概况》《广州音和国音的比较》，高名凯《福州话之语丛声母同化》等成果，这些都具有很重要的学术价值。

关于方言区的划分问题，历史语言研究所先后三次在《中华民国新地图》和《中国分省新地图》的"语言区划图"中对汉语方言作了划分。1934年划分"华北官话、华南官话、吴、客、粤、闽、海南"七区；1939年划分"北方官话、上江官话、下江官话、吴、客、粤、闽、皖、潮汕"九区；1948年划分"北方官话、西南官话、下江官话、湘、赣、吴、客、粤、闽南、闽北、徽"十一区。另外，王力在《汉语音韵学》中提出"官话、吴、闽、粤、客"五区的说法；李方桂在《中国的语言和方言》中提出"北方官话、西南官话、下江官话、粤、赣客、闽、吴、湘"八区的说法；赵元任在《国语入门》中提出"北方官话、西南官话、下江官话、粤、赣客、闽南、闽北、吴、湘"九区的说法。

经过这一阶段的方言调查实践，现代汉语方言研究目的和方法都逐渐明确，方言理论有所建树，为现代汉语方言调查的全面展开奠定了初步的基础。这对于汉语方言研究及以后的发展具有决定性的意义。

(二) 方言调查发展期及其典型成果

1. 时代背景

1949年,中华人民共和国成立。1951年6月6日《人民日报》发表社论——《正确地使用祖国的语言,为语言的纯洁和健康而斗争》,提出"要学习人民的语言"。方言口语逐渐从科学研究的语言现象上升为政治上被重视的社会现象。基于此,我国政府决定开展一场大规模的语言调查。50年代初,北京成立了中国科学院语言研究所,其中的方言组便是全国汉语方言工作的中心之一。五六十年代开展的全国语言普查,正是在该组的策划和指导下展开的。

2. 阵地建设和队伍建设

1950年,中国科学院语言研究所成立。1954年该所成立方言组,创办《中国语文》和《语言研究》两种刊物,刊载包括方言在内的语言学论文。1954年,中国文字改革委员会成立,负责文字改革、推广普通话和汉语规范化工作。由于推普需要对方言有充分的认识,方言调查成为全社会的需要,得到了全国各界人士的大力支持。1955年,现代汉语规范问题学术会议通过决议,建议"在两年内完成汉语方言初步普查的计划"。1956年,高教部和教育部下达进行方言普查的指示。教育部和语言所联合举办了三期普通话语音训练班,训练各地高校调查方言的人员。另外,丁声树、李荣整理、编撰了《方言调查字表》《方言调查词汇手册》《汉语方言调查简表》《汉语方言调查手册》《方言调查词汇表》等书,对方言调查工作起到了示范和指导作用。与此同时,1955年,袁家骅在北京大学中文系开设汉语方言学课程,主持、指导《汉语方言概要》《汉语方言字汇》的编写工作。

3. 发展期的经验积累

1956—1960年,方言普查工作在全国各省汉语地区展开,汉语方言调查进入高潮。五年的时间里,全国共调查方言点1844个,先后编写1200多种调查报告,300多种《学话手册》。随后,河北、山东、辽宁、黑龙江、内蒙古、河南、山西、陕西、甘肃、江苏、浙江、福建、广东、广西等省区都编写了省区范围的《方言概况》,江苏省上海市方言调查指导组《江苏省和上海市方言概况》、四川大学《四川方言音系》、中国科学院语言研究所《昌黎方言志》、河北北京师范学院《河北方言概况》等成果,引起了国内外语言学界的瞩目。

这次方言普查是20世纪上半期赵元任领导的五省方言调查的继续、延伸和发展，也为20世纪80年代以后汉语方言调查研究的繁荣奠定了一定的基础，培养了人才，建设了队伍。

4. 发展期的代表性成果

这一时期的现代汉语方言调查形成了一批重要的成果。江苏省上海市方言调查指导组《江苏省和上海市方言概况》是这次方言普查的代表性成果。该书包括省内4个方言区语音特点的介绍，20个方言点2601个单字音对照表，21个方言点567条词语对照表，42幅反映74个调查点语音、词汇特点的地图，提出了江苏省和上海市方言分区的建议。中国科学院语言研究所《昌黎方言志》对昌黎和张家口两地的方言进行了重点调查，调查点多达193个，列出11幅方言地图、3000多个单字同音字汇，成为纂写汉语方言调查报告的范本。袁家骅等《汉语方言概要》是第一部高等院校方言专业教科书，长期以来在海内外语言学界产生了很大影响。北京大学中文系语言学教研室《汉语方音字汇》《汉语方言词汇》分别收录17个代表点方言的2722个单字的读音和18个代表点方言的905条词语，供比较研究之用。20世纪80年代以后，王福堂主持修订了《汉语方音字汇》和《汉语方言词汇》，为了解汉语各大方言语音词汇的异同，开展汉语方言语音词汇的比较研究提供了可靠的资料。

此外，《中国语文》《语言研究》《语言学论丛》等刊物和《普通话和方言丛刊》《普通话与方言集刊》等文集都登载了相当数量的论文，如陈慧英、白婉如《广州话和北京音的比较》，王福堂《绍兴话记音》，詹伯慧《潮州方言》，郑张尚芳《温州音系》《温州方言的连读变调》，李荣《温岭方言语音分析》等，都是这一时期重要的文献。

(三) 汉语方言调查的繁荣期及其典型成果

1. 时代背景

20世纪60年代中期以后，中国陷入"十年动乱"，科学、教育、文化部门有相当一部分人员流散，资料也有部分散失，方言研究也处于偃旗息鼓的状态。直到"文革"后，社会生活的各方面才逐渐恢复正常，中国进入学术振兴的新时期。从1979年开始，汉语方言的调查研究也随之进入一个飞速发展的崭新阶段。政府开始积极倡导和规划开展新一轮的国家语言资源调查工作，教育部、国家语委等机构积极响应，全国汉语方言学会以及一些省（市）大学中的方言调查研究机构相继成立。方言调查研究学术团体、学术机构在近20年来的汉语方言调查研究中发挥了重要的作用。

2. 阵地建设和队伍建设

1979年2月《方言》创刊，这是中国历史上第一份专门刊登汉语方言研究成果的学术刊物，已成为所有方言研究者必备的杂志，为推动汉语方言的研究，促进海内外汉语方言学者的切磋交流，起到了积极的作用。1981年11月，全国汉语方言学会在厦门成立，组织开展调查研究、协调工作步伐、交流学术观点，极大促进了汉语方言研究的进步。20世纪80年代以来，有关汉语方言的多层次、多类型学术会议空前活跃，相继承担了一批国家或省部级重大科研项目，方言调查研究成果丰硕。1979—2002年间，全国方言学科发表的各类调查报告和研究论文多达3000多篇，出版的各类调查报告、研究专著、方言志多达800多种，有力地推动了汉语方言研究水平的提高，汉语方言研究日趋国际化。

3. 繁荣期的代表性成果

这一时期成果数量丰富、研究深入、覆盖面广、影响力大。中国社会科学院与澳大利亚人文科学院合作编制的《中国语言地图集》和中国社会科学院语言所李荣主持的《方言志》是这一时期影响很大的成果。詹伯慧等《珠江三角洲方言字音对照》《珠江三角洲方言词汇对照》《珠江三角洲方言综述》，云南省语言学会《云南省志·汉语方言志》，刘育林《陕西省志·方言志（陕北部分）》，陈昌仪《赣方言概要》，李如龙、张双庆《客赣方言调查报告》，钱乃荣《当代吴语研究》，侯精一、温端政《山西方言调查研究报告》等地域性的调查研究成果产生了较大的影响。李荣《温岭方言的变音》，吕叔湘《丹阳方言的声调系统》，郑张尚芳《温州方言儿尾词的语音变化》，徐通锵《宁波方言的"鸭"[ε]类词和"儿化"的残迹》，贺巍《济源方言记略》，朱德熙《潮阳话和北京话重叠式象声词的构造》，谢自立《苏州方言两字组的连读变调》，叶国泉、唐志东《信宜方言的变音》，田希诚《山西和顺方言的子变韵母》，周祖瑶《广西容县方言的小称变音》，陈忠敏《宁波方言"虾猪鸡"类字声调变读及其原因》等成果关注语音层面和语法层面交叉的语言现象，使方言调查与方言研究密切结合。这一时期还出现了大批方言词汇、方言语法、方言词典方面的调查和研究成果，使方言研究出现了多元化格局。

(四) 中国方言学的诞生与发展

汉语方言研究源远流长，历史悠久。从扬雄的《方言》到章炳麟的

《新方言》，历经1900年左右。这期间研究的重点是词义研究，主要使用传统的训诂方法。从"五四"运动到现在，现代汉语方言研究又经历了近百年的发展历程，主要研究现代汉语方言。

早在周秦时代，我国就有派遣使者到民间采集民谣、方言词语的制度。西汉末年，扬雄在前人的基础上进行了一场全国性的方言调查，历时27年，著成《輶轩使者绝代语释别国方言》，被誉为"悬诸日月不刊之书"。此后，隋初的《颜氏家训·音辞》、隋陆法言的《切韵》、元周德清的《中原音韵》等都是中古研究方言语音的重要专著。清代汉语方言研究得到了比较全面的发展，取得了较大的学术成就，如钱大昕的《恒言录》、孙锦标的《通俗常言疏证》、翟灏的《通俗编》、梁同书的《直语补证》、张慎仪的《方言别录》等。在清代研究方言词汇的著作中，章炳麟的《新方言》发扬了扬雄《方言》重视活的方言词语、不受文字束缚等优点，吸取训诂学和音韵学的研究成果，采用音、义结合的原则探求词的渊源，影响较大。这一时期的研究可以称为汉语方言的古汉语研究阶段。

"五四"运动以后，中国的汉语方言研究进入现代时期。赵元任、杨时逢等《现代吴语研究》是中国第一部用现代语言学方法研究方言的著作，标志着现代汉语方言学的诞生。

中华人民共和国建立以来，现代汉语方言的调查研究受到了重视，呈现出欣欣向荣的景象。方言普查取得了前所未有的成绩，出版了大量研究现代汉语方言、指导方言调查的专著和工具书，培养了经验丰富的研究队伍，建设了发表方言成果的阵地，使用了现代化的调查手段。队伍建设、阵地建设、成果建设标志着方言学不断取得新的进步和发展。

二 语言资源全面调查的成果

（一）时代背景

随着资源科学研究的深入，语言资源观逐渐成为学界、官界和民界的共识，并为越来越多的人所关注。语言资源观的形成和语言资源的研究要求对语言资源进行系统的调查。近年来，教育部及相关部门对语言资源的开发利用高度重视。语言文字信息管理司建立各专题研究中心，并与高校、科研机构、出版机构等合作，进行语言资源的调查、研究和分析。语言资源问题引起了学界的重视，越来越多的学者从不同的角度研究语言资源问题,越来越多的学术刊物刊载有关"语言资源"的学术成果。

(二)阵地建设和队伍建设

2004年,国家语言资源监测与研究中心成立,随后的几年里,陆续建立了平面媒体语言分中心、网络媒体语言分中心、海外华语研究中心、教育教材语言分中心、有声媒体语言分中心和少数民族语言分中心。2007年9月,教育部语言文字信息管理司和北京语言大学共同主办"国家语言资源与应用语言学"高峰论坛,讨论"国家语言资源"问题。2008年12月29日,中国语言资源开发应用中心在北京成立。2009年5月,教育部语言文字信息管理司、江苏省语言文字工作委员会和南京大学联合主办"2009国家语言战略高峰论坛",讨论"语言资源与语言经济"问题。2010年5月,《中国语言生活》电子杂志创刊,成为我国第一份以"中国语言生活"为主题的普及型小型双月刊杂志。2011年4月7日,"中国语言资源有声数据库(江苏库)"展示网正式开通,成为中国第一个语言资源有声数据库网站。到目前为止,还有一些其他机构或单位建立或成立,集中在语言资源、语言经济、语言产业等不同方面。

此外,大量刊物也为语言资源的全面调查提供了理论支持和学术指导。如《中国语文》《语言文字应用》《郑州大学学报》《云南师范大学学报》《北华大学学报》《渤海大学学报》等刊物中都有不少论及中国语言资源现状和开发利用的学术专文。

队伍建设方面,越来越多的专家学者投入国家语言资源研究和调查的队伍中。北京地区,以各研究中心为核心,形成了包括陈章太、李宇明、王铁琨、周洪波、张普、曹志耘、赵金铭、刘珣、王建勤、杨惠元、毕继万、杨寄洲、李泉、张和生、李晓琪等人在内的研究队伍。南京地区,以"中国语言战略研究中心"为阵地,形成了以徐大明、王玲、李现乐、冯晓虎、于锦恩、战菊、张治国、赵蓉晖、盛林、陈新仁、王晓梅、吴志杰、邓小琴、刘俐李、汤志祥、杨立权、张璟玮等为骨干的队伍。其他各个地区也都形成了成规模的研究队伍,如郭熙、屈哨兵、林伦伦等。

(三)调查的代表性成果

2006年5月22日,国家语言文字工作委员会发布《中国语言生活绿皮书》。与此同时,"2005年中国语言生活状况报告新闻发布会"在北京召开,会议发布了《中国语言生活状况报告(2005)》,这是《中国语言生活绿皮书》的第一部,标志着《绿皮书》正式与读者见面。到目前为止，国家语言文字工作委员会已连续发布了 2005—2012 年度的《中国语言生活状况报告》。

国家语言资源监测与研究中心先后参与发布并出版了 2007—2012 年度的汉语新词语编年本，连续五年参与发布了中国主流媒体十大流行语，并针对社会语言生活中的重点问题作了相关调查。这些研究成果在学界和社会上均产生了一定的影响。

关于国家语言资源调查和建设的学术论文和专著也呈不断增长的趋势。《中国语文》《语言文字应用》《郑州大学学报》《云南师范大学学报》《北华大学学报》《渤海大学学报》等发表了数百篇这类成果。

第四节 汉语资源调查需要进一步解决的问题

于洪志认为："没有一份全面详细的语言国情报告，没有建立基于我国语言和方言的知识库与信息库，这对我国的经济发展和文化建设等十分不利。随着中国经济社会的快速发展和语言状况的急剧变化，语言普查已成为反映国情、促进国家经济文化发展、促进精神文明建设的紧迫任务，应尽早列入日程。"[①] 可见，开展全国范围内的语言普查，即语言资源调查既非常重要又异常紧迫。我国目前开展的"中国语言资源有声数据库建设"是汉语资源调查的重要组成部分。

汉语资源调查和中国语言资源有声数据库建设的区别在于数据库的建设从目标看主要是针对国内的汉语资源，如果上升到国家语言资源的高度，也包括对境内及跨境的民族语言的调查，而汉语资源调查是着眼于全球的，并主要对汉语及其方言和海外华语进行系统调查。我们认为，为得到翔实、全面、科学的调查数据，汉语资源调查应该做好如下几个方面的工作。

一 方案完善

虽然目前我们还没有形成对全球汉语资源进行系统调查的完整方案，

---

① 宋常青：《于洪志代表：我国急需进行"首次全国语言全面普查"》，人民网，2008 年 3 月 8 日。

但是从已有成果看，分散性质的调查已经展开。对大陆汉语资源进行调查的方案以李宇明《论中国语言资源有声数据库的建设》为代表。中国语言资源有声数据库建设已经形成了领导小组办公室，出版了曹志耘执笔的汉语方言《调查手册》、刘丹青设计的《语法调查研究手册》、汪平整理的话语故事文本《牛郎和织女》。国家语言文字工作委员会设立多个项目进行论证性的专题研究，制定了一系列工作规范和技术规范。这些都是汉语资源调查方案中的重要组成部分。海外汉语资源调查虽然没有看到系统的调查方案，但从现有成果看，一定是有相应的调查计划的，如邹嘉彦、游汝杰《全球华语新词语词典》，李宇明《全球华语词典》等都是经过系统调查而取得的成果。

完整的调查方案主要包括"调查工作的目标"、"调查内容和工具"、"调查的地域"、"调查的时间"、"调查的对象"、"调查的方法"、"调查队伍的组织"、"调查经费的筹划"、"调查工作的安排"等内容。我们认为，汉语资源调查方案的设计和完善可以从以下几个方面入手。

（一）汉语资源调查工作的目标

汉语资源调查工作的研究成果目标是全面摸清汉语资源在世界范围内的分布、汉语资源的本体要素和社会应用方面的现时状况、汉字资源在世界范围内的使用状况和变异情形、国民语言能力情况；成果形式目标是建设相关的动态语料库或资料库，如汉字资源库、普通话口语语料库、普通话书面语语料库、方言语音库、方言词汇库等不同形式的资料库，同时可以出版字典、词典、语典等不同的纸质文本；社会作用目标是通过充分全面的调查，为汉语研究、文化研究、民俗研究等提供资料，为保护文化多样性、语言多样性提供数据参考，为语言政策的制定提供资料准备，为汉语全球化推广提供基本数据，最终为国家经济文化发展、精神文明建设服务。

（二）汉语资源调查工作的内容和工具

汉语资源调查的内容通过社会指标和调查指标反映出来。汉语资源调查的社会指标可以包括语音指标、词汇指标、语法指标、语义指标、汉字指标、话语指标等几个部分。调查指标是指在语音调查、词汇调查、语法调查、语义调查、话语调查中具体方案设计涉及的具体指标体系。以语音调查为例，普通话的语音系统和方言的语音系统是存在差异的，从资源的角度看，普通话中没有的语音要素，如果在方言中存在且具有社会有用性，那么它应该列入资源范畴，如入声；普通话中没有的语音组合（音节）如果在方言中存在，也应该列入资源范畴，如吴方言中唇齿音和齐齿呼的组合。其他调查指标也应该如此。

调查工具是指调查指标的物质载体。对于汉语资源调查来讲，就是通过什么样的物质载体采录和存储调查到的汉语资源。李宇明（2010）在讨论中国语言资源有声数据库的建设时谈到了物质载体问题。"采用规定的录音设备、软件进行录音，辅之以录像和照片……对一个调查点的所有调查资料和电子文件进行命名、分类、归档"①，也就是采录时使用现代化的录音、录像、照相设备；对调查到的汉语资源进行建库开发，"编写《中国语言国情报告》……绘制详细的多媒体语言地图。通过网站、开放实验室、博物馆等方式对社会提供服务，最大限度地让这些数据造福国家与学界"②，也就是在存储方面做到科学化、现代化和效益最大化。

（三）汉语资源调查的地域

汉语资源调查的地域，即社会调查在哪些地区进行，在多大的范围内进行。调查地域的选择主要取决于调查课题的客观需要和调查主体的现实可能两个方面。汉语随着语言接触和人口流动，目前在世界范围内都有分布。理想的汉语资源调查应该是世界范围内的"清查"，即在有汉语的地方都进行系统的调查。但是受到调查主体现实可能性的制约，可以采取抽样调查的方式。目前中国语言资源有声数据库的调查采取的是"一县一点"的方式，可以借鉴。

（四）调查时间

调查时间，即社会调查在什么时间进行，在多长时间内完成。汉语资源处于不断发展变化之中，而且不同的子资源系统的变化速度也不相同。词汇资源的变化最快，语音、语法、语义、汉字资源及高层资源的变化相对较慢。资源系统的动态性对调查时间提出了一定的要求。首先，汉语资源的调查间隔不宜太长，如果两次调查之间的间隔过长，可能会使一些资源遗漏于调查范围之外，导致看不到资源的系统变化，尤其对词汇资源来讲这就更加重要。其次，调查的持续时间不宜过长。汉语资源的变化性决定调查的间隔时长应该有一个科学的界定，这个时间的长度应该根据语言

---

① 李宇明：《论中国语言资源有声数据库的建设》，《中国语文》2010年第4期。

② 同上。

发展演变的规律和社会发展变化的速度来确定。最后,汉语资源调查的时间可以根据不同子系统的个性特征来确定。词汇资源变化迅速,可以进行跟踪式的调查,以及时反馈资源的变化方式和特点。语音资源、句法资源、语义资源、汉字资源和高层资源因为演变速度较慢,可以进行阶段式的调查。

(五)调查对象和方法

调查对象是指实施现场调查的基本单位及其数量。对于汉语资源来讲,调查对象应该包括语音资源、词汇资源、语法资源、语义资源和汉字资源,高层资源的稳定性特征决定对它的调查可以不与底层资源同时进行。不同的调查对象和调查目标决定调查的方法。语音资源的调查可以采取全面清查的方式,词汇资源的调查可以采取定点调查的方法,语法资源的调查可以采用排查的方式,语义资源可以以地域文化为线索进行调查,汉字资源的调查可以采用排查和补充的方式。

汉语资源调查方案的设计还应该包括队伍组织、经费筹划等问题,下面分别讨论。

二 队伍组织

汉语资源调查工作是一项复杂的系统工程,专业性强,涉及面广,队伍的素质和水平关系调查工作的成败,所以调查队伍的组织工作非常重要。我们认为,汉语资源调查队伍的组建应该关注这样几个问题。

(一)跨学科组建队伍

汉语资源调查是一项复杂的工程,从方案设计、调查实施、建库开发等方面看,既涉及语言学方面的知识,也涉及民族学、人类学、社会学、计算机科学等多方面的知识。这就要求在组建调查队伍时要充分考虑队伍成员学科分布的问题。语言学方面要求队伍中专业方向在语音学、词汇学、语法学、语义学、汉字学各个不同的分支学科都有分布,这样才能保证调查的全面性和科学性。因为汉语资源调查是针对全球范围内的汉语进行全面调查,所以需要民族学、人类学、社会学的专家参与,为调查提供相关的理论指导。汉语资源调查的最终目标是为社会服务,要进行建库开发。在当前的技术条件下,对汉语资源进行开发的最好方式是通过计算机进行语音库、词汇库、语法库、语义库、汉字库等的开发,这就需要语言学研究人员与计算机科学研究人员通力合作,所以汉语资源调查需要计算机科学工作人员的参与。综上我们认为，汉语资源的调查工作必须跨学科组建队伍。

（二）跨地域组建队伍

从目前我国语言学研究队伍的地域分布看，并不是每个地区都有各个分支学科的数量充足的专家学者。总体上看，有些地区受到研究倾向的影响，有些分支学科的研究人员缺乏。以东北地区为例，因为东北方言与普通话比较接近，所以语音学方面的专家数量很少。我们知道，汉语资源的调查需要分区域进行，而每个区域一般都以本地区的专家为主体组建队伍。在这样的情况下，为保证调查的科学性和准确性，就需要跨地域组建专家队伍。

（三）注重培养年轻队伍

汉语资源调查是一项长期的、需要持续进行的工作。这就对调查队伍的年龄结构提出了一定的要求。汉语资源调查队伍应该是一支年龄结构分布合理，能够可持续发展的队伍。老一辈语言学家在语言调查方面经验丰富，成果丰硕，但从目前的队伍来看，年轻队伍呈现断档现象。田野调查工作不仅本身需要专精的专业知识，同时对调查者的身体素质等都有一定的要求。这就要求我们必须储备一支能够可持续发展的调查队伍。

一支素质高、能力强的调查队伍是高效率、高质量完成调查工作的重要保证。为实现语言调查的常规化，保证调查工作的效率和质量，有必要建立国家语言资源调查员资格准入制度，制定相应的语言调查员遴选、考核和评定标准。同时，建议建立国家语言资源调查人才教育培训体系，并使这种教育培训长期化、常规化。

三 政府职能

语言资源调查是语言国情调查的基本内容之一。语言资源调查能够促进语言文字信息化水平的提高，推动我国语言产业的发展，增强国家的信息处理能力，保护国家信息安全。从这个层面上看，语言资源调查也是一种国家行为。汉语资源调查离不开政府的主导作用。

国家语言资源调查应坚持"政府领导，职能部门规划，学术团体组织实施"的运行机制，政府最好在调查中发挥主导职能。这种职能的发挥可以从以下几个方面体现。第一，政府应该协调好政府各个部门之间的关系，厘清各个部门的职责和权力。第二，政府应该汇集各方面专家，为语言资源调查提供各种服务。第三，政府应该做好人才培养的规划和指导工作，改革现有不合理的人才培养、科研管理等方面的制度，为汉语资源调查提供精神动力和智力支持。第四，政府应该有世界眼光，并从宏观角度规范汉语资源调查的程序，避免重复建设、资源浪费，从而节约成本。第五，政府应该和学界、民界联合，根据汉语资源调查的实际需要，并主要依托学界制定相应规范标准，为我国语言资源调查提供保障。第六，政府应该充分发挥其宏观调控职能，协调好自身与民界、学界的关系，为语言资源调查创造良好的软环境。

四 全民工程

汉语资源调查离不开专业的调查队伍和政府的主导扶持，更离不开广大民众的积极参与和热情配合。教育部副部长、国家语委主任李卫红在南京"中国语言资源有声数据库"建设试点总结会议上强调，要把数据库建设工作建成"政府主导、专家实施、全民参与"的民心工程。汉语资源调查工作的复杂性和特殊性需要广大民众的参与和支持，而且这项工程具有全民性，有建设成全民工程的可能性。首先，汉语是汉族人的母语和主要交际语，汉族人对汉语有天然的情感，如果宣传得当、解释到位，民众的参与意识是可以调动起来。江苏省的工作已经证明了这一点。其次，汉语是国内各民族之间的主要交际语，汉语普通话是国家通用语，对国内各个民族来讲都非常重要。最后，语言作为一种资源，尤其是汉语作为潜在价值很大的资源，个体参与汉语资源的调查，对提升个人语言能力，提高国民素质，都有积极的意义。

我们认为，汉语资源的系统调查，要始终坚持政府主导的大方向，充分发挥专家的作用，积极调动全民参与的热情，实现政府、学界、民间三种力量的协作与合作。

五 科技手段

汉语资源调查是一项复杂的工程，需要现代化科学技术的支持。中文信息处理技术的发展，使我们现在有条件运用计算机、语料库和数据统计等手段和方法开展语言资源的考察和研究。我们认为，在汉语资源的调查、统计、分析等一系列过程中，应充分利用现代语言信息处理手段和各种信息技术与设备，重视数据的保存、开发和共享。语言调查的录音、转写技术，地理信息系统（GIS）技术和卫星定位（GPS）技术，语料库存储和检索的多媒体数据库技术，语料分析、标注的软件技术，以及录音笔、计算机、服务器、大容量存储器等多种技术与设备都需要在调查中加以科学运用。

另外，建议建立资源调查手段的创新研究机制。也就是说，在调查过程中不断发现现有技术和设备的不足，并坚持可持续性的开发，不断提高技术水平和设备的质量，使汉语资源调查结论更加真实、全面、可靠。王铁琨在讨论语言使用实态考察问题时就提到了信息技术手段的改进问题。他说，"技术的发展和走向成熟需要一个过程，由于多方面原因，现有的工具和手段在处理语言文字时尚有一些'瓶颈'问题没有圆满解决，也在一定程度上影响甚至阻碍着统计数据和报告质量的提升"。[①] 可见，不断改进技术和设备，为其建立可持续的创新研究机制也是非常必要和重要的。

[①] 王铁琨：《语言使用实态考察研究与语言规划——发布年度语言生活状况报告的思考》，《语言文字应用》2008 年第 1 期。

第四章

汉语资源保护

根据联合国教科文组织的统计，目前世界上现有大约6000种语言。但是，这6000种语言分布很不均衡。其中，占世界总人口97%的人所讲的语言仅占世界语言种类的4%，其中只有不到1/4的语言在学校和互联网上使用，数以千计的语言基本进入不了教育体系、新闻媒体、出版物和公共场合。如果不及时采取挽救和保护措施，6000多种语言中约有50%将濒临消亡。

联合国教科文组织第十二届国际母语日研讨会于2009年5月13日在昆明召开，中国教育国际交流协会会长章新胜在致辞中说："一种语言的消亡将导致它所附着的文化一并失落，而文化是一个国家的软实力，文化多样性是一个国家繁荣壮大的不竭动力，语言多样化正是文化多样性的基础，保护语言的重要性不言而喻。"[①] 语言资源的保护工作不仅迫在眉睫，而且至关重要。

对汉语资源进行科学有效的保护已经成为共识，但是在为什么要保护汉语，如何保护汉语方面，还需要进一步探讨。近年来出现了所谓的"汉语危机论"、"方言危机论"，我们应该谨慎对待。

第一节 汉语资源保护概述

一 汉语资源保护的原因

（一）语言资源是不可再生资源

资源可以分为可再生资源和不可再生资源。可再生资源如太阳能、风

---

① 《联合国国际母语日研讨会昆明开幕》，中国新闻网（www.chinanews.com），2011年5月14日。

力资源等,是可以不断生成持续利用的资源;不可再生资源如煤炭、石油等,一旦枯竭,将不可生成新的资源。语言资源属于不可再生资源,一旦消失就不可能再恢复。

汉语是一种重要的语言资源,拥有世界上最多的母语人口,悠久的语言文化历史。从整体上看,汉语处于一种良好的发展态势中,但是就汉语内部来看,汉语方言有的已经处于濒危状态。曹志耘讨论过濒危汉语方言问题,他说:"方言消亡的根本原因,是这种方言的'用途'越来越少,'作用'越来越小,简而言之,是因为这种方言'没用'了。在当今的汉语方言中,方言'没用'的现象越来越普遍和严重,'没用'的方言越来越多。"① 可见,汉语方言的濒危已经成为现实。曹志耘调查的九姓渔民方言,客家话的汉语方言——畲话,粤北土话,都已经成为濒危方言。汉语方言濒危带来的不仅仅是汉语方言多样性的缺失。曹志耘认为,"方言是一定地区人民的交际工具和思维工具,是和一定地区的地域文化相联系的。因此,跟民族语言一样,一种方言的消亡,就意味着当地人民世代相传的那种交际和思维工具的永远丧失,就意味着当地独具特色的地域文化的那种载体和重要组成部分的永远丧失,也意味着人类语言文化的多样性受到严重的破坏"。② 方言也是一种重要的不可再生的资源,它们不仅是汉语的资源,也是汉文化的重要资源,保护汉语方言就是保护汉语资源,保护汉文化资源。

(二) 语言是一种特殊的资源

语言资源是一种特殊的社会资源。语言资源不仅是人类最重要的交际工具,还具有其他重要的作用和意义。如果语言单纯是一种交际工具,那么全世界的语言当然是越少越好,若只有一种语言,世界各地间的交流就不存在障碍了。但是,语言是一种特殊的资源。语言除了它的交际功能外,还有许多其他方面的功能。

1. 语言是文化的载体

语言作为文化的载体,积存和蕴藏着丰富的文化现象。千百年来各民族语言、各地方言中保存的故事、神话、传说、寓言、诗歌、唱词、谜语、戏剧等各类口头文学作品储存了丰富的文化资源。我国各民族语言和

---

① 曹志耘:《关于濒危汉语方言问题》,《语言教学与研究》2001 年第 1 期。

② 同上。

汉语方言中都保留了脍炙人口的口头文学作品，丰富了祖国的文化宝库。以民族语言为例，藏族的《格萨尔》、蒙古族的《江格尔》、柯尔克孜族的《玛纳斯》、彝族的《阿诗玛》、纳西族的《创世记》、壮族的《百鸟衣》、侗族的《秦娘美》、苗族的《灯花》、傈僳族的《逃婚调》、景颇族的《勒包斋娃》、羌族的《羌戈大战》等，都是相当重要的语言文化资源。语言中保存和承载的丰富的文化现象，是语言使用者传统民族文化、传统经验最直接、最集中的体现，是祖祖辈辈流传下来的一种重要的文化资源。无文字的语言或文字不发达的语言更是要靠口耳相传得以延续。文化多样性的基础是语言的多样性，作为文化载体的语言或方言资源得不到有效保护，文化资源也必将随之丧失。

2. 语言是信息的载体

语言作为信息载体，是使用该语言的群体千百年来积累的知识和经验的总和。人类在与自然界作斗争的过程中积累了各方面的知识和经验，这是人类生存、发展的重要信息资源。这一切，都依赖语言文字代代相传，并得以超时空地进行传播。各民族的语言和各民族语言的不同方言都记录着人类知识的不同侧面，是人类知识和财富的重要组成部分。不同的语言和方言若得不到及时保护，信息资源也必将出现减损或丢失，这将在一定程度上影响人类的进步与发展。

3. 语言体现认知

语言作为人类认知系统的直接体现，反映了不同的认知方式。人类的认知体系随着社会的进化而不断缜密化，不同的语言和方言中可能保存着人类个性化的认知方式。例如，操羌语的人空间范畴的表达方式与其他民族很不相同，他们没有东南西北的方向概念，往往根据当地的山势河流的特点，用动词的不同前缀来表达行为动作朝着不同的方向进行。这种独特的认知方式用独特的语法范畴来表达，丰富了人类的认知体系。一旦某种语言或方言消失，那么这种语言或方言中的独特的认知体系和认知方式也可能随之消失，这必将在一定程度上削弱人类认知体系的丰富性和复杂性。因此，人们担心，语言多样性的丧失，可能导致人类思维方式的退化。

4. 语言具有主权性

语言资源具有主权性。关于资源主权，首先是关于自然资源主权问题的讨论。联合国第29届大会通过的《各国经济权利和义务宪章》中第2

条规定,"自然资源的永久主权"亦即国家的经济主权,即主权独立国家对其领土、领海和领空内的自然资源及行动拥有完全的无限制的主权权利。关于社会资源的主权性的讨论还不多见。但是目前的一些观点可以反映这种思想,即语言资源也是国家资源。国内专家学者在论述语言资源问题时,认为语言资源是国家资源,具有软实力、硬实力特征,是综合国力的组成部分,这说明语言应该具有主权属性。

另外,随着全球经济一体化的发展,人们对国家主权理论有了更加深入的认识,引入了主权权利的概念。"主权权利作为国家主权理论的重要组成部分,是国家根据主权所享有的具有主权性质的实体权利,它并不是国家当然享有的权利,而是国家主权活动的结果。"① 随着人类对资源的认识由自然资源向社会资源延展,主权权利的范围也在扩大。1992年《气候变化框架公约》重申,"各国拥有主权权利按自己的环境和发展政策开发自己的资源"。② 这里的讨论虽然没有直接涉及语言资源,但是从目前各国对语言资源开发的情形看,语言资源本身就带有主权特征。汉语资源是我国的国家语言资源,具有主权性特征,当然应该进行保护。

5. 语言是族群标记

语言是一个民族或族群区别于其他民族或族群的重要特征,是一个民族或族群的重要标志。一个民族对自己的语言会有特殊的感情。在联合国教科文组织保护濒危语言规划项目的国际专家会议的文件中,濒危语言问题特别专家组引用了美国印第安人部落的一位长老的诗句:

  我说着我喜爱的语言
  因为那就是我自己
  我们向孩子传授我们喜爱的语言
  因为要让孩子知道他们自己是谁③

"语言就是自己",保护语言资源也就是保护自己。所以,语言资源的保护意识应该被尽快唤醒,使语言保护成为人类自觉的行为,大众的

---

① 于沄:《国家主权权利浅析》,《辽宁师范大学学报》2008年第2期。
② 王曦:《国际环境法资料选编》,民主与建设出版社1999年版,第247页。
③ 范俊军:《联合国教科文组织关于保护语言与文化多样性文件汇编》,民族出版社2006年版,第30—31页。

行为。

(三) 语言资源是语言研究的重要资源

语言学是把语言自身当作自己的唯一研究对象的科学，是"为语言就语言而研究语言"的科学。语言是语言学研究的核心对象，没有了语言资源，也就没有了语言学。所以，就语言学本身来说，语言资源是发展语言学的前提和基础，从某种意义上讲，积累的语言资源越丰富，语言学发展的潜力就越大。目前，我国有许多小语种，至今还没有来得及深入调查研究。这些语言使用人口不多，但学术价值很高，其中不少语言保留了汉藏语系、阿尔泰语系诸语言的许多古老的面貌。有些语言资料，通过深入研究，可能会成为揭开许多历史谜团的钥匙，因此对即将消亡的语言资料进行抢救性记录和保存，是发展中国语言学的一个刻不容缓的重要任务，也是少数民族语言研究的一项奠基工作。它对于开展描写语言学研究、历史比较语言学研究、语言类型学研究，乃至民族古文字古文献研究，都将产生积极的推动作用。

就汉语来讲，汉语方言是重要的语言研究资源，进行普通话和方言的比较研究，方言和方言之间的比较研究，都将对汉语研究起到积极的作用。目前汉语许多小的方言处于濒危的态势，因此及时保护汉语方言资源，成为汉语研究中一个不可回避的课题。

(四) 汉语资源的现状

语言是社会发展的产物，在社会迅速发展的今天，汉语资源也在不断地发生变化。汉语是个自组织系统，有自身的新陈代谢方式，同时，为保证汉语各项功能的充分发挥，也需要人为的规范和规划。汉语由各种不同的方言构成，方言之间往往不是均衡发展，形成由濒危、弱势到强势的不同等级。这些都决定汉语资源需要从不同的方面进行保护。

首先，汉语方言资源急需保护。汉语有多种不同的方言，而且有的方言之间很难实现通畅的交际。为了实现各民族、各地区之间的有效交流，我国需要一种语言作为国家通用语，需要一种方言作为国家通用语的基础方言。1956年2月国务院发出推广普通话的指示。从20世纪50年代普通话推广至今，普通话的普及工作已经取得了很大的成绩。目前，普通话已经成为主要的教学语言、公务用语、媒体语言，正在成为大众用语。改革开放以后，人们由农村走向城市，由内地走向沿海，各地之间的交流越来越频繁，普通话已经成为他们交流的主要工具。国家推广普通话的政策无疑是非常正确的,在我国的政治、经济、文化生活中都起到了不可估量的积极作用。但是,我们目前也必须正视这样的现实,随着普通话推广的不断深入,普通话的运用范围不断扩大,地位正在不断攀升,同时汉语方言的运用面正在缩小,有些方言将会或者已经走向消亡。可见,普通话推广至今天,已经对方言产生了很大的影响,在一定程度上挤压了方言的生存空间。曹志耘指出:"由于社会因素的影响,汉语方言当前和今后一个时期的变化趋势是'趋同',这主要表现为弱势方言'趋同'于强势方言或普通话,也就是朝着消亡的方向发展。"[①] 而且从目前的情形来看,普通话的这种强势仍将持续下去,汉语方言的消亡已呈加快趋势。方言的消亡对汉语资源来说是一种重大的损失,它破坏了汉语资源的多样性。汉语方言的发展现状需要我们采取有效措施进行保护。

其次,网络语言对汉语造成了一定的冲击。随着网络的流行和普及,使用网络平台进行实时便捷的交流和沟通的人数不断增加,同时人们利用网络进行日常交际的频率也在提高。这种新型的传播工具在为我们带来便利的同时,也对我们的语言产生了很大的负面影响。人们在利用网络交际时,往往显得很随意,常常不使用规范的汉语。这种不规范的汉语使用现象又因网络传播特有的大众化特征而进一步传播,从而被更多的人模仿使用。网络在发挥其积极作用的同时,给汉语的规范性带来了较大的冲击。保护汉语资源的规范性已经成为需要我们高度重视的课题。

再次,语言之间接触造成的负面影响也在提醒我们,汉语资源的纯洁性亟待保护。语言之间的接触对语言本身的发展具有正反两方面的作用。从积极的角度讲,语言之间的接触可以丰富资源本身,增强语言的表现力。但是如果一种语言过分或过量吸收另一种语言中的资源就会对语言的纯洁性产生影响。汉语在与外语的接触过程中,会吸收和采用外来语中的有益成分来补充汉语,这对汉语资源的发展无疑是有益的。但是,如果过量地、无原则地使用外来语,则会对汉语资源造成冲击和破坏。如汉语命名中出现了比较严重的"崇洋"现象,随处可见像"百斯特"、"比安格"、"万德福"等店铺名称,"曲奇"、"朱古力"、"可口可乐"等商品名称,"拷贝不走样"、"Call 你没商量"等电视节目名称都是带有洋腔的名称。这些名称充斥着我国的大家小巷。这些显得俗套的半中半洋的名称

---

① 曹志耘:《关于濒危汉语方言问题》,《语言教学与研究》2001 年第 1 期。

正呈现模式化倾向，一定程度上影响了汉语的纯洁性。外来语对汉语的此类影响，已经不是对汉语的补益，而给汉语资源的纯洁性造成了一定的影响，因此需要引起重视，及时规范。

二　汉语资源保护的内容

资源种类不同，保护的内容也会不同。就语言资源来说，应从保护语言多样性、文化多样性的高度着眼，从保证有效交际的角度入手，来保证语言资源的可持续发展。对于汉语资源来讲，主要应该做好汉语资源多样性、规范性和纯洁性的保护工作。

（一）保护汉语资源的多样性

世界语言的多样性就是不同类型语言共存，汉语资源的多样性主要表现在各种不同汉语方言的和谐相处、共存共用。在我国，保护汉语资源的多样性，就是保护和发展汉语在各地的方言，包括土语。

汉语在有文献记载的数千年的发展过程中逐渐形成了大大小小不同的方言，不同方言内又有数量较大的土语。汉语的不同方言，甚至不同的土语都承载着不同的文化信息，具有非常重要的资源价值。吴永焕认为："汉语方言独特的方言特点，丰富的方言资源，使得汉语方言呈现出相对比较突出的材料价值与理论价值。汉语方言并不仅仅是地方百姓用以言语沟通的凭借，而是历史赋予世人的一笔珍贵的文化遗产……如果我们当今再不注意汉语方言事实的调查研究，再不注意濒危方言的抢记与保护，不仅是普通语言研究的一大损失，而且是汉语语言研究的一大缺憾，更是方言文化遗产保护的一大遗憾。"[①] 汉语方言资源是汉语的资源，汉语方言的多样性代表汉语资源的丰富性，保护汉语首先要保护好汉语的方言。

（二）保护汉语资源的规范性

陈章太（2008）关于语言资源价值评价体系中的第二项指标就是语言的规范程度指标，可见语言的规范性对语言资源来说至关重要。规范性是语言作为一种交际工具的必要条件。如果一种语言的语音、词汇、语法都无章可循，没有明确的使用规范和标准，其工具性作用也就难以发挥。同样，规范程度不高的语言会给人们的交流带来障碍，不利于语言交际功

---

① 吴永焕：《汉语方言文化遗产保护的意义与对策》，《中国人民大学学报》2008年第4期。

能的发挥。

"语言资源是由语音资源、词汇资源、语法资源、语义资源、文字资源等底层资源及修辞、语体、风格等高层资源构成的系统。"① 保护语言资源的规范性也就是保护语言资源各个系统的规范性。具体到汉语来讲，主要就是保护汉语的语音、词汇、语法、汉字等的规范性。语言规范是一项复杂而又艰巨的任务，每个方面涉及的问题都很多。例如，汉语词汇资源的规范就面临新词语、缩略语、港台词、外来词以及网络词语等冲击的问题。

目前，汉语资源规范性面临的问题主要来自网络语言使用的泛滥和网络语言使用规则对汉语原有规则的冲击，涉及汉语资源规范的方方面面。网络语言主要是一种通过文字进行口语式沟通的工具，它在很大程度上保留了人际传播口语化的特点，基本上是一种没有经过很好整理的口语。特定的传播方式导致网络语言中产生了大量不合规范的情形，而且直接影响着汉语的规范性。网络交际中的语言不像在现实生活中写文章那样字斟句酌，注意语法逻辑关系，它更注重口语表达的随意性，只求意义能够被对方理解，不讲究严格的规范规则，大量使用谐音词、口语中常用的拟声词、字母化汉字、缩略化外语单词以及中外文符号，频繁运用倒装省略。由于网络普及的速度很快，因而网络语言的影响面很广，很多不规范用法出现被小众化"约定俗成"的态势，进而进入人们的日常交际。这直接冲击着汉语资源的规范性。网络语言对汉语资源规范性的冲击造成的严重影响不仅仅表现在网络上，而且已经影响到现实生活中汉语的使用规范。所以，汉语资源的保护从规范性角度看，也是急需解决的问题。

（三）保护汉语资源的纯洁性

我国历来重视汉语资源的纯洁性问题，保护汉语的纯洁也一直是我们语言文字工作的指导方针。1956年6月6日《人民日报》发表题为《正确地使用祖国的语言，为语言的纯洁和健康而斗争！》的社论，呼吁人们保护汉语资源的纯洁性。王希杰指出语言纯洁性"在语言来说是其系统性的体现，对交际者来说是有效交际的条件之一，也是个人言语修养的一个重要组成部分"。② 保护语言的纯洁性无论对社会发展、语言发展，还

---

① 王世凯：《语言资源与语言研究》，学林出版社2009年版，第98页。
② 王希杰：《语言的纯洁性和言语的纯洁性》，《锦州师范学院学报》2002年第5期。

是对个人发展来说，都是非常重要的。

　　保护语言资源的纯洁性就是保护汉语资源系统不受外来语言的侵入和干扰。语言资源是由各个子系统构成的一个比较稳定的大系统。每个子系统在一段时期内都是比较稳定的，其中语音系统和语法系统的稳定性比其他子系统要高些，词汇中的基本词汇相对于词汇系统中的其他部分也是比较固定的。这些稳定的语言要素共同承担语言作为交际工具的任务。如果语言系统及其子系统被外来语言侵入而破坏了其结构或系统的规律性和稳定性，这势必会影响这种语言的交际功能。交际是语言的生命所在，一种语言的交际功能下降就会影响这种语言的地位。所以，在语言接触过程中，保护语言的纯洁性关乎语言资源的发展和语言资源的声望与地位。

　　保护汉语资源的纯洁性意义重大。从根本上说，保护汉语资源的纯洁性也就是维护汉语在与不同语言接触过程中的地位。因为汉语资源是国家资源的重要组成部分，是综合竞争中的硬实力，汉语是联合国六种工作语言之一，在世界众多语言中有一定的影响和地位。而且汉语还是世界上使用人口最多的语言，有着强大的交际功能和生命力。所以保护汉语资源的纯洁性至关重要。如果汉语资源的纯洁性遭到破坏，必定会影响汉语资源的竞争力、交际功能和地位。

三　汉语资源保护的意义

　　语言资源是国家综合实力的重要组成部分，是语言的资源、文化的资源、经济的资源、信息的资源，因此进行汉语资源保护意义重大。

　　（一）保护汉语资源有利于提升我国的综合实力

　　一般认为，一个国家的综合实力主要包括经济力、科技力、军事实力、社会发展程度、政府调控能力、外交力等要素。各个不同的要素互相影响，共同构成一国的综合实力。汉语资源是一种特殊的资源，它的功用几乎在综合国力的任何一个要素中都有重要的体现。汉语资源是一种有很大潜力的经济资源，开发利用汉语资源可以创造巨大的经济价值。语言科技是目前各国非常重视的高新科技领域中的重要组成部分，是一国科技力中的重要成素。现代军事的发展，信息成为重点，而语言作为信息的载体，在现代军事中发挥着不可替代的作用。社会发展程度、政府调控能力、外交力固然都取决于多方面的因素，但最终主要取决于人的因素。语言资源是人力资源的资源，语言能力是一个人最基本的素质，所以最终语言资源能够间接影响一个国家的社会发展程度、政府调控能力和外交力。所以，保护汉语资源就是在一定程度上保护、提高国家的综合实力。

随着对语言资源研究的深入，语言资源作为国家软实力、硬实力的构成要素的观点越来越清晰。教育部副部长、国家语委主任李卫红在中国语言资源有声数据库建设上海启动仪式上的讲话中指出，"语言是资源，是软实力，也是影响社会稳定的重要因素"。原教育部语信司司长、国家语委副主任李宇明多次指出，语言资源是国家的"硬实力"，是国家综合实力的重要组成部分。那么可以这样讲，保护汉语资源就是保护国家综合实力稳定增长，因此意义重大。

（二）保护汉语资源有利于汉语语言学和普通语言学的研究

世界上有6000多种语言，各种语言之间存在一定的共性，更重要的是不同的语言都有各自的特异性。语言是语言研究的资源，任何一种语言或方言的消失，对语言研究来讲都是不小的损失。

首先，保护汉语和汉语的各种方言，对汉语研究至关重要。一方面，语言是语言研究的对象，研究对象的多样性一定程度上决定了研究成果的水平和质量。保护汉语和汉语方言，能够保证汉语研究有足够的对象作为样本，发现新的课题，找到新的规律，促进语言研究的进步。另一方面，比较方法是语言研究的基本方法，而比较方法得以应用的前提是比较对象的存在。汉语方言、土语较多，这为汉语的比较研究提供了丰富的资源，可以进行方言与方言的比较、方言与普通话的比较。汉语比较研究为汉语研究的进步作出了巨大的贡献。但是，如果不及时保护方言，随着方言的濒危和消亡，将使很多比较研究陷入困境，将使很多课题的研究因为无从比较而停滞不前。

其次，保护汉语和汉语的各种方言，也有益于普通语言学的研究。汉语在语音、词汇、语法方面都有自己的独特之处，是汉藏语系的一个重要支脉，是世界语言宝库的重要成员。保护汉语资源可以为其他语言的研究提供重要的材料和研究样本，对开展历史比较语言学研究、描写语言学研究、语言类型学研究等意义重大。

（三）保护汉语资源有利于保护语言、文化的多样性

语言是文化的载体，是文化资源的有机组成部分。语言资源的流失就意味着文化资源的流失。所以，保护汉语资源也就是保护语言资源的多样性和文化资源的多样性。汉语的方言种类多，多样的方言保留了丰厚独特

的文化现象，保护汉语方言就是保护汉语的多样性和汉文化的多样性。汉语承载文化，同时本身也是文化的组成部分，保护汉语就是保护中华文化，就是保护世界文化的多样性。

第二节 汉语资源保护的措施

一 制定科学的语言政策

（一）语言政策概述

语言政策是"政府对语言文字的地位、发展和使用所作的行政规划"①，即人类社会群体在言语交际过程中根据对某种或某些语言所采取的立场、观点而制定的相关法律、条例、规定、措施等。语言政策是国家政策的一部分，体现国家对社会语言问题的意识与态度。语言政策主要包括两个方面："一、就语言文字本身的地位、发展、规范和改革所制定的标准与法规；二、对语言文字使用的要求与规定。"② 第一方面是国家从宏观上制定相应的语言文字政策，第二方面是国家从微观上对语言文字作出具体的要求和规定。语言政策可以是显性的，也可以是隐性的。显性政策往往是国家宪法或法律规定的官方政策、制度及相关规定。隐性政策多是通过一些基层的或非官方的公共机构的惯例、措施或者是民众的主流意识而发挥作用，如通过规定或实际采用某种语言作为政府工作语言、法律语言、宗教语言和媒体语言，以及在入学、就业等方面对语言作一些明确要求，这些都是隐性政策在起作用。隐性政策起到的作用往往比显性政策影响更深远。

语言政策是一个国家的政府通过立法来决定某种语言的使用，维持该语言的权利。语言政策一方面需要与国家大的方针政策保持一致，另一方面也影响国家大的方针政策的贯彻和执行。我国地域广阔、民族众多，为了维护国家统一和民族团结，我国制定了相应的语言文字政策。推广普通话，进行文字改革，加强现代汉语规范化，尊重、保障和发展少数民族的语言文字等都是语言政策的具体体现。

---

① 陈章太：《语言规划研究》，商务印书馆2005年版，第148页。
② 同上。

为了适应改革开放和现代化建设的需要，我国现阶段的语言政策形成了包括法律、国务院行政法规、国务院部门规章、相关文件、相关工作计划、相关领导讲话、地方性法规和地方规章等在内的政策体系。法律如2000年颁布的《中华人民共和国国家通用语言文字法》，国务院行政法规如1986年颁布的《地名管理条例》，国务院部门规章如1998颁布的《广告语言文字管理暂行规定》，相关文件如2000年11月14日中宣部、全国人大教科文卫委员会、教育部、司法部、国家语委联合发布的《关于学习宣传和贯彻实施〈中华人民共和国国家通用语言文字法〉的通知》，相关工作计划如1992年10月20日国家语委办公室发布的《关于印发〈国家语言文字工作十年规划和"八五"计划纲要〉的通知》，领导讲话如1997年12月23日时任国家语委主任许嘉璐在全国语言文字工作会议上的讲话，地方性法规和地方规章如1987年通过2002年修正的《西藏自治区学习、使用和发展藏语文的规定》。语言政策在语言生活的规范、指导等方面发挥了积极的作用。

（二）语言政策与汉语资源保护

语言政策是从国家意识的角度来规定语言文字在社会生活中的地位，制定相应的语言文字发展规划。语言政策是国家意识的体现，具有一定的法律性和强制性，一旦制定实施就会产生比较长久和稳定的影响。所以，制定科学的语言政策对语言资源的保护至关重要。语言政策主要从以下三个方面影响语言资源的保护。

首先，语言政策对语言资源地位的影响。国家制定语言政策将某种语言确定为国家的官方语言，作为日常工作、生活中的主要用语来推广，是一国语言政策的重要部分。历史地看，满族建立了中国历史上最后一个封建王朝。入关前，满语满文是满族日常生活及政府工作中最主要的语言文字。入关后，满族统治者为了尽快学习汉文化中的先进成分，巩固统治，逐渐改变了其语言政策。清朝政府在语言教育等方面采取了满汉兼顾的方针。语言政策的改变逐渐改变了满语的地位。到现在，满语已经成为一种濒危语言。新加坡是一个多民族、多文化、多语言的国家。为了加强民族团结，新加坡政府制定并实施了正确的语言政策。英语、华语、马来语、泰米尔语四种语言都被定为官方语言，新加坡的语言政策得到了国内大多数民众的认可和支持。多官方语言的语言政策使新加坡在增强社会凝聚力和发展社会经济，以及在世界国际贸易中心、国际金融中心和东西方文化的交汇点的建设中，都发挥了巨大作用。尤其是新加坡重视经济语言，避开政治语言的作法在语言政策的实施中效果显著。可见，语言政策可以影响一种语言的地位。

其次，语言政策会对语言资源要素产生一定的影响。前面我们已经讲到，国家不仅从宏观角度制定语言文字的相关政策，而且还从微观上制定进行语言文字的改革、规范等工作的政策。这些微观的语言文字改革、规范政策，因其直接作用和影响语言资源的各要素，所以对语言资源的影响也比较大。例如，我国制定并推行的《第一次汉字简化方案》，因为制定得比较科学，符合汉字资源的发展和规范，因此得到了社会各界的欢迎和接受，对汉字资源的保护起到了很好的作用。但是，《第二次汉字简化方案》由于制定得比较仓促，不够科学，没有推行多长时间就被废止了。但是《二简》还是对我国语言文字资源产生了一定程度的负面影响，甚至成为语言文字规范的对象。

最后，语言政策对语言资源和谐共存的影响。一种语言或方言不可能孤立地存在，要与其他语言或方言共存共生。语言政策的制定一定程度上影响着语言或方言之间的关系。语言和方言没有优劣之分，但由于使用人口、使用范围、使用领域、使用频率等各方面的差异，还是会导致语言或方言资源有强弱之分。面对不同的语言或方言资源，国家应该如何制定科学的语言政策，可能会影响到各语言或方言之间的关系。任何一种语言或方言都是宝贵的资源，语言政策的制定应该能保证各种语言或方言资源和谐共存、共同发展。如果语言政策制定或执行不当，不仅不能起到保护语言资源的作用，反而可能导致语言或方言之间关系的恶化。例如，在推广普通话的过程中，有些地方和部门由于导向错误、措施强硬，导致部分以某一种方言为母语的人或少数民族对普通话产生反感，甚至抵制。

（三）语言政策制定、执行中需注意的问题

语言政策的制定实施是由各种政策行为主体构成的政策主体系统（Policy agent system）共同完成的行为。理顺决策主体系统之间的关系是决策科学化、民主化的关键环节，对语言政策的制定、执行来讲至关重要。本书主要从保护语言和方言资源的角度讨论语言政策的制定和执行需要注意的一些问题。

首先，语言政策由谁制定，即语言政策制定系统的决定权问题。政策制定系统（Policy-making system）也称决策中枢系统，居于政策系统的核心地位。政策制定系统的基本任务是生产高质量的政策，其要履行的基本职能是确认政策问题和政策目标，组织政策方案的设计以及政策方案的最终决定。在这个系统中，系统的构成是核心。一般地说，政策制定系统由拥有法定决策权的高层组织或个人组成，包括国家的立法机关、行政机关、司法机关以及某些政治领袖人物。语言政策的制定系统原则上也具有与一般政策制定系统相同或相近的基本任务、基本职能，但因语言资源的特殊性，语言政策的制定系统也应具有相应的差异性。从语言政策建立的最终目标来看，其制定系统除遵循国家主导的原则外，应更广泛地吸收语言学、政策学、资源学、法学等领域的建议和意见，做到政府主导、专家主体、民众参与。

其次，语言政策如何制定。国家为了解决语言问题以及由语言问题引发产生的其他问题，如民族矛盾、文化冲突等方面的问题，从而制定语言政策。由于语言资源的特殊性，如全民性、无阶级性、文化性等多方面的特征，因此，语言政策的制定一定是相当复杂的问题。科学有效的语言政策不仅有利于"语言问题"的解决，而且相应地其连带产生的负面效应也容易得到及时化解。语言政策制定不好，不仅不利于问题解决，而且可能导致更多更严重的语言问题的出现，也容易引起民族矛盾，激化文化冲突。所以，语言政策的制定一方面要符合国家的利益和社会发展的需要，要具有一定的前瞻性，与社会发展方向保持一致。另一方面语言政策的制定要有科学的理论基础作指导，需要采集各方面信息，论证其是否具有可行性，以科学谨慎的态度来制定国家语言政策。我国多项语言政策在实施中已经证明是科学有效的，但也不乏不成功的案例。例如，1977年推行的《第二次简化字方案（草案）》由于受当时极"左"思潮影响，没有经过科学论证，甚至没有经过文字改革委员会的表决通过，就直接推出实行了。最终，1986年国家废止了"二简字"。

再次，语言政策如何执行，即如何建构合理的语言政策执行系统（Policy execution system）。政策执行系统（Policy execution system）是将政策内容转化为政策效果的系统，它的基本任务是确保政策目标的实现，其基本职能是为政策方案的实施作准备，有效实施政策方案，分析和总结执行情况。一般地说，政策执行系统由政策执行组织及其人员，特别是行政机关和政府公务人员组成。我国出台了相关的语言政策，建立了由国家语委、省（直辖市、市自治区）语委、市语委、县（区）语委构成的语言文字工作系统。这些机构基本上承担了语言政策执行系统的职能。上海市2011年又在执行系统中增加了城市管理部门,行使语言政策执行系统的部分职能,而且取得了良好的效果。总体上看,我国语言政策执行系统是比较完备的,发挥了非常重要的作用。但毋庸讳言,执行中出现的问题也暴露了目前执行系统存在的一些缺陷。

我们认为,在当前的形势下,有必要建立更加完善、高效、专业的语言政策执行系统。语言政策及语言资源的特殊性,必然要求语言政策执行系统要与一般政策执行系统有所区别。第一,语言政策执行系统需要国家不同层面的行政机关和政府公务人员参与,除常规机关外,上海的经验是值得借鉴的;第二,语言政策执行系统中必须要有相关领域专家,尤其是语言学领域专家参与,这可以通过依托高校、科研院所临时抽调专家或建立稳定专家团队的方式实现;第三,语言政策执行系统中可吸收民间专家作为成员,从而使语言政策更直接、更广泛地发挥作用。

最后,要充分发挥间接主体系统(Indirect agent system)的积极作用。所谓间接主体系统是指那些虽不拥有合法的强制权力,但能够参与或介入政策过程中,并产生一定影响的政策间接主体所构成的系统。间接主体系统的任务就是通过利益综合与利益表达参与社会价值的权威性分配,其基本职能是通过利益表达与利益综合,影响公共政策的制定,影响并改变政策环境,填补政策主体力量所无法达到的空间。

我们认为,语言政策间接主体的建构是非常必要的。近年来,语言政策观念已逐渐得到官界、学界、民界的认可并且受重视程度越来越高。语言企业、语言行业、语言产业对语言政策的建设性作用越来越明显,让它们介入或进入间接主体系统是非常重要的。语言行业等在实践中积累的相关经验可以丰富、完善国家的语言政策,而且它们可以站在独特的视角,为国家语言政策的制定提供素材。这是语言政策间接主体系统中不可忽视的力量。

二 进行有效的语言规划

(一)语言规划概述

语言规划又称"语文规划"、"语言标准化"、"语言工程"等,属于社会语言学和应用语言学研究的范畴。在我国,语言规划过去被称为"语文运动"、"文字改革",现在一般称做"语言文字工作"或"语言规范化"、"语文现代化"。陈章太（2005）通过对"语言规划"各种说法的综观考察并结合语言规划的实际内容，认为语言规划是"政府或社会团体为了解决语言在社会交际中出现的问题，有目的、有计划、有组织地对语言文字及其使用进行干预与管理，使语言文字更好地为社会服务"。①语言规划主要具备这样一些特点。

第一，语言规划主要是政府行为或社会团体行为。因为语言规划是针对社会中的语言问题进行干预和管理，所以语言规划的制定和实施一般由政府主持、领导，社会团体、学术机构等具体负责，政府运用行政权力加以推行。政府的领导和大众的参与使语言规划具有一定的权威性和社会性。

第二，语言规划是一项有组织、有目的、有计划的系统工程，是国家发展规划的重要组成部分。首先，语言规划由政府组织相关方面的专家制定、施行，组织严密；其次，语言规划是为了解决社会中出现的语言问题，改善语言文字规范，更好地发挥语言文字服务社会的功能，目的明确；再次，语言规划与民族、政治、经济、文化、教育等社会生活的方方面面密切相关，需要周密计划、细致安排，综合考虑各方面的因素和条件，协调好各有关方面共同工作，系统性强。

第三，语言规划是一项长期的复杂的社会活动。因为矛盾是普遍存在的，时时有矛盾，处处有矛盾，所以语言矛盾也是时时存在、处处存在的。加之语言又是不断发展变化的，因而语言中总会不断出现新的问题。这决定了语言规划必须要随着语言自身的演变和社会的发展变化适时加以调整与完善，是一项非常复杂的工作。语言规划形成的依据是语言的发展规律和规划本身的特点，这决定了语言规划是一项长期的工作。首先，只要语言存在，只要希望语言健康发展，就需要制定相应的规划。其次，规划工作的操作也决定有些规划需要一定的时间来完成。陈章太（2005）就提出要重视语言规划长期性的问题。他在总结我国语言规划存在的主要问题时说："我们在总结当代中国语言规划成功经验的同时，也要看到它所存在的主要问题……对语言规划的长期性、复杂性、艰巨性的认识有所不足，因此有时有急于求成的表现，有些语言规划工作不够周全。"②

---

① 陈章太：《语言规划研究》，商务印书馆2005年版，第2页。
② 陈章太：《当代中国的语言规划》，《语言文字应用》2005年第1期。

语言规划通常是某种语言政策的体现，是国家发展规划的重要组成部分，是人们社会生活和语言生活中的大事，对社会发展和语言发展都有一定的影响。关于语言规划的重要性，戴曼纯（2011）提出了新的看法。他认为，语言规划所体现的政治功能、军事价值、社会安全价值表明，语言规划具有安全价值。这些无疑说明，语言规划是非常重要的工作。

（二）语言规划与语言资源保护

语言资源是一种重要的国家资源，是需要规划和管理的。只有如此，才能更好地发挥语言资源的作用。一般地讲，语言规划主要是指语言（包括民族语言与方言）的地位规划和本体规划。李宇明（2008）提出"语言功能规划"，这已成为语言规划中非常重要的方面。在我国这样一个多民族、多语言的国家，语言关系显得既十分敏感，又相当重要，应该作为语言规划的重要内容来讨论。下面也主要从上述四个方面讨论语言规划与语言资源保护之间的关系。

1. 语言地位规划

"语言文字的地位规划，就是决定某种语言文字在社会交际中的地位。"[①] 在进行语言规划时，对待各种语言、方言可以采取不同的态度。一般地说，主要有这样几种处理方式：语言同化，即鼓励社会成员学习、使用某一种语言，放弃其他语言或方言；语言多样化，就是在一个国家或地区，确定并使用多种官方语言；语言本族化，即恢复或改造本民族语言，确定它为官方语言；语言国际化，以国际上广泛使用的语言作为官方语言或区域通用语。目前，很多国家和地区存在多种语言或方言并存的情况，但一般只能选择其中一种或几种语言作为标准语、通用语言或官方语言。无论采取哪种语言规划的态度，一旦某种语言被定为官方语言，成为一个国家或地区人们日常生活、工作中的主要用语，它的各项功能就会得到优先发展，语言活力就会更强。交际功能是语言资源的生命所在，语言活力本身就体现一种语言资源的价值性，所以一种语言资源能否得到良好的保护，与语言地位规划关系密切。

2. 语言本体规划

语言本体规划是指"对语言文字本身所进行的规范化、标准化工

---

① 侯敏：《有关我国语言地位规划的一些思考》，《语言文字应用》2005 年第 4 期。

作"。① 在选择、确定标准语、通用语或官方语言之后，我们就需要进一步对语言的本体进行规划，进行语言文字本身的规范化、标准化，目的在于改善和增强语言文字的社会功能，以便更有利于人们使用。语言本体规划的主要内容包括全民族通用语与民族标准语的推广和规范，文字规范标准的制定与推行，科学技术术语的标准化，新词语的整理与规范等。语言的本体规划有利于语言资源的规范化和语言资源的纯洁，这本身就是对语言资源的保护，是语言资源可持续发展的保障。

3. 语言功能规划

李宇明（2008）提出语言功能规划。"语言功能规划在地位规划和本体规划基础上进行，其任务是规划各功能层次的语言作用，或者说是规划各语言现象在各功能层次的价值与作用。"② 这是从一个新的角度研究语言规划。语言功能规划既是地位规划和本体规划的结合与延伸，又是对地位规划和本体规划的丰富和完善。根据李宇明（2008）关于语言功能规划的论述，语言功能可分为国语、官方工作语言、教育、大众传媒、公共服务、公众交际、文化、日常交际八个层次。我国的语言现象大体可以分为五种情况，分别是普通话和规范汉字、少数民族语言、汉语方言、外国语文、繁体字。每种语言现象都有其各自适用的语言功能层次。因此，做好语言功能规划有利于合理利用语言资源，使不同的语言资源在合适的语言功能层次发挥更大的效用。语言功能规划更有利于对不同功能层次上的各种语言资源进行保护。

4. 语言关系规划

语言关系规划是指采取适当的措施，协调一个国家或地区内各语言及方言之间的关系。"中国是一个多民族、多语言、多文种的国家，不同语言在一个统一的社会中使用，每日相碰相撞，相互接触，相互影响，共同发挥交际的作用，其间必然存在一定的语言关系。语言关系涉及语言地位、语言功能的差异，不同语言的协调、互补、竞争、矛盾等。"③ 我国语言关系的主流是和谐的，但也存在一些不和谐的现象。戴庆厦先生呼吁重视语言关系问题，协调语言关系成为语言规划的一项重要任务。

---

① 陈章太：《语言规划研究》，商务印书馆2005年版，第12页。
② 李宇明：《语言功能规划刍议》，《语言文字应用》2008年第1期。
③ 戴庆厦：《语言关系与国家安全》，《云南师范大学学报》2010年第2期。

世界上有6000多种语言，一个国家或一个地区，往往也会有多种语言并存的情况。从理论上说这些语言没有优劣之分，地位平等。但是，由于受人口、经济、文化等因素的影响，各语言或方言之间的关系实质上不是平等的。在语言接触的过程中，不同的语言或方言之间难免存在矛盾和冲突。语言关系规划可以在这方面发挥作用。科学的语言关系规划措施可以协调语言或方言之间的关系。语言关系规划主要可以通过功能规划来实现。协调语言关系，重要的是做到让各种语言，尤其是各种方言各居其位、各司其职，在其相应的语言功能层次发挥作用。例如，国家通用语言适合作为国语和官方工作语言，少数民族语言和汉语方言就不适合作国语和官方工作语言。少数民族语言和汉语方言更适合用作日常交际用语。

如果没有一个和谐的语言关系环境，对一种语言或方言来说，是不利于其发展和实现对其保护的，尤其国家或民族的通用语更是如此。如果没有一个和谐的语言关系环境，就可能导致语言或方言冲突，这不仅不利于语言资源的发展，甚至还会给语言资源的保护带来一定的困难。

(三) 语言规划中需要注意的问题

语言规划是国家语言政策的延伸和发展，对语言资源的发展和保护影响比较大。同时语言规划的制定又是复杂的工程，涉及领域广，触及问题多，后续影响大，所以语言规划的制定需要非常慎重。我们认为，以下几个问题应该引起重视。

1. 科学性与合理性

我们制定和实施的语言规划，要符合语言的发展规律和语言生活的特点，以及与语言规划相关的因素，符合社会发展和人们生活的需要，使语言具有完善的交际功能，并且能够正确有效地引导语言生活的健康发展。为保证语言规划的科学性和合理性，语言规划需要做到求实、动态、系统和可行。所谓求实，要求语言规划的制定以语言发展规律、语言生活状况为基础，实事求是；所谓动态，要求语言规划不是一成不变，应该根据语言发展的实践、语言状况的实态进行科学调整；所谓系统，要求语言规划是对语言资源各个要素、语言规划的各个层面进行全面规划；所谓可行，就是要求语言规划在以上三个方面的基础上，对一个国家或一个地区具有普适性、可操作性，保证语言规划的实施。

2. 针对性与预见性

从语言规划的定义中，我们知道语言规划应该是针对语言在交际中出现的问题进行的干预和管理。所以，我们在进行语言规划之前必须对当前的语言生活状况有非常全面深入的调查和了解，切实把握语言生活中存在的实际问题，分析问题出现的原因、产生的影响，"有的放矢"地制定语言规划。如果语言规划没有很好的针对性，那么制定出来的相关措施不仅不能解决语言生活中出现的问题，反而容易导致产生一些新的问题，对语言资源的保护起反作用。语言规划是对语言本体、语言地位、语言功能的干预和管理，属于政府的一种宏观调控。2010年10月18日，中共中央第十七届五中全会通过了《关于制定国民经济和社会发展第十二个五年规划的建议》。《建议》中指出，要提高宏观调控的科学性和预见性，防范各类潜在风险。对语言的规划也应如此。科学的语言规划要求其具有预见性。王址道在讨论国家经济政策时也明确提出，"提高宏观调控的科学性要求及时发现调控需求以增强调控预见性"。[①] 语言规划关乎社会发展和稳定，具有预见性的规划将在社会发展中起到更加积极的作用。

3. 稳妥性与持续性

稳妥性与持续性是要求制定和实施语言规划时，应该考虑历史的延续性、社会的约定俗成性，吸收语言发展变异性，目标的制定要实际可行，采取的方法、步骤要稳健妥帖，确保语言规划的顺利制定与实施。政府与专家对语言文字进行干预和管理时，必须尊重语言的历史和语言的发展规律，使语言生活稳定、有序发展，而不应出现断裂和缺失，造成语言使用的混乱。语言规划还要坚持和利用语言的约定俗成性，从社会的可接受度来观察、分析语言现象和语言事实，制定语言规范标准，引导语言资源的健康发展。

社会是不断发展的，语言也是如此。语言中也不断出现变异现象或全新的语言现象，面对语言中这些变异或新的东西，不宜刚性排斥，全盘否定，应给予它们一定的空间。可见，语言规划应该具有一定的弹性，为尚不符合规范的语言现象留有余地。

三 建设语言规范标准

（一）语言规范概述

规，即天规，范，即模具。"规范"现多指标准和要求。语言规范应

---

① 王址道：《宏观调控的科学性和预见性探讨》，《宏观经济研究》2011年第2期。

该有广义和狭义之分。广义的语言规范可区分语言规范和言语规范，狭义的语言规范主要是指对语言要素的规范和对文字的规范。如现代汉语规范化就是坚持现代汉民族共同语的规定标准，即以北京语音为标准音，以北方话为基础方言，以典范的现代白话文著作为语法规范。

最初，语言规范只是在语言学范畴内进行，也就是在语言的语言学范畴内提出规范。这样的语言规范首先未提及文字规范问题，文字规范都是放在文字学内讨论；其次，语言规范不涉及言语规范问题。这种不论文字、不论言语的语言规范是不全面的，也是不彻底的。

语言是一种资源，如果想要语言资源更好地发挥作用、产生效益、实现可持续发展，需要进行语言规范。语言资源是成系统的，它不仅包括语音、词汇、语法等语言本体要素，还包括语义资源和文字资源，并且修辞、语体、风格亦是语言资源的重要组成部分。因此，在现代语言资源观的指导下，语言规范应包括语音规范、词汇规范、句法规范、语义规范、文字规范等静态规范以及修辞规范、语体规范、风格规范等交际规范。这样的语言规范才是细致、全面的。

语言规范可以区分约定俗成的规范和明文规定的规范两种不同情形。语言是社会成员共同约定俗成的符号系统。不同的历史阶段，某种语言的语音系统、词汇系统和语法系统等都得到该语言社会的认可和遵循，这就是语言约定俗成的规范。操某种语言的人必须遵守这种语言约定俗成的规范，才能实现交流与沟通。那么语言就会依靠自身的规范标准自然地摒弃一些不符合语言发展规律和规范的东西。明文规定的语言规范是由政府主导并制定的有关语言规范的政策、法规等。明文规定的语言规范具有一定的主观性、强制性。明文规定的语言规范必须符合语言和社会的发展规律，否则不仅不能起到规范语言的作用，反而会引起人们的反感情绪，甚至造成语言的混乱。

（二）加强语言规范，保护汉语资源

语言规范程度是评价语言价值和语言资源活力的重要指标。所以，加强汉语资源的规范化建设对保护汉语资源来讲至关重要。

新中国成立初期，我国就开始进行语言的规范化工作。1956年《人民日报》发表《正确使用祖国语言，为语言的纯洁和健康而斗争》的社论，号召人们正确、规范地使用语言文字。《人民日报》同时连载了吕叔湘、朱德熙的《语法修辞讲话》，成为广大干部群众学习语言，纠正语言应用中的错误的教材。2011年在天津召开的"纪念《语法修辞讲话》发表60周年学术研讨会"上，陆俭明、沈家煊、马庆株、张伯江等专家学者充分肯定了《讲话》对我国语言规范化所起到的积极作用和产生的重要影响。普通话是全国通用的民族共同语，我国政府一直致力于普通话的推广工作，建立普通话水平的等级标准，进行普通话的教学和测试，开发普通话测试系统。新中国成立后，我国就开始有计划地对汉字进行简化。1951年推出了《第一批简体字表》；1955年公布了《汉字简化方案（草案）》；1964年，中国文字改革委员会编辑出版了《简化字总表》。简化汉字是法定的规范汉字，已经广泛应用于行政、教育、新闻传媒、网络、影视等各领域。我国汉语规范化工作取得了突出的成就。语言是不断发展变化的，尤其是在社会高速发展的今天，新的现象、新的问题层出不穷，语言规范化也不断面临新的课题。加强语言规范，是保护汉语资源的基础，在当下语言规范问题显得越发重要。

1. 建立面向后工业化时代、信息化时代的规范标准

建立科学的语言规范标准，主要是为了让语言更好地发挥作用。此前我们建立的标准主要是针对人类口语或书面语交际的需要。随着人类进入后工业化时代、信息化时代，语言规范标准的建立除考虑交际需要之外，更加需要考虑信息技术的需要。许嘉璐在1998年就提出了这样的问题，他说："当代社会，或曰后工业化时代、信息化时代，生产经营方式的改变，信息在社会生活和经济发展中地位的加强，对语言文字规范化程度的要求又进一步提高。"[①] 信息技术要求对文字不仅需要规范字形，计算机内码设计甚至需要对每笔的长短等都要做出统一标准。语音输入输出、机器翻译等要求语音、词汇、语法要高度规范，只有这样才能保证计算机语音处理技术的实现，保证机器翻译的实现。所以，信息技术时代对语音、词汇、语法等提出了更高的规范标准。建立面向后工业化时代、信息化时代的规范标准成为语言规范工作的异常紧迫的任务，也是保护语言资源的重要任务。

2. 充分发挥双向规范的作用

语言规范可以区分约定俗成的规范和明文规定的规范，与之对应形成两种规范路径：自下而上的民间规范和自上而下的政府规范。自下而

---

① 许嘉璐：《关于语言文字规范问题的若干思考》，《语言文字应用》1998年第4期。

上的民间规范就是指约定俗成在语言规范中的作用。这种规范在语言规范中虽然不占据主导地位，但是却从来没有停止过，是必须重视的力量。自上而下的政府规范就是政府依据语言发展规律制定的干预和管理语言的标准，具有一定的强制性，是语言文字规范的主动力。两种规范以不同的方式对语言规范标准的建立起作用，如何处理它们之间的关系，尤其是如何看待两种规范之间的矛盾，成为建立规范标准中必须解决的问题。许嘉璐认为，"如果只有规范而没有了约定俗成及其背后的个人或小群体对规范的背离，语言和文字也就停止发展了。因此处理好自上而下的规范和自下而上的约定俗成之间的辩证关系，使之相得益彰，应该是政府和学者们不断关注和研究的大问题……从社会的自发规范行为走向上下结合的、有组织、有计划进行规范的道路，是全世界所有国家和民族的共同趋势"[①]。尊重约定俗成，依据语言发展规律，结合两种路径制定规范标准，是语言规范的科学实施办法，也是有效保护语言资源的可行办法。

3. 谨慎对待网络语言

网络和网络语言都是双刃剑。网络语言促使新的语言现象快速生成，同时也出现了良莠不齐的现象。当前，我国汉语资源面对的最大不规范问题，主要来自网络语言。谨慎对待网络语言，加强网络语言的规范，成为当下急需解决的问题。

改革开放以来，我国社会与经济发展突飞猛进，社会语言生活也发生了许多新的变化。网络语言作为新生事物，受到大众普遍关注。网络语言的创新在成为丰富和发展语言的重要动力和途径的同时，语言文字使用中也出现了混乱现象，产生了不可忽视的负面影响。首先表现在语言运用方面不规范现象的大量滋生。网络中"偶"、"酱紫"、"瘟酒吧"、"屁兔"、"比尔该死"等表现的是词语的畸形变异；"非常苹果"、"有事短我"、"有事e我"、"joking de"、"hold住幸福"等说法违反了汉语的基本规则，是对汉语纯洁性的破坏。如何科学对待网络语言，建立相应的规范，成为语言规范工作面临的新课题，也成为保护汉语资源的重要课题。

[①] 许嘉璐：《关于语言文字规范问题的若干思考》，《语言文字应用》1998年第4期。

第三节　汉语资源保护应谨慎对待的两种言论

一　"汉语危机论"

（一）20世纪的两次"汉语危机论"

20世纪出现过两次"汉语危机论"：一次在世纪初，一次在世纪末。两次"汉语危机论"发生在不同的历史背景下，有着不同的原因和表现。在今天看来，前者完全是汉语本身所遭受的危机，一种人为导致的危机；后者则是以母语为汉语的国人所感受到的汉语危机，只是一种汉语危机意识，实际上汉语本身未见得有危机。前者指向汉语的落后，要改造汉语；后者指向汉语的优越，要维护和发展汉语。

1. 第一次"汉语危机论"

发生在20世纪初期的汉语危机论有着深刻的历史背景。一是自明清两代起，就有大量传教士来到中国传教。为了便于在中国传教，他们努力学习中国的语言文字。西方的语言文字与汉语汉字有很大的区别，他们不懂我国传统音韵学"反切"这种给汉字注音的方法，于是就采用西方语言的拼音文字给汉字注音。19世纪后期，西方传教士开始用罗马字拼音翻译《圣经》来传教，并产生了很大影响，使《圣经》在中国得以广泛流传。中国古代的"反切"注音法相对繁难，不易学，而西人借助他们的罗马字母，加上字调记号，来拼切所有汉字的读音，显得简单且有条理。这立即引起了中国很多音韵学家对这种简易的拼音文字的向往，甚至直接导引了他们在西方拼音文字的帮助下寻求更完善的汉字记音系统的尝试，刘继庄的《新韵谱》即在这种氛围的影响下撰成。二是19世纪末，国内部分群体接受西方文化、制度，形成积极的改革思想。清廷出使外洋的大臣、去西洋的留学生、深通西文的学者，是当时中国先进文化的带领者，在各自的领域都有相当的影响。由于受西方先进科学技术、文化、制度等的影响，他们一般都具有积极的革新思想，普遍认为汉字不好。于是，一批民众教育家基于改良思想发动了一场声势浩大的拼音文字运动，主张罗马字母注音与汉字并列，与汉字有同等地位。此后，在借鉴西方拼音文字探索汉语拼音方案的过程中，就出现了批评、贬低汉语、汉字的声音。在各种历史原因的作用下，20世纪初发生了第一次"汉语危机"。

20世纪初的"汉语危机论"有其时代性,主要是针对两个方面的问题:汉语书面语与口语脱节问题和汉语的书写问题。语言是不断发展的,口语发展相对书面语速度更快,到20世纪初汉语书面语和日常交流的口语严重脱节。随着语言的发展,书面语和口语的距离越来越大,这一矛盾不仅不利于汉语的发展,更严重制约了社会、教育、经济、文化等各方面的发展。尤其是在鸦片战争以后,中国的国门被打开,很多知识分子和爱国志士意识到,中国要摆脱贫困落后的局面,提高国民素质,必须进行语言文字改革,使口语和书面统一,做到言文一致。例如,1897年黄遵宪《日本国志》出版,他在这本书中通过与西方国家语言文字的比较,认为我国语言文字也必须要做到言文统一。

汉字是我国古代劳动人民集体智慧的结晶,从远古的图形文字开始,几经发展,沿用至今,是汉语唯一的书写工具。汉字在中华传统文化传承、维护国家统一等方面发挥了重要的作用。但是汉字也有一些缺点。例如,相对拼音文字,汉字形体比较复杂,不容易学习。在西方传教士的影响下,很多中国人认识到拼音字母的便利和在注音上的优势。于是,他们开始萌发使用拼音文字给汉字注音的想法。到20世纪初,很多人提出废除汉字直接使用拼音文字作为汉语的书写工具。近代,很多知识分子认为汉字是阻碍中国社会发展,导致中国贫穷落后的一大根源,很快从批评汉字演变成呼吁废除汉字。维新派的代表人物康有为认为汉字应去繁就简。但是汉字后来的发展不仅没有变得越来越简单反而更加烦琐,所以汉字改革在所难免。新文化运动时期,胡适、钱玄同、鲁迅等提出以拼音文字取代汉字的想法,更有甚者,认为"汉字不灭,中国必亡"。

这场以白话代文言、去汉字化的"汉语危机论"持续了几十年,对中国社会各界都产生了很大的影响。由于当时人们对语言本质和汉语汉字的认识不足,汉字的去留问题从理论上难以维持,所以这场关于汉语危机的争论就慢慢淡了下去。

20世纪初这场"汉语危机论"的产生有其深刻的时代原因。鸦片战争以后,一批又一批"睁眼看世界"的中国人认识到中国社会的贫穷与落后,他们身上有着强烈的民族危机感。通过学习西方先进文化,他们逐渐发现中国不仅在科学技术方面与西方有很大差距,在政治、文化、教育等各方面同样落后于西方。一方面出于对民族危亡的担忧,另一方面认识到当时我国语言文字上的一些问题,20世纪初的知识分子提出汉语所面临的危机以及进行语言文字改革的思想。尽管有些想法过于激进,但是他们的出发点是值得肯定的。激进想法的产生,是因为当时汉语研究得不够充分,受西方进化论思想和语言优劣观的影响较大。这场"汉语危机论"也体现了当时我国在向西方学习时存在的一些问题。有些人在学习西方时,对西方的科技文化全盘接受,否定中国传统文化。尤其是在废除汉字的问题上,他们并没有认识到"汉字绝非孤立存在和汉语不发生本质联系的字典里的字符,它本身就是几千年来汉语写作者记录发挥汉语精神的唯一工具"。① 由于对汉语汉字认识不足,导致了他们的意识中出现了一种崇洋媚外的倾向。

2. 第二次"汉语危机论"

世纪之交,随着我国改革开放的不断深入和全球信息化的飞速发展,汉语又一次面临新的冲击和挑战,人们再一次感到汉语出现了"危机"。

这次汉语危机始于20世纪末,一直延续到今天。它的产生主要有两个方面的背景。第一,改革开放至今的几十年里,从国外进入国内的不仅有丰富的产品、先进的科学技术,还有不断涌入中国的语言。同时,为了与国际接轨,学习国外先进技术与文化,国家对外语教育也非常重视。这让人们逐渐感觉到英语对汉语的地位构成了威胁。英语在国内的实践刺激着我们的神经,提醒我们在国内英语的地位比汉语还高。中国的学生从小学,甚至从幼儿园开始就学习英语,并且越往上对英语的要求越高;各种英语的级别考试不断,以至在大学生中出现了英语水平比汉语还要好的现象;国内升学、晋职、晋级几乎都需要英语考试;在我国举行的国际会议上,其工作语言是英语而非汉语。这些在一定程度上伤害了中国人的神经,也伤害了国人的母语情感。很多专家学者对母语的地位及安全问题表示担忧。戴昭铭(2004)对国内英语热而汉语却不受重视的状况表示非常担忧。王宁认为,"中国的母语安全意识淡薄,到了必须重视的地步"。② 也有的专家学者表示,使用英汉双语教学,就是一定程度上出让语言主权和国家主权,提出保卫汉语的口号。朱竞主编《汉语的危机》一书出版以后,更多的人发文讨论"汉语危机"问题。

---

① 郜元宝:《母语的陷落》,《书屋》2002年第4期。
② 王宁、孙炜:《论母语与母语安全》,《陕西师范大学学报》2005年第6期。

第二，网络语言对汉语规范的侵蚀。网络语言千奇百怪、错综杂糅，既中又西、非中非西，却在网民中间，尤其在青年人中广泛流传，引来了担忧汉语纯洁性人士的批评。第二次"汉语危机论"的主要论点可以归纳为以下几个方面：（1）外来词泛滥，现代汉语严重欧化；（2）母语自信心减弱，汉字简化，汉语拼音化；（3）网络语言对现实生活的渗透。

（1）和（2）实质是同一个问题，母语自信心的减弱跟汉语与印欧语系语言的接触有关，尤其是英语对汉语的影响。第三个问题确是语言生活中的实际问题。网络语言对现实生活的影响也表现在积极和消极两个方面。当然网络语言中使用混乱的情形的确存在，对现实语言生活也确实产生了负面影响。

2005年文化艺术出版社出版的《汉语的危机》一书，可以说是对新世纪之交的汉语危机论的一个总结（当然不见得就是最后的总结），也是这次危机论的最强音。该书扉页内容简介中的一段文字如是说："如果不及时调整，总有一天我们的后代学习汉语要比学习外语更难。"

（二）正确看待"汉语危机"

汉语的这两次危机发生在不同的时代背景下，表面上看有很大的不同，但本质上差别不大。与20世纪初的汉语危机中人们所要求的相反，新世纪之交的汉语危机论者是要"保卫汉语"，并将上次事实上的汉语危机作为负面的例子来举证汉语所经历的危机。两次论说的基调、目的不同，但都是中国文化危机的表征。20世纪初的汉语危机虽然包含了国人对汉语和汉文化的自卑心理，但目的正在于强国，祛除封建影响，向西方国家学习，建立独立的民族国家；新旧世纪之交的汉语危机论着眼点在于作为独立的民族国家，我们如何保持中国文化的独特性与强大形象。两者背后的危机心理并无本质差别。

语言是民族的重要标志，如果一个民族的语言消亡了，虽然在一定时期内这个民族还存在，但其民族特征会越来越不明显，会逐渐地被其他民族所融合。例如，满族现在是我国第二大少数民族，但是满语已濒临消亡，会说满语的人寥寥无几。很明显，现在的满族相对以前，同蒙古族、藏族这些民族相比，满族特征已经非常不显著，他们的语言、生活习惯等与汉族没有什么区别。因此，出于对民族发展和存亡的担忧，出现两次"汉语危机论"就不足为奇。虽然有些观点比较激进，甚至是不正确的，但是他们的出发点是好的，都是出于对汉语的关心和爱护。

"汉语危机论"提出以后,确切地说是第二次"汉语危机论"出现后,有人提出"保卫汉语"的口号。"保卫汉语"这种说法虽没有得到语言学界的普遍承认,但是在各种媒体、报刊、网络经常能见到,在社会上也引起了很大的反响。"保护"是"尽力照顾,使不受损害";"保卫"是"保护使不受侵犯",一字之差,但反应却截然不同。"保卫汉语"的提法出现以后,引起了激烈的争论,甚至争吵。我们认为,不论是"保护汉语"还是"保卫汉语",提出者的初衷都是值得肯定的。就汉语的现状来讲,陈章太认为汉语属于"语言活力超强的超强势语言资源"[①],如果使用"保护汉语"可能更容易被接受,更容易促使人们积极行动起来,去做切实的保护工作。

　　保护汉语的工作势在必行,意义重大。尽管汉语活力很强,但我们也必须看到汉语确实面临着外来语言的冲击和网络语言的侵蚀。因此,我们保护汉语的意识丝毫不能松懈。一方面,我们要正确对待"汉语危机论"。其实"汉语危机论"也是对国人语言保护意识的一种警醒。对待外来语,我们不可全盘否定,应吸收它的有益成分补充到汉语中。对网络语言的不规范现象,我们应该采取宽容的态度,观察其进一步发展。另一方面,我们应增强国人的语言保护意识,提升民族语言自豪感和自信心,加大汉语资源的开发力度,使汉语资源真正给说汉语的人带来利益。

二 "方言危机论"

　　汉语方言主要指汉语的地域变体,是汉语资源有机整体的重要组成部分,也是汉语资源多样性的重要体现。所以,保护汉语方言是保护汉语资源的重要内容,不容忽视。近些年不断出现"方言危机"的论调,甚至有人提出要"拯救"和"保卫"方言。汉语方言真的到了非常危急的地步了吗?"方言危机论"是如何产生的,具体论点有哪些?我国方言的真实状况又如何?弄清这些问题是正确认识"方言危机论"的前提。

　　在我国一共分布着七大主要方言区,即北方方言、吴方言、闽方言、粤方言、客家方言、湘方言和赣方言。七大方言之下,还有数量众

---

① 陈章太:《论语言资源》,《语言文字应用》2008年第1期。

多的次方言、土话。汉语各方言之间声息相通、共存共容、相互作用、相互渗透，构成一个丰富多样、生机勃勃的汉语方言资源系统。但是各方言在语音、词汇等方面毕竟存在很大差异，不利于各地区之间的交流。新中国成立后，随着社会的发展，各地区之间联系越来越紧密，方言成为各方言区之间交流的障碍。打破汉语各方言的地域界限，语言求同成为现代中国人语言生活的主要趋势。1955年"全国文字改革委员会"开始在全国推广普通话。在政府的主导下，普通话在全国各地、各领域得到了大力推广，为推动我国现代国家一体化进程、促进社会经济发展作出了巨大的贡献。但是，由于操作问题，普通话的推广在一定程度上挤压了方言的生存空间。因此，推广普通话的政策一开始就遭到一部分人的抵制。更主要的是，由于某些地方和领域的语言文字工作者对我国推广普通话的政策理解不当和具体执行过程中出现的失误，激化了普通话和方言之间的矛盾。随着普通话的推广，更多的人学会普通话，与此相伴的是方言能力的退化。在这些情形的影响下，人们越来越越感觉到在普通话的强势影响下，方言正面临着前所未有的危机。"方言危机论"于是出现。

"方言危机"具有一定的事实基础，主要表现在以下几个方面：一是方言生存空间缩小。普通话的大范围推广，导致方言生存空间逐渐缩小，方言边缘区日益被普通话同化，某些方言岛逐渐消失，某些方言正逐步退出经济生活和政治生活。二是方言使用人口锐减。由于普通话在政治、经济、文化、教育等活动中发挥主导作用，为了生存、发展的需要，人们不得不放弃方言而学习普通话。因此，方言的使用人口锐减。三是方言自身的特色减弱。由于普通话对方言的渗透和影响，方言自身的特色正不断减弱，趋同化倾向日渐明显。四是方言文化的衰落。语言是文化的重要载体，各地文化与地域方言紧密结合在一起。由于方言的退化，导致各地特有的以方言为载体的地方文化的衰落。

如何看待方言危机及方言危机论，这是两个不同的问题，应该区别对待。方言濒危问题是现实问题，应该引起足够的重视。但方言危机论则需要深入分析。一方面，"方言危机"只是某些地区或某些领域的个别情况，汉语方言的整体情况还是比较好的，并没出现所谓的"危机"。而且改革开放以后，随着南方沿海地区经济的发展，经济的强势也带动南方方言随之获得了很大的发展。所以方言的发展是主流，濒危是支流。因为部分方言的濒危就提出"保卫方言",就坚决"打响方言保卫战",是不切实际的。方言需要保护,但不是保卫。另一方面,就方言危机论本身看,大部分人还是能够比较冷静地对待,但也不乏部分人别有用心。出于对母方言的情感,出于对方言文化的保护,提出方言危机,提倡讲方言,保护方言资源,这无疑是正确的。但是如果拿方言危机做其他文章,这就不是语言资源学讨论的问题了。

第五章

汉语资源的开发

第一节 汉语资源开发及其价值

一 资源的开发及其重要性

(一)资源开发的历史过程

人类对资源的认识和对资源的开发都经过了漫长的历史阶段。李志刚(2008)系统梳理了人类资源开发的历史过程。"人类对资源的认识是随着人类本身的进化而不断发展的,这种认识还将随着人类社会的发展而不断演变。"[1]

采集狩猎时代,人类所利用的主要资源就是野生植物、野生动物,其中火资源的利用是这一时期人类的重大进步。进入农业文明时代,人类对资源开发利用的范围明显扩大。新石器时代出现了原始种植农业、原始畜牧业和制陶、纺织等手工业,土地、农作物和家畜是这一时期人类重要的资源。青铜器时代,传统农业兴起,人类掌握了冶炼、铸造技术,灌溉技术,矿产、耕地、林木、河流是这一时期最重要的自然资源。铁器时代,金属成为重要的自然资源,铅、金、银、汞、水力等成为人类开发利用的对象。公元6世纪以来,人类逐渐开始开发海洋资源、风能资源、矿产资源、太阳能资源。工业文明时代以后,有色金属资源、电子资源等进入人类开发范畴。20世纪以来,核能、信息资源、文化资源、人力资源等越来越多地进入人类开发利用的视野,资源范围越来越大,从自然资源的开发进入自然资源与社会资源的综合开发。同时,资源保护成为人类开发利

---

[1] 李志刚:《人类资源开发的历史演进及启示》,《产业与科技论坛》2008年第6期。

用资源的重要议题。

人类对资源开发利用的过程，也是对资源本身以及资源之间关系的认识不断深化的过程，社会资源的重要性受到人们越来越多的重视。"社会资源包括管理资源、技术资源、人力资源、信息资源、智力资源、文化资源等。随着社会的发展，人们逐步认识到，要想使自然资源得到合理的利用，社会资源的开发极为重要。自然资源这些硬资源只有与社会资源——软资源的完美结合才能得到充分合理的利用，保护和积极开发社会资源成为现代资源观的必备要素。"[1] 可见，在当代，社会资源的开发成了资源开发中重要、不可回避的战略问题。

(二) 资源开发的重要性

资源开发是人类文明进步的标志，也是人类社会生活的重要组成部分，对人类而言具有重要意义。

首先，资源开发可以为人类直接或间接地提供新的物质财富或创造社会效益，为人类自身的可持续发展服务。人类的生存和发展需要消耗资源，随着人类社会的发展进步和对资源认识的深化以及世界人口的快速增长，人类消耗的资源不仅数量在增加，而且范围也在扩大。为了满足人类不断增长的物质和精神需要，资源的开发与利用显得尤其重要。资源是由不同类型的子资源系统构成的，资源以不同的方式为人类服务显现出不同的价值。远古时代野生动植物直接满足了人类生存的需要，火资源、农作物资源、家畜资源的发现和利用使人类不断进步，但主要还是解决生存问题。时至今日，软资源的开发利用，其价值性变得越来越多元化。例如人力资源和资金资源一样，是企业最基本的资源，是企业生存与发展的必要条件。目前，文化资源是非常受重视的资源，在人类发展中具有十分重要的作用。正如美国学者亨廷顿·哈里森在《文化的重要作用》所言，文化及文化资源的开发对经济、政治发展等方面都有重要的作用。

其次，资源开发本身就是避免资源浪费、实现资源价值的重要手段。刘成武、黄利民认为，"资源价值是资源的存在、保护及其利用给人类社会带来的经济、生态、环境等诸多方面的效益，包括直接的和间接的效益、表面的和潜在的效益、当前的和长期的效益"[2]。资源只有通过一定

---

[1] 李志刚：《人类资源开发的历史演进及启示》，《产业与科技论坛》2008年第6期。
[2] 刘成武、黄利民：《资源科学概论》，科学出版社2004年版，第109页。

形式的开发才能显现其价值。例如文物修复过程中，人类投入的劳动量所带来的价值会附着在文物的价值中，改良土壤以提高土地质量方面的资本投资会固定在农用土地内部。文物本身具有经济价值和文化价值，土壤本身具有环境价值和社会价值，资源价值的实现，就可以凸显出投入的劳动量价值和资本价值。所以资源开发本身就是对资源价值的实现，具有非常重要的作用。

最后，资源的合理开发可以节约资源，提高资源的利用率，为后代保留更多的生活资料，实现可持续发展。一定时空内的资源都是有限的，人类已经认识到资源开发与资源保护之间具有十分密切的关系，在开发资源的同时，更加注重资源的保护和可持续发展。合理开发资源，提高资源的利用率，为后代留存更多的生活生产资料，已经成为人类的共识。所以，合理地开发资源也是科学地保护资源，对资源的发展和人类社会的进步具有重大意义。

二 汉语资源开发及其价值

汉语资源开发属于软资源的开发。我国较早提出汉语资源开发问题的是邱质朴。1981年，他在《试论语言资源的开发——兼论汉语面向世界问题》中，从社会语言学的角度专论"汉语语言资源的开发"问题，指出"汉语面向世界的推广工作是汉语资源开发的一个重要方面"[①]，并从经验交流、调查研究、队伍培养、对比研究等方面提出了具体的建议。进入21世纪，汉语资源开发受到了前所未有的重视，理论研究和开发实践都有长足的进步，汉语资源开发的重要性显露无遗。陈章太认为，"语言既是一种资源，对语言资源就应当加以积极保护和科学建设，并进行合理开发和有效利用，这样才能保证语言资源的健康、持续发展和长期有效利用"。[②] 可见语言资源的开发利用具有非常重要的价值。汉语语言资源的开发对汉语本身、对我国社会经济的发展、对世界文化的建设等都有积极的作用。

（一）汉语资源开发的语言学价值

2008年全国语言文字工作会议上，时任国家语委副主任、教育部语

---

① 邱质朴：《试论语言资源的开发——兼论汉语面向世界问题》，《语言教学与研究》1983年第3期。

② 陈章太：《论语言资源》，《语言文字应用》2008年第1期。

言文字信息管理司司长李宇明在其专题报告《当今三大语言话题》中专门讨论了语言资源问题，指出"语言既是影响社会交际、人类和睦的'问题'，又是人类重要的文化资源乃至经济资源"。在此，他首先讨论了"语言首先是语言资源"的问题。李宇明认为，每种语言都是一种特殊的语言样品，具有其他语言无法代替的语言学上的认识价值；语言的共时状态包含着语言的历史，可以通过对语言资源的调查分析研究语言的历史；通过不同语言样品的比较分析，可以探索语言接触的各种情况。这里，他已经指出语言资源开发具有重要的语言学价值。汉语资源是世界语言资源的重要组成部分，对汉语资源的开发同样具有非常重要的意义。

首先，汉语资源开发将对汉语语言学研究作出贡献。汉语是一种古老而又年轻的语言，汉语研究在语音学（包括音韵学）、词汇学、语法学、汉字学等方面都取得了丰富的成果。但是，语言类型学的出现告诉我们，汉语研究也存在一定的缺憾。例如我们关于汉语要素的研究多是割裂式的研究，很多研究还需要从汉语整体的角度进行。在方言学兴起之前，我们的研究基本都集中在普通话方面，很多结论都是在普通话现象的基础上得出的。方言学兴起之后，对普通话和方言进行比较研究，极大促进了汉语研究的发展和进步，但是我们仍然很难看到汉语的全貌。其中一个很重要的原因就是我们没有对汉语进行全面的调查。开发汉语资源的首要工作就是对汉语进行全面系统的调查。汉语资源的开发必将对汉语研究产生巨大的影响。例如，通过对汉语普通话及方言的调查，我们可以尝试建立汉语语音的整体系统。汉语语音研究一般都是以方言为单位建立的系统，如普通话的语音系统、粤方言的语音系统等。如果能对汉语所有方言进行系统调查，就可以尝试建立汉语语音系统全表，并建立详细的普方语音比照表，这对语音本体研究、历史研究及普通话的推广都将产生积极的影响。语法方面，在历史发展过程中，各个方言都保留了大量的、有差异的语法现象。目前的研究一般都是依据个人兴趣对一些个体现象进行比较研究，如方方比较、普方比较等。但是对汉语各个方言语法差异进行全面比较分析的还很少见。造成这种局面的主要原因还是我们的调查不够充分。如果对汉语普通话及各个方言的所有语法差异进行全面充分的调查，可能会对汉语语法共时研究、历时研究、比较研究起到积极的推动作用。在应用研究方面，全面调查汉语及其方言，将对研究共同语的形成产生积极的影响，为建立国家通用语的语音标准、词汇标准、语法标准以及汉字标准提供科学的依据。

其次,汉语资源开发将对普通语言学的研究作出贡献。与其他语言相比,汉语是一种很有特色的语言。开发汉语资源,对汉语进行全面的研究分析,也将对普通语言学的研究作出贡献。汉语作为一种独特的语言,也是类型学研究中不可多得的语言样本。吴春相(2009)在分析语言类型学视野下的汉语研究时提道:"虽然西方的类型学家,无论传统的如 Humboldt 等人,还是当代的如 Greenberg 等人,都在其研究中涉及汉语言,但都是把汉语作为一种语言样本,来证明其与共性相关的论点。真正把焦点聚集在汉语类型学研究的,还是以中国学者为代表的东方学者,目前在类型学研究推动下,对汉语研究开始出现了较为广泛的影响。"[①] 其实从问题的另一个方面看,这也说明汉语资源的研究开发已经为普通语言学的研究作出了贡献。

(二)汉语资源开发的文化价值

语言是文化的资源,语言资源的开发对文化有着重要的影响。汉语是汉文化的重要组成部分,是汉文化最重要的载体。汉语资源的开发对繁荣汉文化和世界文化具有积极的作用。

首先,汉语资源的开发利用有助于我们更加深刻、全面地了解自己的文化,更加积极、科学地接受其他民族的文化。语言是民族文化的重要载体,是一个民族的象征和标志,80%的民族文化依靠语言和文字留传下来。任何一种语言,它在不同历史时期形成的语言形态都保留了这种语言所在地域的文化特征。汉语覆盖区域辽阔,汉民族很多独特的文化特征留存在汉语及其方言的语言文字中。开发汉语资源,对汉语进行全面调查,可以更加深入地了解汉民族的文化。

此外,民族的文化也是世界的文化,全面了解汉文化,有助于我们平等看待世界各个民族的文化,建立语言文化平等观。例如汉语中的"狗",作为一个词,其理性意义和其他所有语言都毫无二致,但是其文化含义差别却非常大。汉语中关于"狗"的词组,例如"落水狗"、"蝇营狗苟"、"狐朋狗友"、"狐朋狗党"、"狗腿子"、"狗娘养的"、"狗仗人势"、"狗人"等,几乎都是贬义的,这是一种文化含义,反映的是一种文化现象。但是在英美等国家,"dog"一词的文化含义却是褒义的。例

---

① 吴春相:《当代语言类型学视野下的汉语研究方法论》,《东疆学刊》2009 年第 3 期。

如可以说"He works like a dog"（他勤勤恳恳地工作），"a big dog"（大亨），"a lucky dog"（幸运儿）。再如"狐狸"一词，其文化含义在不同的语言中也是有差异的。在汉语中如果用"狐狸精"、"骚狐狸"、"狐媚"等词语说女性的话，是一种鄙视。但是在英美等国家却可以接受"Your girlfriend looks like a fox"这样的表达，还有"a pretty fox"这样的组合。这些现象说明，语言中存在和承载着大量的文化信息。开发利用汉语资源，既可以使我们认清自己的文化特点，也能使我们注意到不同文化之间的差异，有助于我们建立语言文化平等观，促进民族间的交际和交流。

其次，开发汉语资源有利于保护汉民族文化的多样性和世界文化的多样性。语言和生物一样，具有多样性特征。语言是文化的外壳、文明的载体，每一种语言都代表着一种民族文化。一个民族语言的消亡往往也意味着这个民族的文化的消亡。因此，人类文化多样性的存在、延续、发展在很大程度上依赖语言的多样性。汉民族文化的多样性依附于汉语方言的多样性，积极开发汉语资源，保护汉语方言，就可以保护好汉民族文化的多样性。民族的就是世界的，开发汉语资源，保护汉民族文化，同样就是保护世界文化，就是保护世界文化的多样性。

最后，语言类非物质文化遗产是世界文化遗产的重要组成部分，蕴含着中华民族特有的精神价值、思维方式、想象力和文化意识，体现着中华民族的生命力和创造力。积极开发汉语资源就是保护珍贵的文化遗产。利用这些非物质文化遗产，开发汉语资源，对于继承和发扬汉民族优秀文化传统，保留文化的多样性，促进文化传承，增进民族团结，维护国家统一，增强民族自信心和凝聚力，促进社会主义精神文明建设具有重要而深远的意义。

（三）汉语资源开发的经济价值

语言是经济的资源。"随着信息时代的发展，语言作为经济资源的性质会体现得越来越明显，其经济意义越来越显著。"[①] 汉语资源的开发和利用潜力巨大，尽管起步晚，但发展速度较快，前景非常好。加大汉语资源的开发力度，建设相对成熟的语言产业，能够促进国民经济发展，有助

---

① 李宇明：《当今三大语言话题》，2008年度全国语言文字工作会议专题报告，2008年2月28日。

于建立完整的国民经济体系，还能提供更多的工作岗位，有助于缓解当前严峻的就业问题。

首先，汉语资源的开发利用可以带来巨大的经济效益。狭义的语言经济，是指为了满足人们提高语言能力的要求而产生的经济活动及其所带来的经济收益。例如遍布世界各地的各种类型的语言培训机构，就在满足人们提高语言能力需求的过程中获得了相当可观的经济收益。广义的语言经济，包括与语言相关的经济活动和经济行为，以及由此产生的经济利益。例如语言信息处理、语言科技以及不同领域中的语言服务等。对汉语资源进行开发而出现的语言经济已是我国国民经济中的重要组成部分，在社会经济发展中占有重要的地位。北京新航道汉语学习中心总监徐卡嘉曾经粗略估算过，中国汉语培训市场仅非学历教育收入大概每年为20亿元人民币，整个汉语培训市场最少有50亿的规模，而且未来的汉语市场每年会以翻番的速度增长。汉语资源开发利用的潜力很大，仅从汉语培训市场就可见一斑。

其次，汉语资源的开发利用可以提供大量的就业岗位。在信息化时代背景下，语言资源正逐步进入生产领域，成为信息化高新技术的基础，同时也孕育了很多与语言有关的职业和产业。语言职业如语言工程师、语言治疗师、语言翻译师、文字速录师、语言职业经理人等，其中文字速录师已经成为正式的职业。语言产业可以分为以方正、联想、亚伟等公司为代表的语言高新技术产业和以新东方学校、孔子学院等为代表的语言教育培训产业。语言培训是以提高人们的语言能力为目标的经济行为，目前遍布世界各地的语言培训机构，特别是外语培训机构，就是此类语言经济的典型代表。语言培训通过向受训者提供相应的语言产品，使其掌握、使用该语言。在此过程中，受训者向培训者支付一定的培训费用，语言培训者从中获得经济收益。语言翻译是指翻译者通过提供口译、笔译或者手语翻译等，从而获得相应的经济报酬。除了传统的语言产业外，语言产业还包括许多有待开发的新的语言产业、语言职业，如手机翻译、方言翻译等。新的语言产业和语言职业必将创造新的就业岗位，增加新的就业机会，从而推动社会经济发展。例如，"新东方"被认为是中国最大的民营教育集团，为社会提供了8000多个就业岗位。2010年上海世博会召开3万多场国际会议，迎接7000多万人次的参观，提供了3万多个多语种工作岗位。

（四）汉语资源开发与国家地位

一个国家在世界上的地位取决于这个国家的综合国力。"综合国力是一个国家由地理、人口、资源、经济、军事、科学技术、政治组织和社会意识形态等各种因素相互作用、相互联系所构成的具有一定的组织结构并且有其自身运行规律的系统所显示的整体功能。"① 杨京英等认为,"信息能力已成为衡量国家综合国力非常重要的标志"。② 人类的语言观从"问题观"向"资源观"的转变,使人们认识到语言是一种重要的资源。语言能够承载、传递大量信息,具有不可替代的信息能力。这些都说明语言资源的开发利用将对国家的综合实力产生重要的影响。

汉语资源作为我国最基本的社会资源和最重要的信息资源,是我国"软实力"的重要组成部分。2008年12月,陆俭明在"中国语言资源开发应用中心"成立会议上指出,"时代发展到今天,语言已经成为一种可以被进一步开发利用的资源,对国家来说,特别是对像我们这样一个多民族的国家来说,语言已经成为一种软实力"。2011年6月,李宇明在第六届全国社会语言学学术研讨会上再一次强调,语言也是一种"硬实力"。汉语资源这种软实力与硬实力兼容的双重属性决定了对其开发利用会在一定程度上影响到我国的综合国力,进而影响我国的国际地位。

在高速发展的信息化时代背景下,语言文字的信息化已经成为国与国之间信息化竞争的主战场。一种语言通过竞争能够在世界上逐步成为公认的强势语言,并为人们所接受,这也与该国的国际地位紧密相关。原教育部副部长章新胜(2004)就曾表达过类似的观点。他说:"一种语言变成世界的大量增长的需求,本身就表现这个国家、这个民族在世界的地位,它的综合国力以及它在世界的形象,更重要的是表现各国对这个国家未来的预测。"③

汉语资源的竞争力取决于对汉语资源的开发,所以汉语资源开发与国家地位之间具有非常密切的联系。我们应该积极准备、科学开发汉语资源,不断提高汉语的国际竞争力和汉语的国际地位,通过汉语资源的开发进一步提升我国的国际影响力,提高我国的国际地位。

---

① 张兴国:《综合国力的结构性研究》,《厦门大学学报》1995年第3期。
② 杨京英、王强、铁兵:《信息能力是衡量国家综合国力及国际竞争力的主要标志》,《统计研究》1997年第3期。
③ 程瑛:《国家汉语战略浮出水面,汉语将改变世界大脑》,人民网(www.people.com.cn),2004年12月18日。

(五) 汉语资源开发与国家安全

"国家安全，就是指对内国家的社会状况、经济状况、环境状况等保持良性发展，对外国家主权不受侵犯，国家利益不受威胁。"[①] 国家主权、军事安全、经济安全、社会安全、国际影响力等构成国家安全的主要内容。汉语资源开发利用与国家安全具有密切的关系。

首先，汉语资源观的形成和汉语资源的开发利用对国家的社会状况、经济状况、环境状况等保持良性发展具有积极的作用。陈章太认为，"到了近现代，随着社会的变化和人们交往的频繁，社会各种利益的冲突，以及国家、地区、民族关系的复杂化，引发了许多与语言有关的麻烦和社会矛盾、民族纠纷乃至争斗。于是，人们既把语言看成是承载传递信息的载体，又是引发社会纠纷和矛盾的问题，更多地把语言看成是需要认真对付的麻烦问题"[②]。我国是一个多民族国家，也存在这样那样的语言问题。汉语资源观的形成为我们解决语言问题提供了新的视角。把汉语看做一种资源，汉语的开发利用以及国家通用语的推广就成为经济问题，推广的国家通用语是一种经济语言，而不是政治语言，这将更有利于问题的解决。把汉语看成资源，消除语言问题，进而开发利用汉语资源，将为我国经济发展创造更加良好的内部环境，将对社会大环境的建设起到积极的作用。

其次，从国际角度看，汉语资源的开发利用对维护国家安全，提高我国国际地位会产生积极的影响。第一，汉语资源的开发利用与国家信息安全密切相关。信息化的飞跃发展在世界范围内形成了数字鸿沟，带来了语言间更大的不公平，威胁着主权国家的信息安全。例如数字键盘汉字输入法、语言机器翻译工具等的知识产权多掌握在外国厂商手里，这在一定程度上威胁着国家的安全。第二，网络时代的网络空间关系网络资源的安全性问题。语言作为网络信息的主要载体，在虚拟世界里是一种重要资源，掌控了这种资源，就掌控了话语权、主导权。目前，互联网上英语仍是最重要的网络语言，这在一定程度上威胁着一些国家的安全。因此，丰富、发展汉语网络语言资源，对促进虚拟世界的语言公平、语言安全意义重大。

---

① 侯福东、宗景才：《国家安全理论及中国国家安全现状分析》，《山东行政学院山东省经济管理干部学院学报》2004年第3期。

② 陈章太：《语言资源与语言问题》，《云南师范大学学报》2009年第4期。

第二节　汉语资源开发的内容

　　资源的开发利用是指人类通过某种特定的技术手段，把资源转变为人类社会所需生活资料和生产资料的一系列过程。随着信息化社会的到来，社会对语言的需求不断扩大，开发利用语言资源成为现代社会语言生活中的重要话题。"树立语言资源观念，了解中华语言资源的基本状况，制定可行的语言资源保护、开发措施，已经成为当今国家语言规划的必务之事、当务之急。"[①] 2004 年中国语言资源联盟（CLDC）成立，旨在指导以语言信息工程为目标的语言资源的研究、开发与利用。2008 年中国语言资源开发应用中心成立，致力于把语言和语言知识转化为生产力和文化商品。汉语资源开发已经进入更加科学的实践阶段。从汉语资源开发的内容方面看，具体包括汉语本体资源的开发、汉语应用资源的开发、公民汉语能力的开发、汉语文化资源的开发利用以及语言产业建设等方面。

一　汉语本体资源开发

（一）汉语本体资源开发是开发汉语资源的基业

　　汉语资源的开发利用，从纵向看是系列工程，是逐步开发的过程；从横向看是系统工程，不同资源之间的开发是互相影响，互相促进的。屈哨兵（2011）在讨论语言服务问题时，提到语言服务业的"产业、职业、行业、基业"问题。他认为，"语言服务产业、职业、行业需要一个资源与规划基础，这个基础就是语言服务的基业，是语言服务事业发展的基础性事业……我们现在所作的国家语言生活的观察描述与建议引导、语言资源的整合与开发、语言协调、语言规范标准的研制与发布实施等，都是语言服务基业的具体表现"。[②] 屈哨兵关于语言服务基业的讨论也适用于我们讨论汉语语言资源的整体开发问题。

　　汉语资源开发需要一个基础性的支撑，这个基础就是我们要对汉语资

[①] 李宇明：《语言资源观及中国语言普查》，《郑州大学学报》2008 年第 1 期。

[②] 屈哨兵：《产业、职业、行业、基业：语言服务"四业"并论》，《中国社会科学报》2011 年 4 月 12 日。

源有充分的了解和把握。开掘汉语本体资源就是要对汉语现有资源进行全面的调查,掌握汉语各类资源的数量、属性、类别、分布规律。这是汉语资源开发的基础,在汉语资源开发系统工程中占有非常重要的地位。对任何资源进行合理、科学地开发都需要对这种资源有充分的了解,基于此才能对资源作出科学的评价,在科学评价的基础上才能决定是否开发、如何开发。汉语本体资源开掘的基础性、重要性在资源评价和开发决策方面已经显现出来。目前关于社会资源的评价和开发的讨论很少,几乎都集中于自然资源方面,但这可以为我们提供一定的借鉴。

首先,只有对汉语本体资源进行全面的开掘,才能对汉语资源作出科学的评价。"资源评价是根据资源类别、属性、形成原理和形成条件以及时空分布规律,从科学角度对其存在、数量、质量和可使用情况进行客观评述和估价。"① 由此可见,科学评价资源的前提就是要对一种资源的类别、属性、形成原理和条件、分布规律有全面系统的把握,这对自然资源和社会资源来讲,都是一致的,对语言资源同样适用。所以,汉语资源开发的首要条件是要对汉语资源进行全面的"清查"。

其次,只有对汉语本体资源进行全面的开掘,才能对汉语资源开发作出科学的决策。"资源的开发决策是在充分认识资源的特性及资源的背景值条件的基础上,确定某一资源的开发利用目标,确定资源的开发利用方案并从中选择最优方案,实施最优方案并跟踪验证的一个完整过程。"② 资源的内在特性,自然、社会、经济和文化背景影响开发利用目标的确定,尤其"资源开发决策方案确定是资源开发决策过程中最重要的部分,它必须在全面调查、收集、整理、分析研究相关资料的基础上,针对资源的开发利用目标提出多种可供选择的方案"。③ 汉语资源开发决策的确定当然需要对汉语资源本身有全面的了解,所以汉语本体资源的开发,即汉语资源的全面调查是汉语资源开发的基础。

(二) 汉语本体资源开发的内容

汉语本体资源开发的内容就是要对汉语各类子资源进行充分的调查,主要包括对语音资源、词汇资源、语法资源、汉字资源等进行清查。调查

---

① 刘成武、黄利民:《资源科学概论》,科学出版社2004年版,第75页。

② 同上书,第128页。

③ 同上。

内容应包括各类子资源的现存状况、数量特征、历史分布、现时分布、形成条件等方面。这个问题在第二章已经讨论过，此不赘述。

二 汉语应用资源开发

一般意义上的汉语应用资源主要包括语文辞书、教科书、与语言本体资源有关的计算机软件产品、国家语言资源监测与研究中心监测的语言资源等。汉语应用资源的开发也应该主要针对上述资源进行。我们认为，当前应该抓紧进行语言教育产品开发、语言科技产品开发和语言研究产品开发。

（一）语言教育产品的开发

这里的语言教育产品指的是应用于语言教育、教学过程中，用于语言学习或辅助语言学习的各类产品。传统的语文教科书、语文类词典、语文类字典、工具书等都属于语言教育产品。信息技术环境下的语言教育产品已经突破传统的界限，语文学习网站、语文学习软件等是新技术条件下的语言教育产品。语言教育产品的开发具有很大的市场空间和利润空间，是语言应用资源开发的重要部分。

1. 传统语言教育产品的开发

现代国民教育体系的建设对传统语言教育产品提出了更高的要求，同时也为传统语言教育产品的开发创造了极大的空间。党的十六大提出了全面建设小康社会的目标，明确地阐述了教育发展和人力资源开发的内容。"建设小康社会教育的目标，就是要构建一个体系，培养好三个层次的人才。一个体系就是指'比较完善'的国民教育体系，既包括正规的学前教育、初等教育、中等教育与高等教育，也包括多样化的进修培训和继续深造，还包括形成全民学习、终身学习的学习型社会。"[①] 包括终身学习在内的庞大的国民教育体系需要大量的教科书、工具书、教学参考书等语言产品为之服务。这为传统语言教育产品的生产提供了巨大的市场。而且，语言是发展变化的，在特定的周期内语言本身的变化需要更新传统语言教育产品的内容，也就是生产换代的语言教育产品，这又为其提供了潜在的市场。

开发汉语传统语言教育产品，需要细分市场。首先，可以根据语言教

[①] 张青：《现代国民教育体系及国民教育目标教学参考》，《长江论坛》2003年第4期。

育产品开发的内容划分市场。汉语普通话是我国的国家通用语，方言是区域交际用语，需要有不同的市场。汉语普通话语言教育产品占有绝对的市场份额，同时方言语言教育产品也占有相应的市场份额。其次，可以根据教育对象划分市场。汉语的教育教学对象包括汉族本族、国内少数民族、海外华人以及国外学习汉语的人。因为不同的教育教学对象有不同的特征和需求，需要按需供给相应适用的语言教育产品，所以可以、也需要划分为不同的市场。

2. 依托信息技术的语言教育产品开发

信息技术的发展极大拓展了语言教育的空间，可以说，语言教育依托信息技术的发展是语言教育的一次革命。这为高新语言教育产品的开发提供了可能。首先，全球一体化的发展格局对个体的语言教育提出了新的更高的客观要求。交际空间的扩大需要个体掌握更多的语言或方言，以适应社会发展的需要。其次，个体对语言教育也提出了新的要求，除了自己的母语，人们需要掌握更多的语言，以提高个人的语言能力和素质，参与社会竞争。在这种情形下，高新技术语言教育产品开发成为市场需求。美国EN101全球语言教育公司、中国广东蓝鸽科技等就是在这种情形下诞生的商业机构。

依托信息技术的汉语语言教育产品可以包括语音学习、词汇学习、句法学习、汉字学习、口语训练以及相关考核、测试软件等产品。例如目前开发的"汉语拼音学习软件"、"每日汉语词汇V1.32"、"'汉字经'专业汉字教学软件"等都属于这类语言教育产品。广东蓝鸽科技率先在全国开发出数字化语言实验室，具备双向交流、课堂教学、自主学习、网络化扶持化考试等多项功能，而且具有教学管理、资源管理功能，是语言教育产品的高端。此后，他们又推出了"网络化语言学习环境"，包含网络化自主学习平台，网络化学习资源库，是目前唯一获得国家鉴定的产品。

依托信息技术的汉语语言教育产品的开发目前看来还具有很大的空间。随着市场的细分，本族不同年龄段人群、国内少数民族、海外华人、国外学习汉语的人群都对汉语语言教育产品有潜在的需求，需要供给不同类型的学习资源，这将给汉语语言教育产品提供巨大的市场空间。

（二）语言科技产品的开发

这里所说的语言科技产品是指通过语言和信息技术的结合开发出来的服务性产品，这是语言应用资源开发的主体市场。语言科技产品的服务领域理论上可以覆盖人类活动的所有范围，服务于所有的行业。例如目前已经开发出来的语言科技产品已经服务于国际会议、餐饮、医疗、刑侦、军事等不同的领域。

得意公司是国际中文语言资源联盟（CCC）的发起单位之一，拥有 ASR（自动语音识别技术）、VPR（声纹识别技术）、NLU（自然语言理解技术）三大核心技术。得意公司 2003 年发布了口语对话系统开发包（d-Ear SDS SDK），并基于此开发出了名为"基于短信的餐饮查询系统"的实用软件，服务于餐饮业。深圳市台电实业有限公司 2001 年研制成不受高频驱动光源干扰的多语种红外线同声传译系统，2003 年推出全球第一个基于"无缝连接"技术的智能会议系统，2004 年研制出全球第一套 64 通道全数字会议系统，2008 年推出了全球首创的数字红外无线会议系统、数字红外同声传译系统，服务于国际会议。厦门乐创信息科技有限公司开发的"译摘王"翻译笔在中英文互译的基础上，添加了 30 多种语言的互译下载功能，可以为国际考察、旅游提供语言服务。北京四维图新科技股份有限公司开发的语音电子地图可以支持中外文语音，提供行人导航、行车导航、动态交通信息服务和 telematics 服务等多个服务项目。深圳溢洋科技开发有限公司开发的"易写手写屏"直接为听力障碍者提供服务，成为他们的一双"巧手"。

许嘉璐先生主持的国家 863 计划课题"中文信息处理应用基础研究"中的"HNC 理论和技术及其应用研究"在语义检索、网络安全、语言知识萃取、语音识别对比、知识库语料库整合运用等方面取得了令人瞩目的成果，"HNC 信息智能检索系统"、"HNC 反黄知识库建设"、"HNC（面向中文信息处理的）汉字知识库建设"和"句子级语义标注的现代汉语语料库建设"等，已在成果转化上取得了较大的社会效益。上海朗格科技发展有限公司的高速文本分类器、实时搜索引擎、高精度分词与命名实体识别、文本挖掘工具包等技术可以为文本处理、信息处理提供服务。厦门精艺达翻译服务公司是福建省第一家翻译公司，也是最大型的翻译公司，提供财经、法律、科技、工程等文件翻译、商务口译、网站和软件本地化（汉化）、多语言桌面排版等项服务。

高科技语言应用资源的开发不仅有广阔的前景和发展空间，而且可以服务于人类生活领域的各个方面，同时具有巨大的商业价值，是语言应用资源开发的主战场。

(三) 语言研究产品的开发

语言研究产品是指为语言学研究提供服务的产品。语言研究产品在与信息技术结合之前，多是以纸质文本的形式存在，如方言词典、古代汉语语法学资料汇编、近代汉语语法学资料汇编、现代汉语语法学资料汇编等都是这类语言产品。当下的语言研究产品主要是指与信息技术结合而形成的各类语料库、资料库。目前国内开发的语料库数量众多，极大地促进了汉语语言学的研究。如"现代汉语语料库"（北京航空航天大学）、"现代汉语词频统计语料库"（北京语言大学）、"国家级大型汉语均衡语料库"（国家语言文字工作委员会）、"《人民日报》语料库"（北京大学计算机语言学研究所）、"大型中文语料库"（北京语言文化大学）、"现代汉语语料库"（清华大学）、"汉语新闻语料库"（山西大学）、"现代自然口语语料库"（中国社会科学院语言所）、"旅游咨询口语对话语料库和旅馆预定口语对话语料库"（中国科学院自动化所）等。

国家非常重视语言研究产品的开发，国家社科基金多次为语料库建设类课题立项，进行方言、民族语言语料库建设。语言研究产品是科学语言研究的基础，对汉语语言学的研究及世界语言的研究都有非常重要的价值。语言研究产品的开发还具有多方面的价值，是语言应用资源开发的重要组成部分。

三 公民汉语能力开发

李宇明（2011）指出："要把自然语言资源和衍生语言资源利用起来，关键因素就是人。必须把公民语言能力纳入语言资源的范畴中。"[①] 2011 年 5 月，李卫红在海南海口"《语言文字规划纲要》培训会议"上指出，提升国民语言文字应用能力成为《语言文字规划纲要》的新亮点。公民的自然语言能力是公民的首要语言能力。对于我国公民来说，汉语能力是非常重要的语言能力，而公民的普通话能力又是公民汉语能力的重要表现。

汉语能力就是汉语运用的能力，对汉语语言能力资源进行开发就是提高公民的汉语口语运用能力和汉语书面语运用能力。公民的口语运用能力和书面语运用能力的提高就是人的素质的提高，是对人力资源的开发和应用。

[①] 李宇明：《语言也是"硬实力"》，《华中师范大学学报》2011 年第 5 期。

(一) 汉语口语运用能力的开发

口语运用能力就是口语表达能力，或称口头表达能力，一般简称口语能力。"口头表达能力是指用口头语言来表达自己的思想、情感，以达到与人交流的目的的一种能力。"① 在日常交往中，人们更多地使用口头语言，口头语言比书面语言起着更直接、更广泛的交际作用。口语运用能力是国民素质的重要组成部分，是人力资源的重要成素，是国民汉语能力的两个要素之一。汉语口语运用能力的开发实际上就是不断提高国人的汉语口语表达能力，提升人的交际水平。

汉语口语运用能力开发的目的，从个体看就是不断提升个人的语言运用能力，提升人作为人力资源的价值；从整体看就是要构建和谐的语文生活、提高国民的语言文化素质。目前，国人母语水平不高的现状已经引起了各方面的重视。《解放日报》2011年10月15日援引国家语委有关负责人的观点，认为"目前我们都已经普遍感到母语水平在下降，但是差到何种程度、差在哪里、怎么入手解决，却毫无概念"。② 对部分群体进行的调查也表明，母语水平的确在下降。李微（2009）对大学生进行的抽样调查表明，大学生的母语水平不高，母语能力较低。"学生对自己的汉语口语表达流畅程度及内容的准确度的评价：10%的学生认为自己语言流畅，77%的学生自我评价为基本流畅，感到自己说话不太流畅、有时词不达意的学生约有10%左右。如果要在公众面前做一即兴的简短发言，17%的学生表示经过短暂思考便能准确流利地表达自己的观点和想法，主题明确；60%的学生表示能表达出想说的主要思想，但不能够简洁清晰；而必须事先写好稿子，背会后才能上台发言，而且依然觉得词不达意的学生约占15%；近40%的学生表示与陌生人交谈时比较重视口语的准确，30%的学生比较注意语言的趣味性。"③ 事实上，母语水平下降应该是一个普遍性的问题，可以借用"信、达、雅"来概括问题的几个方面。信，就是忠实，母语水平下降的"不信"就是不能表达个人要表达的意思；达，就是通顺，"不达"就是能够表达出相关意思，但不通顺；雅，就是美好，"不雅"就是表意虽然明确但没有文采。

---

① 王万鹏：《口语表达能力是语文教师的职业生命线》，《甘肃联合大学学报》2011年第5期。
② 支玲琳：《如何重新发现母语之美》，《解放日报》2011年10月15日。
③ 李微：《大学生语言运用能力存在的问题及对策研究》，《教育探索》2009年第2期。

汉语口语运用能力的开发已经得到重视，并实施了相关措施。2008年我国着手制定《国家中长期语言文字工作改革和发展规划纲要》，后改称《国家中长期语言文字事业改革和发展规划纲要》，意在构建和谐的语文生活、提高国民的语言文化素质。与此同时，教育部开始研制我国第一部综合性的测评听、说、读、写等汉语能力的"汉语能力测评体系"。2010年11月1—3日，制定《国家中长期语言文字事业改革和发展规划纲要》研讨班在北京举行。时任教育部语用司司长王登峰明确了新时期语言文化工作的主要任务，其中把"提升公民语言能力和弘扬中华文化优秀传统"作为重要任务之一。2003年以来，我国在各地相继启动测试母语运用能力的国家汉语职业能力考试，目前考点已经遍布北京、上海、重庆、黑龙江、吉林、辽宁、河北、山西、山东、湖北、湖南、江西、安徽、江苏、浙江、福建、广东、贵州等地。张豫峰认为："这个考试如果是以调查问卷的形式、出于摸底的目的，那无可厚非。但如果它的目的是为了提高国民汉语水平，我认为很难。"[①] 可见，如何切实提高国人的汉语口语运用能力，我们目前并没有找到完美的方式和方法，这是我们面临的一个重要的课题。

（二）汉语书面语运用能力的开发

汉语书面语运用能力主要是指用汉语进行写作或创作的能力。汉语书面语运用能力和汉语口语运用能力一样，是国民汉语能力的一个重要组成部分。

从功能的角度看，汉语书面语的写作大致分为实用文体写作和艺术文体写作两个方面。实用文体写作主要指日常生活或工作中经常应用的个人简历、调查报告、实习报告、思想汇报、工作总结、求职演讲、合同样本、申请书、通知、通告、请示等。实用文体具有严格的规范性，在名称、种类、格式、行文关系、适用范围，以及用语、格调等方面都有严格的规定和特定的要求。但是我们发现，在这方面存在很多的问题。首先，文体不分是非常常见的现象。诸如请示和汇报不分，总结和请示混淆，通知和通告混用，这些现象很常见。其次，格式不规范也是很常见的现象。正式下发的通知标题不完整，时间书写不正确几乎成为通病。这些问题不能简单归于没有认真对待，更大的原因是因为没有掌握各种文体的基本写

[①] 支玲琳：《如何重新发现母语之美》，《解放日报》2011年10月15日。

法。这种现象表明实用文体书面语运用能力的下降。

艺术文体写作简单地说就是文学创作，这是汉语书面语运用能力非常重要的方面。文学创作是创作者在现实生活的基础上，根据对生活的审美体验，以语言为材料形成可供读者欣赏的文学作品的一种特殊的、复杂的精神生产活动。文学创作包含创作者对生活的审美认识和审美创造。文学创作随着信息化时代的到来，也发展出了新的形式，如网络文学等。但是，不容忽视的问题是，当代的文学创作虽然数量巨大，但是并没有形成经典，这不能不说是创作水平的下降。整体上，写作能力和创作能力的下降表明国人的汉语书面语运用能力的下降。

汉语书面语运用能力的培养和提高是非常复杂的过程。目前国家进行的汉语能力测试虽然是针对听、说、读、写的全面测试，但是我们同意张豫峰的观点，在汉语书面语运用上，仅仅依靠这个测试是不能达到能力提高的目的。如何提高汉语书面语的运用能力也是一个非常重要的课题，需要及时解决。

四　汉语语言产业建设

汉语产业无疑是一个新兴的产业，不论产业建设实践还是关于语言产业建设的理论研究，都受到了前所未有的重视。2008 年 12 月 29 日，教育部语言文字信息管理司指导、商务印书馆主办的中国语言资源开发应用中心在北京成立，中心定位就是"中国语言产业的研发、示范基地"。中国语言资源开发应用中心设立开发研究院，下设辞书部、著作部、教材部、期刊部、网络部、影视部、广告部、培训部等，全方位、多媒体进行语言产业的开发。2010 年 9 月 28 日，"北京语言产业研究中心"在首都师范大学正式成立，这是国内第一个语言产业研究机构。民间的语言产业建设就更多，如字库开发、语音识别、语言检索软件等都有众多公司进行研发，形成了民间语言产业集群。

汉语语言产业建设总体上看，主要包括这样几个部分。

第一，汉语高新技术产业，主要包括汉语编程、汉语网络工具书、中文信息处理产业、中文语音产业等。目前国内的汉语编程大体分为五类：一是汉化其他编程语言，如"中蟒"就是汉化了 Python 语言，"易乐谷"是汉化了的 LOGO 语言，"丙正正"是汉化了的 C＋＋；二是自主研发汉语内核，如"易语言"、"易语言·飞扬"；三是以汉语为基础，搭建区别于传统编程的工具，如"搭建之星"、"网站搭建者"、"华罗庚（MISD）"；四是中国人写的英文编程，可以称之为国产编程语言，严格地讲不能划为汉语编程，但汉语化比较容易；五是中国人编写的程序语言翻译软件，包括正向翻译、反向翻译，如"十十视程序语言翻译软件"。

汉语网络工具书是用现代化的编纂手段制作完成的超越纸质工具书，实现电子化、多媒体化的工具书。随着信息技术的发展，许多工具书被制成电子书，实现检索、查询、复制、粘贴等功能，成为计算语言学等研究不可缺少的工具。从目前看，国内的汉语网络工具书行业虽然已经在规模化、商业化等方面作了一些尝试，取得了一些成绩，但商业化运作基本还处于初级阶段。

中文信息处理早在20世纪80年代就已经处于国际领先的水平。进入21世纪，中文信息处理的应用深度和广度增加，在中文输入、汉字字形生成与输出、中文文字处理与电子排版印刷、操作系统及软件汉化、中文全文信息检索、印刷体和手写体汉字识别、中文语音识别与合成、中外文机器翻译及现代汉语语法信息词典编纂等方面都取得了非常重要的成果。北京拓尔思信息技术股份有限公司认为，中文信息处理产业的发展需要牵引技术，加快战略性技术的研发；在中文智能处理领域形成产业竞争力；加强标准制定，抢占全球竞争优势；合作共赢，避免恶性竞争；"产学研用"四维协作；不断的技术创新和市场开拓。

中文语音产业取得了瞩目的成绩，是近年发展迅速的语言产业之一。安徽科大讯飞、广东蓝鸽科技等成为异军突起的语言产业的代表。安徽科大讯飞信息科技股份有限公司的中文语音合成技术已超过普通人口语水平，基于此项成果形成的产品平台已经广泛应用在电信、金融、电力、社保、交通、政府等行业。嵌入式中文语音合成、语音识别开发技术和语音交互应用产品已广泛应用于手机、导航、学习机等嵌入式产品主流行业。

第二，汉语教育培训产业。"汉语热"带动了汉语教育产业、汉语培训产业及产业链上形成的相关辅助性产业。截至2004年5月，国内建起北京语言大学、北京大学、上海师范大学、暨南大学、华侨大学等首批八个对外高等教育和中文教育的重要教学、科研基地及其他对外汉语教学中心，共有教师5000多人。2009年，中国已经拥有来自全世界190个国家和地区的23.8万名留学生。2001—2010年，来华留学生人数的年增长率超过了20%。到2010年，我国接收留学生的高校和其他教育机构已经达到了610所。中国已成为继美国、英国、法国、澳大利亚等国之后的另一个受欢迎的留学目的地国。教育部2010年公布的《留学中国计划》显示，到2020年，在内地高校及中小学校就读的外国留学人员将达到50万人次。汉语教育产业具有非常诱人的前景和广阔的空间。

与汉语教育产业并生的就是汉语培训产业的发展。为满足不同人群学习汉语的需要，国内外都出现了各种以营利性为目的的汉语培训结构。Shanghai Imandarin Training Institute, Mandarin House, Capital Mandarin School, Miracle Mandarin, Guangzhou Xinhanji Chinese Training Center, Beijing Mandarin School, Mandarin Rocks, New Concept Mandarin, Beijing Chinese Language School, Hanbridge Mandarin 被称为中国十大中文培训学校。与汉语教育和汉语培训相配合的就是汉语类教材的编写、出版。这是与汉语教育、培训相结合、伴生的汉语产业，具有非常好的前景和非常大的空间。

促进语言产业的发展壮大对拉动国民经济、解决就业等意义重大。随着语言技术得到广泛应用，语言产业已经开始引起各方面的重视，并成为当今世界增长最快的十大产业之一。目前，汉语产业发展处于萌芽阶段，未来将逐渐覆盖语言教育、翻译、术语、品牌命名、汉字速录、语言医疗等领域。

第三节 汉语资源开发利用的现状及面临的问题

一 汉语资源开发利用的现状

我国语言资源的开发利用起步较晚，总体上相对滞后，但发展速度较快，前景良好。从语言资源开发利用的运作实体方面来看，可以分为官界开发、学界开发和民界开发三种形式。目前，我国的语言资源开发利用发展态势较好，已经初步形成了官界、学界、民界协同合作的格局。

（一）政府重视

首先，近年来政府对汉语资源开发问题给予了高度重视。教育部及相关部门直接领导或指导汉语资源的开发利用，并与高等院校、科研机构、出版机构等部门合作，建设了语言资源监测与研究中心及其分中心、中国语言资源开发应用中心等实体机构，出版了《中国语言生活状况报告》等系列书籍，制定了《现代汉语常用字部件及部件名称规范》等标准，这为语言资源的开发利用奠定了良好的基础。

其次，在发展语言经济方面，政府也给予了高度重视。教育界和产业界相互协调、积极对话，分析各自的角色和任务，探索能使语言产业达到最大效益和效率的道路，共同推动我国语言资源的经济利用和产业开发。2008年12月，在国家语委的指导下，商务印书馆成立了"中国语言资源开发应用中心"。2010年9月，北京市语委建立了"北京语言产业研究中心"。这类机构的建立致力于汉语资源开发的研究与实践，对于发展汉语经济必将起到积极的作用。

最后，国家非常重视汉语的国际推广工作。汉语面向世界的推广工作是汉语资源开发的一个重要方面，国家高度重视，并持续开展了一系列的工作。1987年，中国政府成立了国家对外汉语领导小组办公室（简称国家汉办），是国家对外汉语领导小组的日常办事机构，确定了让汉语走出国门，走向世界的目标。1999年12月，时任教育部部长的陈至立在全国第二次对外汉语教学工作会议上的讲话中指出，要"大力向世界推广汉语和中国文化，努力增强汉语在国际地位中的作用与影响"。2004年11月，世界上首家挂牌的孔子学院——韩国首尔孔子学院正式成立。现在孔子学院已经成为汉语国际推广的一个重要窗口。截至2009年4月，我国已经在全世界启动建设了326所孔子学院（课堂），分布在81个国家和地区，汉语资源的全球开发初具规模。

（二）民间关注

随着经济的发展和信息技术的进步，语言已经进入经济、文化和高新科技领域，成为经济、文化发展的重要资源。语言产业建设开始引起各方面的注意和重视。语言产业已经是当今世界增长最快的十大产业之一，语言技术正影响着世界经济。

我国产业界凭借雄厚的资金和对市场、用户需求的了解，对汉语资源的开发利用给予了越来越多的关注。民间语言产业建设取得了长足的进步，也出现了具有影响的产业集团。目前活跃在市场上的民营语言培训产业已经形成集团规模，进入2008年、2009年"中国语言培训行业调查分析报告"的就有"新东方教育科技集团、华尔街英语、昂立教育集团、巨人教育集团、环球天下教育集团"等33家。语言翻译是时下蓬勃发展的语言产业。语言翻译行业仅在中国翻译协会名录上的就有"北京元培世纪翻译有限公司、百通思达翻译咨询有限公司"等150多家。语言艺术颇受重视。如同其他文化产业一样，书法、相声、影视话剧、播音主持等语言艺术也在近几年获得了突飞猛进的发展，产生的经济效益可观。语言康复发展空间广阔。聋哑人、老年痴呆症患者、语言发展迟缓的儿童，以及唇裂、声带术后患者等，都需要语言能力康复。广阔的市场空间和巨大的经济潜力，使越来越多的民间产业开始关注语言康复产业的建设。语言创意、语言工程等近年来也颇受关注。"百度、谷歌、搜狗"等搜索引擎迅速发展，占领我国搜索网站的巨大市场，经济效益明显。

（三）学界关心

21世纪以来，语言学、计算机科学、经济学等不同领域的专家学者开始关注、研究语言资源的开发利用问题。

中国中文信息学会语言资源建设和管理工作委员会发起建设的中文语言资源联盟（英文译名 Chinese Linguistic Data Consortium，缩写为 CLDC）集高校、研究所及个人之力，研究旨趣覆盖语言学、计算机科学等学科，提供"RASC863－G2—六大方言地方普通话语音语料库—朗读部分（粗标库）""RASC863－G2—六大方言地方普通话语音语料库—口语部分（粗标库）"等91类资源，为中文信息处理的基础研究和应用开发提供了强有力的支持。南京大学成立了"国家语言资源发展战略研究中心"；商务印书馆汇集多路专家成立"中国语言资源开发应用中心"，建设了"中国语言资源开发网"；山东大学已经建立了语言经济学的博士点，到2011年为止已经培养了五名语言经济学的博士研究生，召开了首届语言经济学的学术会议。从目前的情形看，越来越多的人认识到语言资源性的重要性，语言资源的可开发利用性，还将有更多的专家学者对语言资源的开发利用给予关注。

中国语言资源开发应用中心主任、商务印书馆总编辑周洪波认为："语言资源使用者可以分为三圈：内圈是高校语言专业师生和语言研究者；中圈主要是非语言专业的大专院校文科师生及语言文字工作者；外圈是社会大众。语言资源的开发就是从内圈辐射到外圈，关键是要把语言和语言知识转化为生产力和文化商品。"[①] 这种由内向外的辐射和内外的合

---

① 徐大明、李现乐：《珍爱语言资源，发展语言经济——"2009国家语言战略高峰论坛"纪要》，《北华大学学报》2010第1期。

作，目前已经形成雏形，官界、民界、学界的协同合作已经显现，这将极大促进汉语资源的全面开发和合理利用。

二 汉语资源开发利用面临的问题

（一）激烈的语言竞争

英语、汉语、阿拉伯语和西班牙语是现在世界上使用人口最多的四种语言。汉语是联合国六种官方语言之一，是世界上使用人口最多、历史最悠久的语言。近年来，随着我国综合国力的增强和汉语国际推广的推进，汉语国际地位也在不断上升。同时，汉语也面临着激烈的国际竞争。

时任教育部语言文字应用管理司司长、国家汉办兼职副主任的杨光在接受《瞭望东方周刊》记者的采访时说："现在互联网上跑的85%是英语。实际上，在联合国，各种场合当中使用的语言95%也是英语，汉语的使用率只占到百分之零点几。英语对其他语言文化的挤压是非常明显的，由此形成其他语言文化的某种焦虑，使世界上不少国家出现了一种担心。实际情况是，不少弱势语言的空间越来越小。"① 可见，就目前情况看，和英语相比，汉语仍处于弱势。汉语和英语之间的竞争将成为未来一段时期国际竞争的重要内容。郭熙认为："当今世界的主潮是语言文化多元化，政治经济多极化。随着中国综合国力不断增强，国际形象和国际地位不断提升，汉语可能成为仅次于英语的强势语言，并在未来的国际生活中占有一个重要的位置。正因为如此，我们必须在今后更激烈的语言竞争面前做好应对工作。要做好这一工作，我们必须对汉语在国际传播中的优势和不利因素进行全面的认识。"②

（二）语言资源意识不强

语言资源意识就是把语言也看做一种资源，科学地对待语言并积极开发利用。"科学的语言资源意识，对语言资源的保护、应用、开发和减少语言资源的严重流失有着重要的作用。"③ 但目前我国民众的语言资源意识相对薄弱，主要表现在两个方面。

首先，国人对母语的重视程度不够。许敬辉（2007）认为，在国内

---

① 姜殊：《国家汉语战略浮出水面，汉语正改变世界大脑》，《瞭望新闻周刊》2004年12月18日。
② 郭熙：《汉语的国际地位与国际传播》，《渤海大学学报》2007年第1期。
③ 许敬辉：《科学的语言资源意识》，《社会科学论坛》2009年第8期。

出现了汉语弱势的倾向，英语在胎教、入学、升学、就业、晋升、选拔等很多方面都占有重要、显著且不容忽视的地位，这无异于全面弱化汉语资源以及方言资源应用的地位。他甚至提出这样的担忧，"汉语、汉字以及方言的教育急功近利，重考试而忽视能力培养，国人的汉语、汉字以及方言应用水平呈普遍明显下降趋势。如果中国的英语'疯狂'不减，到下个世纪，世界许多语言被英语同化的历史很难说不会在中国重演。"① 这种担忧虽然说一般不会出现，但也不无道理。这说明国人对母语的重视程度不够。

其次，语言资源意识不强直接表现为语言文字应用能力和水平的下降，主要表现在滥用网络语言、书写能力下滑等几个方面。中国人民大学在北京组织的一次中文水平考试结果显示，30%的大学生未能通过，70%的学生考分低于70分（满分为100分）。高考试卷中网络语言的滥用已经很大程度上威胁了汉语的标准化使用。由于网络的普及，带来的另一个问题就是书写水平的下降，越来越多的人习惯用键盘输入，而手写能力大幅下降，"提笔忘字"的现象很严重。2011年6月，陆俭明在"第六届全国社会语言学学术研讨会"上的报告中也指出："从领导到群众普遍缺乏'语言意识'，今后必须加强全民的'语言意识'教育。"我们认为，这其中也包括语言资源意识。

（三）语言资源理论亟待发展完善

理论和实践需要互动，只有如此才能共同提高。从资源的角度对汉语进行开发利用，时间不长，理论研究相对滞后。目前，我国在语言资源开发的理论研究方面，学科协作需要继续加强。理论的空白和分歧在一定程度上影响了开发的实践。语言资源理论或者建设语言资源学科应该包含哪些方面的研究，目前还处于探索之中。语言资源研究总体上可以分为语言资源的本体理论研究和语言资源的应用理论研究两个部分。21世纪以来，这两个方面的研究都取得了一定的成果，但从发展过程上看，还处于初创阶段。语言资源的本体研究方面已经出现了关于语言资源的界定、语言资源系统、语言资源的分布、语言资源的评价等相关方面的成果；应用研究方面产生了关于语言资源开发、语言资源保护、语言资源调查、语言行业建设、语言产业建设等相关方面的成果。这些成果的出现为语言资源学的

---

① 许敬辉：《科学的语言资源意识》，《社会科学论坛》2009年第8期。

建构奠定了一定的基础。

从学科建设方面看，目前语言资源学并没有建构起来，一些相关研究还在进行中，还需要进一步深化和深入的研究。语言资源的形成、发展与资源整合，语言资源的评价原理和评价方法，语言资源开发利用的环境效应，语言资源的安全性与主权性，语言服务的范围，语言行业产业建设的规范，语言资源与语言政策等问题都还是需要继续讨论的问题。

（四）相关的法律体系不够健全

语言资源的开发利用需要得到法律的保护，同时开发的实践也需要有法可依。从整体上看，需要进一步建立、健全与语言文字地位、语言资源开发利用相关的法律、法规体系。

首先，应该建立更加科学详细的法律、法规，进行语（方）言文字的地位规划。我国的宪法及相关法律、法规对语言文字的地位已经作出了相关说明，尤其是《中华人民共和国通用语言文字法》更是明确规定了普通话和规范汉字的法定地位，这是我国语言规划的重要成果。国内语言生活的变化，也需要我国的语言政策有相应的调整，需要细化。例如民族语言的地位、方言的地位应该有明确的说法，以便保护民族语言文化和方言文化。除了法律、法规以外，规范标准也是非常重要的组成部分，应该适时建立语言文字的新的规范标准。例如，目前存在的异体字、异读字数量还比较大，这些都还需要有科学的规范标准加以统一，以充分发挥汉语汉字的作用。

其次，应该建立相应的法律、法规来规范汉语资源的开发。汉语资源的市场开发已经提出了这样的问题。以我国字库开发为例。我国绝大部分的字库开发商都遇到过知识产权保护不力、侵权事件频发的问题。2007年，方正电子起诉暴雪公司侵权；2008年方正电子又以侵犯美术作品著作权为由，将宝洁公司和家乐福告上法庭。从字库资源开发这个个案角度看，国内字库提供商基本都面临着盗版、侵权等问题。针对这样的问题，我国民间和政府作出了积极的反应。2009年3月，由中国文字字体设计与研究中心主办的"字体产业发展及知识产权保护研讨会"在北京大学举行，会议旨在针对字体产业的发展及知识产权保护等内容进行充分探讨，维护字体产业的合法权益。教育部语信司领导强调了语言资源知识产权问题，尤其是计算机字库、语料库的知识产权保护问题。与会专家一致认为，汉字字体字库具备知识产权，应在现有的国家法律制度框架下予以保护。由此可见，我们需要及时制定相关法律、法规，规范汉语资源开发的市场，保护生产者和使用者的合法权益。

（五）汉语产业建设不够成熟

语言产业以语言文字为生产原料或加工对象，产出各种语言产品。语言产业覆盖范围很大，包括语文出版、语言培训、语言翻译、语言文字信息处理、语言康复、语言创意、语言艺术、语言能力认证等各种不同的业态。语言产业是知识经济的一种产业形态，是一个新兴的产业。北京市人大代表、市语委办公室主任贺宏志认为："语言产业具有资源消耗低、环境污染小、科技含量高的特点，是典型的'低碳经济'、'绿色经济'、'朝阳产业'。"[1] 语言产业建设在欧美发展迅速，渐成气候。与欧美等国成熟的语言产业相比，我国的语言产业建设还显然不够成熟。整体上看，我国的语言产业建设还处于起步阶段。以中文信息处理产业为例，目前，世界上最好、最大的中文字库在日本，大陆有 421 款中文字库，香港有 106 款，台湾有 296 款，三者相加也不及日本字库总数的零头，日本有 2973 款字库。目前国内的字库厂商数量已从几十家减少到十几家，而真正具有生产规模的字库厂商更少。数字键盘汉字输入法的知识产权，多数在外国厂商手里。因此，科学地开发利用汉语语言资源，积极推进语言产业建设，已成为当今中国文化建设中的一项重要任务。

第四节　汉语资源开发的基本策略

正如陆俭明 2008 年 12 月 29 日在中国语言资源开发应用中心成立大会上指出的那样，语言资源的开发应用是新时代所产生的新事物，所以如何开发汉语资源还是需要继续深入讨论的问题。这次会议上，商务印书馆总经理王涛、广州大学副校长屈哨兵、社科院研究员黄行、《现代汉语常用词表》主编李行健、北京大学教授陆俭明、中央民族大学教授戴庆厦、《中国语言生活状况报告》审定人陈章太、国家语委副主任李宇明、中国辞书学会会长江蓝生等先后就汉语资源开发问题提出了相应的策略或办

---

[1] 贺宏志：《加强语言文化建设，促进语言产业发展》，北京市语言文字网（http://www.beijing-language.gov.cn/ywyj/ywyj1/2011-12-05/93.html），2011 年 11 月。

法。总体上看，在多领域合作、科学研究领航、建设汉语资源开发产业等几个方面达成了共识。

汉语资源的开发是一个长期的、可持续的行为，应该逐步形成一个多领域合作的机制，充分发挥各方面的优势作用，形成协同作战的格局。我们认为，由于语言资源的特殊性，汉语资源开发应该建设一个官界、学界、民界"三界"合作开发的联合机制。

一　官界策略

官界是指政府，官界策略就是要求政府在汉语资源开发中合理界定自身的地位，科学发挥自己的作用。政府要以合适的身份出现在语言资源开发利用的系统工程中。政府应该是引导者、服务者，应该为汉语资源的开发利用提供有力的保障，进行宏观调控。政府的作用在于引导语言资源开发利用的市场向规范化、可持续方向发展，为汉语资源开发提供制度、人才等方面的服务。

第一，政府应该协调好政府各个部门之间的关系，厘清各个部门的职责和权力，充分发挥各级政府在汉语资源开发方面的服务作用。汉语资源开发需要政府增强服务意识，进一步提高办事效率，在部门职责和权力方面，建议进一步简政放权，按照权责一致、高效便民的原则提供汉语资源开发所需的各项服务。另外，我们认为，政府不宜直接介入汉语资源开发利用的实践，尤其是国际开发的实践，以避语言大国沙文主义之嫌。

第二，政府宜汇集各方面专家，及时建设各种法律、法规以及规范标准，为汉语资源开发利用提供法律、制度、标准等方面的服务。汉语资源开发实践过程中遇到和出现的问题告诉我们，我们还缺乏一套完整的法律体系，以保证汉语产业建设过程中相关实体的权利和权益得到保护，对违法、违规的行为进行及时处理和处置。这需要政府组织专家为此制定相关的法律、法规，以规范汉语资源开发的市场化运作，保证市场有序、科学地发展。同时，汉语资源开发需要制定各个方面的统一的规范标准，以保证资源开发的效率和效益。例如，汉语国际推广的教材建设目前就不是很规范，需要一个统一的标准。这些方面工作的实现需要政府的宏观指导和统一实施。

第三，政府应做好人才培养的规划和指导工作，改革现有不合理的人才培养、科研管理等方面的制度，为资源开发提供精神动力和智力支持。

汉语资源开发是一个长期的工程，需要大量人才去实施开发实践。从这个角度讲，国家应该充分调查不同市场对人才的需求和未来对人力资源的需要，制定一定时期的人才培养规划，有针对性地培养相关方面的人才。人才培养规划的制定涉及科研管理等诸多方面，需要政府发挥其宏观协调的职能，为人才培养等提供服务。

第四，建议政府从国际化视角出发，站在汉语资源全球开发的高度，并从宏观角度规范汉语资源开发利用的市场，避免重复建设、资源浪费，从而节约成本，提高资源利用效率，产生更大的效益。2008年黄行在"中国语言资源开发应用中心"成立大会上的讲话中指出："我们做语言资源的开发和语言资源的调研，应该稍微有一些国际化的接触。"从全球角度考虑汉语资源的开发问题，是汉语国际化的需要，也是我国国际地位提升的客观需求。汉语应该具备和国家综合实力相对等的话语权，这也要求政府从国际化视角考虑汉语资源的开发问题。我国自发建设的语言产业目前的确存在市场无序化的问题，这既表现为语言产业的重复建设，也体现在大量资源的浪费方面，缺乏及时的规范。这些工作需要政府进行统一宏观规划。

第五，政府应该和学界、民界联合，根据语言产业发展实际，并主要依托学界和民界，制定行业规范标准，如行业准入标准、从业标准、考核标准、管理标准、教学服务标准及教学产品标准等，为我国汉语资源的开发利用提供基业保障。各种标准的制定可能主要需要民界和学界实施，但是规范的发布最好由各级政府完成，这样可以保证标准的权威性，以便在实际的资源开发中得到及时的贯彻和实施。

第六，建议政府充分发挥宏观调控职能，协调好自身与民界、学界的关系，为汉语资源开发利用创造良好的软环境。汉语资源开发的主体是学界和民界，但是资源开发需要一个良好的环境，影响这个环境的因素不仅仅是学界和民界自身，更重要的是官界。官界的导向作用直接影响开发环境的质量，所以建议政府充分发挥其宏观调控的职能，科学引导资源开发的方向，建立官、学、民三界协调一致的工作机制，建立良好的开发环境。

二　民界策略

资源只有通过市场手段进行调配才是最优、最合理的。在语言资源开发方面，美国和英国的产业化道路、市场运作手段都取得了成功。这些经验值得在汉语资源开发中充分学习和借鉴。民界在汉语资源开发利用中应该成为市场的行为主体，而民界进行汉语资源开发的主要形式是语言产业建设。我们认为，语言产业建设应该注意这样几个问题。

第一，语言产业的发展建设应该在政府科学的宏观调控的前提下，在遵循市场规律的基础上进行；第二，语言产业的建设应该以充分的市场调研为前提，要从国家发展的实际出发，在细分市场的基础上，明确市场份额，依此确定产业建设的必要性、可行性和发展方向；第三，语言产业建设需要理论支持，所以民界必须与官界和学界沟通，用科学的理论指导建设实践；第四，在国家宏观调控的基础上，行业自身不仅要关注内部的规范，还要注重不同语言行业之间的协调发展。

三 学界策略

目前，我国学界有直接参与语言产业建设的现象，但从总体上看，它所承担的主要任务还应该是为国家汉语资源的开发利用提供智力支持和人才支持。

第一，学界要承担起为官界服务的责任，为汉语资源开发所需的国家调控机制、教育体制、管理体制等方面的改革提供服务；第二，学界要承担起为语言产业服务的任务，为语言产业和行业标准规范提供理论支持；第三，学界本身要承担起自然语言资源开发的任务，发现新资源，发掘现有资源的潜在价值；第四，学界必须和官界、民界结合，建构良好的协调机制，在汉语资源的开发利用方面为官界和民界服务。

第六章

汉语资源与语言经济

第一节 语言经济

"语言学研究一直存在纵向发展和横向发展两种倾向。前者试图建立自主语言学，后者力求在不同学科中建立跨学科的联系，以解决种种复杂的语言问题。虽然两者对语言学研究的发展在不同阶段都有贡献，但当前更倾向于跨学科发展。"① 语言研究的纵向发展使语言研究越来越深入、细化。历史比较语言学、结构主义语言学、转换生成语言学，认知语言学等都属于语言的纵向研究。19世纪到20世纪中叶是语言纵向研究的繁荣时段。语言研究的横向发展是指将语言研究与其他学科的研究结合起来，从而形成多元的交叉学科。随着社会的发展和研究的深入，语言学与其他社会科学、自然科学的联系越来越紧密，它们之间相互渗透，形成了一些交叉性的学科。例如，语言学和认知学、人类学、心理学、数学、病理学交叉产生了认知语言学、人类语言学、心理语言学、数理语言学和病理语言学。语言学的发展出现了"由重视语言的语言学到重视言语的语言学符合由静态到动态、由结构到过程、由单一科学到交叉科学的人类科学发展的总趋势"。② 本书所讨论的语言资源与语言经济问题也属于语言横向研究的范畴。

一 语言资源与经济活动

语言是人类最重要的交际工具，其重要性不言自明，并在人类社会生

---

① 胡壮麟:《谈语言学研究的跨学科倾向》,《外语教学与研究》2007年第6期。
② 岑运强:《言语的界定、内容及其研究的方法》,《北京师范大学学报》2000年第4期。

活的各个方面体现出来。经济活动是人类在认识客观世界和能动地改造客观世界的过程中形成的重要的活动。"如果没有语言，个人所把握的关于客体的知识就不会成为全社会的成员共同掌握的、改造现实世界的实践知识，人类就不可能观念地创造理想世界，协调一致地改造现实世界。"[1]可见，语言也是经济活动中的一个重要条件。另外，语言的发展也在很大程度上促进了经济的发展。原始社会中后期，商品交易出现。但在工业革命前的数千年时间里，由于经济发展缓慢，语言与经济的关系并不那么紧密，也没有引起人们足够的重视。工业革命后，突飞猛进的科学技术和生产力促进了经济的发展，语言和经济的联系日渐紧密。目前，人们认识到语言不仅能为经济服务，而且语言本身也具有经济价值，是一种经济资源。与之相应，语言也随着社会经济的变化而变化，随之发展而发展。例如，语言中新词的产生、旧词的消亡便直接与社会经济生活的变迁相联系。此外，语言观念也在社会经济活动中不断变化更新。正是由于语言不是固定不变的，它才能够适应社会经济发展的需求，才能够服务于经济。语言的发展变化和人类认知能力的提高，让人们认识到语言也是一种能够产生经济效益的资源。

（一）语言资源视角下的经济生活

1. 语言直接参与社会经济生活

李宇明认为，"客观而言，语言既是问题，也是资源。过去，人们倾向于把语言看作'问题'，而今人们更强调语言是资源"。[2] 这反映了人类语言观的变化。"语言也是一种资源，首先是因为它具备一般资源的基本特征"[3]，即语言具有一般资源所具有的社会有用性和相对稀缺性的特点。语言资源主要包括语言本体资源、语言社会应用和公民语言能力三个部分。语言本体资源是语言的物质基础；语言的社会应用是语言资源价值的具体体现；公民的语言能力包括母语能力和外语能力等方面。语言本体资源所体现的价值是语言的隐性价值，语言的社会应用所体现的价值属于语言的显性价值。语言资源的隐性价值要通过显性价值加以体现。

语言直接参与社会经济生活，是指语言能够产生一定的经济价值。语

---

[1] 王晓升：《语言与认识》，中国人民大学出版社1994年版，第19页。
[2] 李宇明：《关注语言生活》，《长江学术》2009年第1期。
[3] 王世凯：《语言资源与语言研究》，学林出版社2009年版，第50页。

言的经济价值指的是语言在社会经济活动中的运用所产生的价值,具体体现在三个方面:第一,人们凭借语言完成某项工作,依靠语言从事某种职业或参与某种活动,从而取得经济效益。经济活动是社会活动的重要组成部分,语言作为人类最重要的交际工具是联系社会生活各个方面的纽带。有了语言,社会中的人才能共同生产、共同生活,在生产物质资料的活动中共同行动,创造价值。第二,语言引领知识经济交易,从而取得经济利益。知识经济就是以知识运营为经济增长方式、以知识产业为龙头产业的经济发展模式。在知识经济时代,创新是知识经济发展的动力,教育、文化和研究开发是知识经济的先导产业。教育和研究开发是知识经济时代最主要的部门,知识和高素质的人力资源是最重要的资源。语言在知识经济发展中占据非常重要的地位。首先,教育产业、文化产业都离不开语言资源。教育产业的发展是以语言资源的有用性为前提的,语言本来就是文化的一种存在形式,文化产业包含语言产业。其次,高素质的人才资源的培养需要以语言作为工具,同时人力资源的素质中也包含人的语言素养,作为语言经济资源观的重要组成部分的公民语言能力是衡量语言能力资源的一个重要尺度。最后,知识在知识经济时代举足轻重,而语言知识就是知识的必有组成部分。第三,语言具有经济效用性。"某一语言的经济效用取决于该语言在不同市场上的使用程度,包括在劳务市场上是否急需,在私人和公共消费市场上的应用多寡;在人际交往中是否常用等。"[①] 以英语为例,英语在我国已被确定为素质教育的主要课程。在整个教育体系中,特别是在中高等教育中,英语所受到的重视程度不亚于母语。英语教育已经成为我国教育经济体系中一个重要的组成部分。学习英语、参加各种英语能力考试成为家庭教育投入的一个重要方面,为之服务的以营利为目的各种培训机构、中介机构纷纷出现。这些以提供语言消费为目的的新兴行业已成为我国第三产业的重要组成部分。

2. 语言反映社会经济生活

语言是经济生活的晴雨表。语言的某些要素能及时反映各种经济关系。语言的发展变化能透视经济活动的变化,通过语言我们可以看到经济生活的运转情况和发展轨迹。词汇是语言要素中变化最快的部分,语言反

---

① 宁继鸣:《汉语国际推广:关于孔子学院的经济学分析与建议》,博士学位论文,山东大学,2006年。

映社会经济生活的作用可以通过词汇的变化体现出来,具体表现在旧词的消亡、新词的产生和词义的演变三个方面。例如,随着社会主义制度的建立,社会经济生活也发生了变化。与之相应,语言中像"地主"、"佃户"、"机工"、"机户"、"黄包车"等词语也就随着封建经济的解体而隐退了。再如,经济活动离不开货币。货币不仅充当着商品流通的媒介,其本身也作为财产的代表成为信用活动的工具。货币的发展可以在语言中找到线索。随着社会生产力的提高,社会商品交换的需求和数量不断增长,货币的形态也从贝壳、贵金属、普通金属发展到纸币和票据,乃至今天的电子货币。货币形态的更替在语言中也有反应。历史上出现但现在不再使用的货币,如"石贝币"、"蚌贝币"、"骨贝币"、"半两"、"三铢"、"五铢"、"沈郎五铢"、"开元通宝"等词也随之隐退了。电子商务的出现,又产生了一种新型货币——电子货币(electronic money),也称为电子通货、数字现金、数码通货、电子现金等。现代社会出现的"电子货币"是现代社会经济生活的反应。另外,词义的演变也能体现社会经济生活的变化。例如,希腊文"Nomos"原意是"草原、牧场",后演变为"居留、处所",这反映了从游牧经济转变为农业定居生活的生产方式的演进。

现代社会的一些流行语也能反映社会经济生活的发展状况。随着改革开放的深入,大量的商标外来词进入人们的经济生活。内贸部 1994 年公布的 91 种各类名优商品的商标中有 22 种是外来词商标。Cadillac——卡迪拉克(汽车)由公司创始人姓氏命名,Adidas——阿迪达斯(运动服装)由公司创建人 Adolf Adi Dassler 姓名中抽取字母稍加改动而成,Olympus——奥林巴斯(摄影器材)由奥林匹斯山命名。这些外来商标的出现说明改革开放以后大量外国商品、中外合资企业产品涌入我国市场。此外,目前出岘的一批反映与网络交易有关的语词,如"淘宝、淘金币、卓越、网购"等,也说明我国网络经济的发展与繁荣。

3. 语言研究能为经济发展服务

语言是一种经济资源,能为经济发展服务。在经济活动中如果能够科学地开发和利用语言资源,会给开发主体带来更多的利益或效益。以"香格里拉"为例。"香格里拉"一词,亚丁藏语意为"向阳之地",源于藏经中的香巴拉王国,在现代词汇中它是"伊甸园、理想国、世外桃源、乌托邦"的代名词,代表优美、明朗、安然、闲逸、知足、宁静、和谐等一切人类最美好理想的归宿。英国作家詹姆斯·希尔顿的小说《消失的地平线》中,作者虚构了喜马拉雅山区地名 Shangri-La,即汉译的"香格里拉"。语言经济学认为,语言也是一种能产生经济价值的经济资源,恰当地利用语言资源会产生可观的经济效益。知名华人企业家郭鹤年敏锐地发现了"香格里拉"背后的经济价值。1971 年,他在新加坡开办了第一家"香格里拉酒店"。"香格里拉"这个词所寓意的恬静、祥和、殷勤的服务含义,完美地阐释了酒店的精髓。香格里拉酒店集团还把其经营理念浓缩为一句话,即"殷情好客香格里拉情"。如今的"香格里拉"以香港为大本营不断向国际迈进,在亚太和中东地区有 43 家酒店,已经成为亚太地区最大的酒店集团。20 世纪 90 年代末,西藏、云南、四川爆发了一场用"香格里拉"作地名的"大战"。"人们考证并争夺香格里拉,实际上是在争夺一个品牌,一个概念,一个潜力无穷的无形资产。因此,其实刚刚过去的那场地理意义上的归属之争,属醉翁之意。香格里拉被认定在哪里,无疑会带动哪里的旅游经济。"① 2001 年国务院作出决定,把香格里拉定在云南中甸县,中甸县更名为香格里拉县,此后该县成为著名的旅游景点。中甸县在短短的几年时间里,由一个贫困县跃居全国藏区 145 个县中的第 5 位。可见,"香格里拉"这一品牌带来的经济效益是巨大的。

  语言直接服务经济,也影响经济发展。语言是心灵沟通的桥梁,因而研究经济活动中选择什么样的词语进行语言服务引起了商家的关注。海尔集团是我国的知名企业,自编有《海尔集团礼仪手册》一书。在手册中,他们提炼出待客十大基本用语:欢迎光临;承蒙您的惠顾,谢谢;请您稍候;对不起,让您久等了;真对不起;是的,我知道了;非常抱歉;请您原谅;谢谢您;欢迎您再次光临。他们还分析比较了一般的说法和令顾客产生好感的用语的不同。比如"我"与"我们"、"请等一下"与"请稍候"、"公司、工作地点"与"贵服务处、贵公司"。这些语言方面的研究,为海尔集团赢得了声誉,也间接创造了可观的经济效益。

  相反,有些经营者没有恰当地运用语言资源,这给他们的经营带来了许多不便。品牌的名字是产品的"第一语言推销员"。产品走向市场,应该给顾客传递足够的信息,首先承担这一"责任"的就是品牌名称。以

---

 ① 胡香、赵希斌:《争夺香格里拉》,《新西北》2002 年第 10 期。

"太太口服液"为例。该口服液以"太太"作为目标消费者,并以"太太"作为品牌名称。商品名称"太太"一方面启动了这一品牌的传播过程,同时又具有一种定位营销的力量,这是一种比较成功的命名方式。但是当该企业发展到一定阶段时,过小的目标定位使企业不得不更换名字,将"太太"更名为"健康元",使企业品牌可以承载更多目标消费群的"使命"。再比如,某地监狱工厂,生产劳动牌针织内衣,质地良好、做工精细、价格公道,但这些优势并没有使该内衣厂取得良好的经济效益。究其缘由,该产品上印有——"XX 监狱厂生产"的商标字样,这给消费带来不好的印象,从而影响了产品的销售。后来该厂更名为,"X 江服装厂",并配以"蓝盾牌"商标,产品的销售才畅通起来。美国的工商管理教材上也举了一个类似的例子。美国维斯科兹斯(VISX)是被眼视光学界专业人士看好并推崇的世界顶尖的准分子激光视力矫正设备品牌。但该品牌的名字读起来相当拗口,以致雇员和顾客都感到很别扭,最后不得不更换名字。品牌名称,不是简单地利用语言材料来给企业或商品做记号,如果充分利用好语言资源,它将能够强化产品的定位,参与市场竞争,可以凭借隐含的形象价值使商品获得持久的市场优势,创造更加丰厚的经济效益和社会效益。

(二) 经济活动中的语言

1. 经济活动对语言要素的影响

《辞海》(1999)收"经济"一词,有六个义项:①经世济民,治理国家;②节约;③社会生产关系的总和;④经济活动,包括产品的生产、分配、交换和消费等活动;⑤一个国家国民经济的总称,或指国民经济的各个部门,如工业经济、农业经济等;⑥我国古书中的经邦济民的简称。这里主要从带有指称意义的③④⑤三个义项来说明经济在语言中的作用。

首先,语言的产生和发展与经济的发展关系密切。"语言从产生那时起就与人类的经济活动密不可分。"[①] 人类的经济活动包括产品的生产、分配、交换和消费等活动。这些经济活动需要以语言为纽带才能顺利进行。人类的经济生产活动是劳动的一种表现形式,而人类的语言是在劳动的过程中产生出来的,所以从某种意义上讲,人类的经济生产活动参与了语言的创造。恩格斯讨论过语言的产生与劳动的关系。他说:"劳动的发

---

① 郑长发:《经济与语言的发展》,《河南商业高等专科学校学报》2000 年第 5 期。

达必然会帮助各个社会成员，更紧密地互相结合起来，因为它使互相帮助和共同协作的场合增多了，并且使这种共同协作的好处对于每一个人的帮助一目了然。简单讲来，这些在形成中的人彼此间已经到了有什么非说不可的地步了。"① 语言存在于劳动当中并和劳动一起产生，这就决定语言与经济之间必然具有密不可分的关系。

其次，经济的发展推动语言的发展。语言与社会体现紧密的共变性，经济生活中出现的新现象、新事物必然会在语言中反映出来，可以说一定程度上经济活动的发展变迁丰富了语言的词汇，同时也增强了语言的表达力，使语言的工具性价值进一步凸显。20世纪中叶以来，以电子计算机为代表的微电子技术，以及光导纤维、生物工程、新材料、新能源、空间技术、海洋技术等新的技术群的产生与发展，标志着一个新的经济时代——知识经济时代的来临。与之相应，诸如"软件"、"芯片"、"IT"、"E-mail"、"数码"、"蓝牙"、"转基因"、"纳米"、"暗物质"等能反映知识经济生活内容的语词也接连涌现。正是因为这些语词的及时出现，使得语言能够随着经济的发展而发展，语言才能适应时代的需求，继续为经济的发展服务。

2. 经济的发展影响语言的地位

由于经济活动与语言之间的关系密切，经济发展的不平衡也会影响到语言的地位。英国工业革命从18世纪60年代开始，到19世纪中期基本结束。工业革命为英国提供了千载难逢的历史机遇。利用工业化的优势，英国确立了"世界工厂"的地位，从而奠定了它在世界经济生活中的强国地位。英国的经济实力大大增强以后，商品生产量大幅增加，需要开辟新的产品市场和新的原材料供应地，从此英国开始了殖民扩张。殖民扩张带动了英语在这些殖民地国家中的扩张，随着殖民地的不断扩大英语也在不断地扩张其势力范围。第二次世界大战后，英国的经济实力大大削弱，而此时美国的经济实力却大大提高，并逐渐发展为头号经济强国，国民生产总值最高时达到世界总值的近40%，黄金储备占世界总量的近70%。这种经济实力最终奠定了英语"世界通用语言"的地位。1995年出版的《英语与英国文化》中的一组数据显示，英语是英国、美国、澳大利亚、

---

① [德] 恩格斯：《劳动在从猿到人转变过程中的作用》，曾宝华等译，人民出版社1952版，第5—6页。

新西兰、加拿大等国的母语，使用人口超过3.4亿，是国际上应用最广泛的语言。20世纪中叶计算机及计算机产业的出现与发展，促使英语成为国际上通行无阻的最富影响力的语言。由此可见，英语所谓"霸主"地位的确立与经济发展关系密切。

经济不仅影响一种语言在世界范围内的地位，也影响一种语言的方言的地位。以阿拉伯民族共同语的形成为例。阿拉伯民族共同语相对于阿拉伯各方言而言，在阿拉伯民族内是通用的交际工具。语言发展的规律表明，当各方言统一成一种共同语时，这种共同语必然要以一种方言作为基础，适当吸收其他方言中的成分，按照基础方言的内部规律发展起来。大多数阿拉伯语言学家认为阿拉伯共同语是在古来氏方言的基础上发展起来的。公元6世纪，阿拉伯南部地区由于战乱，经济遭到严重破坏，南方许多部族逃亡到北部麦加地区，致使商业中心北移。麦加成为当时的商业重镇和经济中心。"经济中心的古来氏方言也就成了其他方言区学习的对象，成为其他方言区的部落同居经济中心地位的古来氏部落交往的工具了。"① 可见，经济发展能够在一定程度上决定哪种方言成为共同语的基础方言。

3. 经济的发展影响人们的语言态度

影响人们对一种语言持什么样的态度有很多方面的原因，但毋庸讳言，经济因素是其中不可忽视的因素。工业革命开始，英语开始走向世界。与此同时，法语也依靠本国经济实力成为一种强势语言。18世纪末法国资产阶级革命，促进了本国资本主义的发展，法国和英国成为经济强国。法语的影响力随着法国的强大也愈发强大，法语成为上层人士热衷的语言和欧洲各国的外交语言。当时的俄国贵族就以学法语、用法语为荣。巴黎和会之际，英国提出英语应与法语享有同等地位，应同时成为《凡尔赛和约》的起草语言、国联和国际永久法庭用语，遭到法国人的强烈反对。虽然当时英语也是一种强势语言，但1974年以前，法语是欧盟实际上的强势语言。由此可见，经济的发展影响人们的语言态度。

4. 经济的发展拓宽了语言研究的领域

经济的发展为语言研究带来了许多新的课题，催生了新的交叉学科，使语言研究向更加广阔的空间发展。近几十年来，利用计算机来研究语言

---

① 刘开古：《浅谈阿拉伯民族共同语的形成》，《阿拉伯世界》1989年第3期。

已经成为语言学研究的基本方法,计算机科学与语言学的融合催生了一个边缘交叉学科——计算语言学。"现在,计算机的研制已经进入了第五代。第五代计算机是带有人类的智能,关键在要求机器更好地识别和处理语言。"[①] 如果我们能够把自然语言分析得足够透彻,连机器也能识别,那么人和机器就能直接对话,不必经过算法语言中介了。因此,可以说制约第五代计算机的瓶颈问题就是语言问题。这将给语言研究带来更多更有价值的课题,将对语言研究产生重要的影响。

20世纪60年代,马尔沙克(Jacob Marschak)在致力于信息经济学的研究时揭示了语言的经济学性质,认为语言作为人类经济活动中不可缺少的工具,具有与其他资源一样的经济特性,即语言具有价值(value)、效用(utility)、费用(cost)和收益(benefit)四个方面的经济学特征。他提出了经济学与探求语言方面的优化具有密切关系的观点,对这几个方面的分析及其相互关系的探讨成为语言经济学研究的重要内容。大多数学者认为语言经济学属于经济学研究领域,但这种通过经济学原理来分析语言的研究视角,正好从另一个侧面证明了信息经济的发展扩宽了语言研究的领域。

通过以上分析可知,语言与经济之间存在紧密的联系。语言本身是一种资源,具有社会有用性和相对稀缺性两大特点,因而语言能够带来经济效益。语言还是社会经济活动的晴雨表,能够及时对经济的发展状况作出反应。社会经济活动是语言产生的动力之一,经济的发展能够推动语言的发展,也是语言经济进一步发展的动力。经济的发展还会影响人们对语言的态度,能够拓宽语言研究的领域。

(三)语言研究与经济研究的结缘

语言和经济结合并成为一个研究课题,这种研究视角的出现是有充分的理据的。概括起来主要源于三个方面:语言的属性、现代经济的发展趋势以及语言与经济相结合的学术研究传统。

1. 语言属性视角

语言是一种特殊的社会现象,它具有工具性、全民性、社会性等特点。语言的这些特点是语言能够服务于经济活动的前提条件。语言是人类最重要的交际工具,服务于社会生活的各个领域。经济活动作为社会活动

[①] 叶蜚声、徐通锵:《语言学纲要》,北京大学出版社2006年版,第24页。

中重要的组成部分，本身就是语言服务的对象。任何一种语言都是为整个语言社团服务的，不具有阶级性。从理论上讲，人人都具备学习一种语言的能力，即任何一种语言都是为全人类的社会生活服务的。语言的这种超社团的社会属性能使经济活动得以长久地发展下去。

语言具有资源属性，是经济的资源。语言作为一种资源，可以孕育新的职业、产业、行业，可以转化为生产力。随着信息产业的发展，语言作为经济资源的性质越发凸显。把语言看做经济资源，将会促进语言工程建设，拓宽语言社会服务的渠道和领域，形成方兴未艾的语言产业。近年来陆续出现的语言工程师、语言治疗师、语言翻译师、文字速录师和语言职业经理人等新兴的语言职业都在不断证明语言是经济的资源。语言资源的经济效益性还可以通过语言作为工具而间接体现。不论是母语的习得还是其他语言的学习，都要支付相应的学习费用。如果学习者成功地掌握了某种语言，可以凭借这种语言从事相关活动获取酬劳。因此可以说语言还是一种人力资源。外语学习是对人力资本生产的一种经济投资，人们学习外语的部分原因是受经济因素的影响，即考虑学习外语的"投资费用"和学成语言后的"投资预期效益"。

语言的资源性决定其具有价值属性，所以语言研究及经济研究的结缘从属性上看具有天然的契合点。

2. 现代经济发展视角

人类经济经历了从原始人的采集、狩猎发展到后来的农业生产、工业生产的过程。随着微电子、电脑、软件、网络等技术的发展和应用，以知识、信息技术为核心的高新技术产业迅猛发展，出现了一种与传统的农业、工业经济完全不同的新的经济形态。传统的经济是一种实物经济，它的存在离不开机器、厂房、设备、原材料、资金和劳动力等。现代社会的新经济是一种非实物经济，它是以知识、信息和技术为基础的经济。知识就是人类具有的经验和理解能力，这种经验和理解力在主、客观两方面都必须是正确的，并能据此作出判断和推理，以保证有目的的行为。语言本身既是知识，也是体现知识的工具，正是借助于语言，知识才有了主观和客观两种存在形式。

"一个经济在一定时期所拥有的最大生产能力是由当期可利用经济资源及其相互关系所决定的，因此，这个经济的增长速度和增长潜力最终取决于它的经济资源总量及其开发利用方式。"① 现代经济增长的经验表明，劳动力和实物资本对现代经济增长的贡献的比重在不断下降。现代经济就是以知识、信息资源为基础，以信息技术为手段，通过生产知识密集型的信息产品和信息服务来把握经济增长、社会产出和劳动就业的一种最新的经济结构，是继农业经济和工业经济之后最具现代性的经济形态。我们知道，人类信息大约 80% 是以语言文字为载体的。信息化时代，人类的语言文字传播进入前所未有的时期，利用现代技术进行语言信息的收集、加工和交换，成为现代经济生活中不可缺少的一部分。语言作为人类最重要的交际工具，是知识经济中不可缺少的重要资源。如何充分利用语言资源发展经济是知识经济时代的一个重要议题。

综上所述，现代经济的发展趋势，离不开语言资源的开发和利用。语言与现代经济的结合使得语言的资源性、价值性以及工具性得到了充分的体现。

3. 学术历程角度

语言学研究的学术历程和经济学研究的学术历程呈现一种互相观照的和谐态势。这在语言学和经济学的研究中都有体现，而且有较长的历史渊源。

从语言学研究角度看，现代语言问世学以来的研究，一直都很关注经济学思想的运用。瑞士语言学家费尔迪南·德·索绪尔（Ferduand de Sausune）是现代语言学的重要奠基者，语言价值学说是他提出的语言学基础理论之一。价值和价值理论是经济学热衷的话题，但索绪尔把它们引进语言学的研究领域。这说明索绪尔的语言思想受到了经济思想的影响。"我们无法想象，像索绪尔这样一位熟悉经济学，在自己的讲稿中曾多次引述经济学理论，又因力图语言学研究方法论的革新而烦恼不安的博学、敏锐的学者会忽视发生在其身旁的经济学界的这场关于方法论的持久战。"② 近年来有些学者认为，索绪尔语言价值理论的研究是以货币价值理论为前提的。索绪尔研究符号的价值，没有照搬商品价值理论，而是将经济学中的等价交换思想与语言的符号系统特征有机地结合起来，创立了新的价值

---

① 陆家榴、林晓洁：《经济资源的重新定义与现代经济增长》，《华南金融研究》2000 年第 1 期。

② 向有明：《索绪尔语言理论的经济学背景》，《外国语》2001 年第 2 期。

学说。索绪尔认为研究语言学与研究政治经济学一样，人们都面临着价值这个概念。可见索绪尔的语言学思想中已经包含了经济学的思想。

从经济学研究的视角看，语言研究也是经济学研究中很受关注的课题。经济学家亚当·斯密（Adam Smith）1761年发表在《哲学随笔》杂志上的一篇题为《对语言最初形成以及原初和复合语言的不同天赋的思考》的文章，成为经济学家研究语言的发端之作。他在《国民财富的性质和原因的研究》中对语言的重要性也有阐述，并明确指出人的交易是需要语言的。为此他还用了一个经典的例子做比方："从来没有看到一只狗与另一只狗进行公平的、有意识的骨头交易。从来没有人见过一动物以它的姿势或叫声向另一动物示意说：这是我的，那是你的；我愿意以此换彼。"[①] 韦森在分析亚当·斯密的研究思想时说："人类——唯独人类——之所以有市场交换和交易行为，之所以在种种社会活动和市场交易中会产生一些习俗、惯例和制度，究其原因，就是因为人类有并使用语言。"[②] 陈柳钦（2011）重申了亚当·斯密《对语言最初形成以及原初和复合语言的不同天赋的思考》的论文是经济学家研究语言的开始，并说明了语言在经济活动中的重要性。"由于语言构成了人成之为人的主要维度，不了解语言，不研究语言在人类社会形成和市场机制运作中的作用，显然难能对人类'经济世界'的内在秩序及其变迁机理有一个到位的理解和把握。"[③] 由此可见，不仅语言学家意识到了语言与经济的关系，经济学家也注意到了语言与经济之间存在的不可忽视的联系。

此后，更多的研究者开始关注语言与经济的问题。美国经济学家米尔顿·弗里德曼（Milton Friedman）认为，语言与市场的自发形成过程是相似的。美国语言学家爱德华·萨丕尔和布龙菲尔德在论述人类活动的起源和作用时也都提到语言的发展和经济活动的关系。他们认为，人类社会的经济活动是一种互动行为，在缺少语言交流的情况下根本无法进行。这些研究虽然还是零星想法的阐述，没有深入研究语言的经济势能，没有形成完整的理论体系，但是此后不久经济学开始涉猎处在人类思想探索前沿上的与人类语言现象有关的种种问题，这无疑是经济学的进步，也促使语言

---

① 吉芳：《论语言和经济的关系》，硕士学位论文，新疆大学，2005年。
② 韦森：《语言的经济学与经济学的语言》，《东岳论丛》2009年第11期。
③ 陈柳钦：《用规则来解释规则，用语言来解释语言——西方语言经济学的缘起和发展》，《中国社会科学报》2011年4月19日。

学向更广阔的领域拓展。

二 语言经济的界定与分类

（一）对"语言经济"的界定

关于"语言经济"，目前学界还没有一个公认的、统一的界定。总的来说我国学者给"语言经济"所下的定义可以分为两类。

首先，是从语言与经济理论的关系角度定义。一般认为语言经济是在经济学理论的指导下而出现的一个新的研究分支。张卫国认为，"语言经济学是以经济学的理论、原则和方法，把语言和言语行为当作普遍存在的社会和经济现象来加以研究的一个经济学分支学科。语言经济学可以有广义与狭义之分、理论与应用之分"。[①] 刘莹认为，"语言经济学是理论经济学的一个分支，它运用经济学通常的概念和分析方法及其工具，把语言作为变量，不仅研究语言本身产生、发展、演化和变迁的规律和路径，而且考察语言在经济活动中的作用以及语言和经济活动之间的关系"。[②]

其次，是先将语言视为一种经济资源，然后再来给"语言经济"下定义。王清智、黄勇昌认为，"语言经济是指为了满足人们提高语言能力的要求而产生的经济活动以及所带来的经济收益"。[③] 李现乐认为，"语言经济有狭义和广义之分。狭义的语言经济是为了满足人们提高语言能力的要求而产生的经济活动以及所带来的经济收益，如遍布世界各地的各种类型的语言培训机构就是在满足人们提高语言能力需求的过程中获得了相对可观的经济收益；广义的语言经济是与语言相关的经济活动和经济行为以及由此产生的经济利益，如语言翻译行业、服务业领域的语言服务带来的语言经济等"。[④]

由此可知，语言经济观的出现依赖于语言资源观的提出，语言经济的发展依赖于语言资源的开发和利用。因此可以说语言资源观是联系语言与经济之间关系的"媒介"。一般认为，资源是资财的来源，大多数人认为自然资源是资财的主要来源。随着社会的发展和认识的深化，人们开始认识到社会资源的价值。"语言资源就是指世界各种语言的要素资源、规则

[①] 张卫国：《语言的经济学分析——一个初步的框架》，博士学位论文，山东大学，2008年。
[②] 刘莹：《语言经济学视野中的网络英语》，《西安外国语大学学报》2011年第2期。
[③] 王清智、黄勇昌：《对语言与经济关系的研究》，《河南大学学报》2003年第4期。
[④] 李现乐：《语言资源与语言经济研究》，《经济问题》2010年第9期。

资源和范畴资源的总和及上述各种资源的语料库、数据库、词典等。语言资源是一种比较特殊的资源,是社会资源的一种,属于软资源范畴。"[1]语言作为一种特殊的资源,对其进行开发利用也是一个值得语言研究者关注的课题。研究语言的应用价值即研究语言的各个要素在社会各个领域的应用及资源配置的效益问题,对资源的配置还涉及国家语言政策和语言战略等多方面的问题。

综上,本书尝试给语言经济下一个定义:语言经济是指以语言资源观为指导,研究语言资源的经济价值及其开发和利用,具体来说主要包括人们为提高语言能力而进行的经济活动及其带来的经济投入、经济收益,以及通过语言资源的经济运作创造经济价值和经济效益的其他各种活动及其收益。

(二) 语言经济的分类及主要内容

1. 语言经济的类型

语言经济是一个涉及面很广的概念。根据不同的划分标准,语言经济可以分为不同的层次。

首先,可以以语言经济中涉及的语言种类和主受益群体为标准划分语言经济的类型。从语言种类的角度看,分布在我国国内的语言经济形式可以包括汉语语言经济、民族语言经济和外语语言经济等。其中,本族语言经济又可分为通用语语言经济和方言经济等。主受益群体主要指在语言资源的运作中经济利益的主要获益者。根据这个标准,语言经济可以分为本族语语言经济和外语语言经济等经济形式。

其次,以语言经济涉及的语言要素和语言技能为标准,语言经济也可以分为不同的类型。如利用语音资源从事经济运作的经济形态,如口语培训、语音软件开发等;综合利用词汇、语义、文字等要素从事经济运作的经济形态,如命名产业、广告产业等;利用文字从事经济运作的经济形态,如广告中的字体风格设计、汉字书法等。

再次,根据经济行为主体的不同,可以将语言经济划分为个体语言经济和社会语言经济。前者如个人利用自己的某种语言技能获取相应收益,后者如国家或特定企业通过对语言资源实施经济运作而获取经济效益。

---

[1] 王世凯:《语言资源与语言研究》,学林出版社2009年版,第32页。

2. 语言经济的主要内容

与语言经济的分类一样，语言经济涵盖的内容也是丰富多样的。从语言在经济运作中所承担的任务或起到的主要作用的角度，语言经济的内容可以主要概括为两个大的方面。

（1）以语言为直接产品的语言经济

语言经济活动的主体通过生产或加工语言产品并从中获得经济效益，就是以语言为直接产品的语言经济，如语言培训、语言翻译等。语言培训是以提高人们的语言能力为目标的语言经济行为，遍布世界各地的语言培训机构，就是此类语言经济的典型代表。语言培训就是通过向受训者提供特定的语言产品，如某种外语，使其掌握该种语言的使用。在此过程中，受训者需向培训者支付一定的培训费，由此，语言培训者从中获取经济收益。事实上，任何一种语言或方言的学习与习得都需要支付一定的费用，只不过有的支付方式是显性支付，有的支付方式是隐性支付而已。语言翻译行业提供的语言产品更为突出。在翻译过程中，翻译者通过提供口译、笔译或者手语翻译等形式的最终语言产品，从而获得经济报酬。语言翻译是语言经济中的重要方面，它涉及众多的行业和部门，在国际政治往来、文化交流、经贸合作等方面发挥着重要的作用。

（2）以语言为工具、手段的语言经济

以语言为主要工具、手段的语言经济主要包括语言艺术、语言科技和语言服务等。需要说明的是，语言在经济活动中事实上无时无刻不发挥作用。因此，这里以语言为工具和手段的语言经济是指以语言为"主要"的工具和手段，并发挥主要作用的经济形态。

语言艺术主要是指利用语言进行艺术创作，并由此获得经济利益，如小品、相声、文学创作等。在此过程中，语言是其获利的主要手段和工具。语言科技主要涉及与语言运用、语言信息处理等有关的软件设计、开发及生产等方面的经济活动。通过为客户提供与语言相关的技术、设备或高科技产品，经营者获取相应的经济利益。

语言服务已不是一个新问题。屈哨兵就表达了这样的观点："从服务的角度来观察语言的功能，其实不是一个很新的问题，语言是人们进行交际的工具，工具之谓，本质就是服务。"[①] 同时他提出，语言服务的基本

---

① 屈哨兵：《语言服务研究论纲》，《江汉大学学报》2007年第6期。

类型可以从语言要素、行业领域、服务成品、职业角色等不同的角度进行划分。李现乐对语言服务进行界定，认为"语言服务主要有宏观和微观两个层面的含义。微观层面的语言服务主要是指一方向另一方提供以语言为内容或以语言为主要工具手段的有偿或无偿、并使接收方从中获益的活动。微观层面的语言服务的主体多为某群体或个人。宏观层面的语言服务是指国家或政府部门为保证所辖区域内的成员合理、有效地使用语言而做出的对语言资源的有效配置及规划、规范。宏观层面的语言服务的主体是政府部门或相关的学术团体"。[①] 可见，语言服务有广义和狭义之分，但语言服务的一个主要特征就是通过语言或借助语言实现语言资源的经济效益或社会效益。

三　与语言经济相关的两个问题

（一）语言经济学

1. 语言经济学的两种研究范式

1965年，美国经济学家马尔沙克（Marschak）在 *Behavioral Science* 杂志上发表题为《语言的经济学》的文章，其中提及"语言经济学"一说。一般认为，这是关于语言经济学最早的论述。《语言的经济学》提到了语言的经济学性质，认为语言作为人类经济活动中不可缺少的工具，具有价值、效用、费用和收益四种经济特性。因此他认定经济学与探求语言方面的优化具有密切的关系。尽管这些研究在当时还具有一定的局限性，但是揭开了语言经济学研究的序幕。

语言经济学发展至今，已经有近50年的发展历史。在这段研究历史中，出现了两个不同的主要研究派别。一个是以弗兰克斯（Grin Francois）为代表。他在1996年指出，语言经济学为"理论经济学的一种范式，在对表征语言变量的关系的研究中，使用经济学的概念和工具。它主要（但不是专门地）侧重于经济变量起作用的那些关系"。[②] 后来北美、北欧等地区所进行的研究基本上是集中在他所定义的经济学范围内。从弗兰克斯所下的定义来看，他们主要研究人力资本理论框架下的语言政策分

---

① 李现乐：《语言资源和语言问题视角下的语言服务研究》，《云南师范大学学报》2010年第5期。

② Grin, Francois: "European Research on the Economics of Language Recent Results and Relevance to Canada", *Official Languages and the Economy*, 1996（1）：1—16.

析、双语或多语对收入的影响以及语言和经济发展之间的关系等问题,是利用经济学的理论、方法和工具把语言作为一个变量来分析语言的经济价值。另一派是以鲁宾斯坦(Anton Rubinstein)为代表。鲁宾斯坦在《经济学与语言》一书中阐述了他的语言经济学观点,主要运用经济学理论讨论与自然语言相关的话题。他在书中指出:"经济理论是人们对在人类相互作用中的常规性进行解释的一种尝试,而人类相互作用中的最基本的、非物理性的常规性就是自然语言。经济理论仔细分析了社会体制的设计;语言——从部分意义上讲——也就是一种交流机制。经济学试图将社会制度解释为从某些函数的最优化过程中所衍生的常规性,这一点可能对语言也是适用的。"① 鲁宾斯坦认为,语言本身就是一个函数,而非变量。自然语言的结构、演化及其对人类偏好和行为交往方式的影响构成了《经济学与语言》一书的主题。可见,鲁宾斯坦是用规范的经济学方法分析语言本身及其生成演化问题。"从某种意义上说,鲁宾斯坦为语言经济学开拓新的研究领域作了有益的尝试,把语言经济学上升到了一个崭新的理论高度,是真正意义上的语言经济学。"②

由上可见,语言经济学大体上已发展出两条学术主线,即人力资本理论框架下的语言经济学和对语言本身的经济学分析。总的来说,目前语言经济学的主要理论观点可以概括为以下五点:语言是一种人力资本的理论分析;语言行为均衡的博弈论分析;语言制度的经济学分析;语言合作原则的博弈论分析;语言经济原则的经济分析。

尽管语言经济学已经发展成为一门独立的学科,但目前很少有人给它下一个明确的定义,并被普遍接受。弗兰克斯曾给语言经济学下过这样的定义:"语言经济学属于理论经济学的范式,它把经济学通常所用的概念和手段应用到研究存在语言变量的关系上,尤其(但不是仅仅)对那些经济变量传统上也起作用的关系感兴趣。"后来,他又声明,这样下定义主要是考虑研究的方法问题。可见,弗兰克斯是从所用的工具和分析方法来区别语言学和语言经济学的。综合已有学术成果和现有各家观点,本书尝试给语言经济学下一个这样的定义:语言经济学是理论经济学的一个分支,它运用经济学通常的概念和分析方法及其工具,把语言作为变量,不

---

① [以色列] 鲁宾斯坦:《经济学与语言》,上海财经大学出版社 2004 年版,第 6 页。
② 张卫国:《语言的经济学分析——个初步的框架》,博士学位论文,山东大学,2008 年。

仅研究语言本身产生、发展、演化和变迁的规律和路径,而且考察语言在经济活动中的作用以及语言和经济活动之间的关系。

2. 语言经济学与语言经济

语言经济学与语言经济具有密切的联系,但并不是同一的问题。语言经济学讨论人力资本理论推导下的经济学问题或用经济学的方法分析语言问题,从其归属上看,或可归入经济学范畴。语言经济主要是讨论语言在经济生活中的作用及其相关问题,更侧重语言作为人类最重要的交际工具所带来的经济效益或社会效益。从范畴和归属上看,语言经济属于社会语言学的研究范畴。

语言之所以能够产生经济效益与语言的工具性分不开。语言的工具性是通过人使用语言而体现出来的,语言作为一种资源的经济价值也是在此基础才体现出来的。这与语言经济学的理论之一——语言是一种人力资本的观点有相通之处。另外,在语言经济的定义中,语言政策是其中应有之义。一个国家的语言政策会影响该国语言经济的发展,国家在制定语言政策时会考虑到语言的经济价值,这同语言经济学中的理论——语言制度的经济学分析也存在相通之处。虽然我们不能把语言经济学与语言经济等同起来,但语言经济学与语言经济存在相通的地方,关系密切,因而可以用语言经济学的某些理论观点来指导语言经济的研究。

(二) 语言的经济原则

语言的经济原则 (the economy principle) 也称语言的经济性,最早是由法国语言学家为探讨语音变化的原因而提出的一种假说。马尔蒂内 (Martinet) 认为,语言活动中存在内部促使语言运动发展的力量。这种力量指的是人的交际和表达的需要与人在生理上和精神上的自然惰性之间的基本冲突。交际和表达的需要始终在发展、变化,这促使人们提出这样的假设,即在语言顺利完成交际的前提下,总是自觉或不自觉地对言语活动中力量的消耗作出合乎经济要求的安排,尽可能地"节省力量的消耗",使用比较少的、省力的、已经熟悉了的或比较习惯的、或具有较大普遍性的语言单位。从语言运用来说,人类使用语言进行交际,总是力求用最小的努力去达到最佳的交际效果。

关于"语言的经济原则",我国学者也有论述。姜望琪《当代语用学》认为,语言的经济性原则是指以最小的代价换取最大的收益。熊学亮《认知语用学概论》认为,语言经济性原则是语言使用者在其他条件均等的情况下，总会遵循或倾向于尽量缩减的趋势，即一种表达在可以选择完整表达或替代表达时，一般倾向于替代表达；一种表达在可以选择完整表达、替代表达或缩略表达时，多半会选用缩略表达。综合国内外专家、学者对语言经济原则的定义和阐述，可以认为：语言的经济性就是人们尽可能将思维和言语活动限制在最低限度，在尽量少地使用语言手段的情况下，尽可能多地传递信息，实现言语效用的最大化。可见语言经济原则可以简单概括为：在言语交际过程中，从语言内部选择最简洁、省力的方式来实现有效交流的原则。

语言经济与语言经济原则关系紧密，同时也存在一定差异。语言经济和语言经济原则属于不同的两个研究范畴，它们之间的差异，具体来说可以概括为两点。首先，语言经济原则和语言经济所属范畴不同。语言经济研究应归属于社会语言学或语言资源学范畴。语言经济将语言视为经济的资源，关注如何开发利用这种资源的理论和方法。语言经济原则应归属于交际语言学或语用学范畴，主要关注为了达到特定交际目的，交际双方如何选取对自己最为有利和最为合理的方案，节省双方的心力，达到最优化交际和双赢。其次，语言经济和语言经济原则两者的侧重点不同。语言经济研究侧重把语言看做资源，考察其如何通过经济运作而产生经济效益。语言经济原则侧重从有效交际最大化角度讨论如何实现最低消耗。

语言经济和语言经济原则之间也存在相通之处：两者都重视效益性。语言经济研究语言的经济运作产生的经济效益或社会效益；语言经济原则研究如何通过减少消耗创造交际效益。

第二节　汉语经济

20世纪80年代以来，语言资源观开始出现在我国语言研究者的视野中。在此之前我国语言研究者习惯把语言当成"问题"来看待。语言问题的研究主要包括语言沟通、语言压力、语言濒危等三个方面，研究者的精力也更多地投入到如何解决语言问题上，重在解决语言问题所带来的交际障碍和社会麻烦。随着语言资源研究的深入，学者们开始认识到语言不仅能够承载丰富、厚重的社会文化信息，产生社会效益，而且还能产生经济效益，语言也是经济的资源。

语言资源研究促使语言经济观的产生。汉语经济研究成为语言学和经济学共同关注的研究课题。随着我国信息化的深入发展,语言作为经济资源的性质越发受到重视,语言潜在的经济价值逐渐凸显,汉语经济研究逐渐受到重视。宋晓霞(2006)曾经讨论过汉语的经济性问题。她说:"汉语言也是一种特殊的生产力,它能积极、能动地影响并制约着经济活动,在很大程度上成为经济活动的内在构成力量。相对于科学技术等显形生产力而言,语言具有隐形生产力功能。汉语能力的提高,经济来往会更顺畅、更活跃,获取信息速度加快,有助于科研成果的文字化,从而使语言直接促进科研的发展,并最终促进经济、社会的发展。"[1]

汉语经济指的是通过对汉语实施经济化运作从而创造社会效益和经济效益。简单地讲,就是通过语言产品的生产和语言能力的提高直接或间接地实现语言的经济价值,促进社会、经济发展。汉语经济已经成为我国国民经济中的一部分,在我国现代经济发展中占有重要的地位,得到了多层面人士的关注。《长江日报》2011年2月27日发表湖北省人大代表陈辉的建议,希望在武汉打造全球"多语中心",发展"汉语经济"。他认为,"随着全球'多语'信息处理需求的日益庞大,'汉语经济'将成为我省一个巨大的战略性新兴产业"。[2]

一 我国语言经济的研究历程

我国关于语言经济的研究起步较晚,研究成果相对较少,多是对国外语言经济研究的介绍和评述。但是,研究者在引入国外语言经济理论的同时也开始注意到汉语作为语言资源所附带的经济价值。从研究内容看,学者们多是引介国外理论,以汉语资源为例证来表达他们的汉语经济观。我国较早将国外的语言经济观引入国内的是何自然(1997)、高一虹(1998)等专家学者。他们在相关论述中谈及了"语言和经济"的问题。目前,我国学者对语言经济的研究大致可以归纳为三个方面。

(一)关于语言经济理论的研究

我国对语言经济理论的研究可以概括为三个方面。

---

[1] 宋晓霞:《论汉语的经济性》,《湖北经济学院学报》2006年第2期。
[2] 宋兰兰、雷雨晨:《"汉语经济"将成新兴产业》,《长江日报》2011年2月27日第2版。

第一，介绍国外语言经济的相关理论。许其潮、汪丁丁、任荣等在这方面作出了一定的贡献。许其潮《语言经济学：一门新兴的边缘学科》概述了语言经济学这一新兴学科的产生背景、基本理论、研究对象和研究方法等问题。同时，作者还在文中提到了语言经济学在我国的发展前景。汪丁丁《语言的经济学分析》认为，"语言经济是尽量广泛地引述非经济学领域里关于语言现象和语言习得的学派、理论、文献，并且进一步从经济学'稀缺资源配置'的角度把这些理论综合在一个'理性选择'分析框架里"。[1] 任荣《语言经济学：一门方兴未艾的学科》，从语言与经济的渊源关系入手，概述了语言经济学的研究对象、内容与前景等问题。

第二，国内语言经济理论的探讨。林勇、宋金芳《语言经济学评述》从语言与收入、语言与经济发展、语言的"网络效应"、语言政策等不同方面对语言经济学的理论进行了综述和评价，并据此对我国语言经济的发展提出了相关建议。汪徽、胡有顺《对语言经济学学科建立理论争端的反思》，以经济学分支学科建立理论原理为依据，概括了语言经济学学科建立理论争端的三个基本问题。同时作者还从理论与实践两方面对语言经济学的产生前提、研究范围和研究边界进行了反思。杨依山《语言经济学理论框架初探》认为，语言经济学是采用经济学的分析方法和工具来研究和考察语言问题。在此基础上，作者还认为语言经济学的理论框架还应该包括理论假设、研究对象（研究领域）、研究方法、应用研究、提供政策建议等方面的研究。张卫国《语言经济学研究存在三个主要维度》指出，语言经济学研究存在作为人力资本的语言（能力），作为具有公共产品性质的（官方）语言，作为制度的（社会）语言三个主要维度。张卫国《语言经济学三大命题：人力资本、公共产品和制度》讨论了语言经济学的三条主线，即人力资本理论下的语言与经济的关系研究，经济学语言的修辞分析，用经济学的理论、方法来分析语言的结构、现象及相关的语言问题。徐大明《有关语言经济的七个问题》探讨了语言经济要注意的七个方面，即语言是否是稀缺资源，语言方面的权衡取舍，语言决策的机会成本，语言决策中的边际量，语言政策研究中的激励作用，语言贸易的可能性，语言市场。

第三，国外语言经济研究历程的回顾。蔡辉《语言经济学：发展与

---

[1] 汪丁丁：《语言的经济学分析》，《社会学研究》2001年第6期。

回顾》对语言经济学近50年的发展作了历史梳理。苏剑、张雷《语言经济学的成长》将语言经济学的发展历程分为四代：第一代是把语言看做一种虚拟变量；第二代语言经济学的研究是把语言纳入人力资本的框架；第三代采取实验的方法把语言定量化为一种指数，并引入经济学模型；第四代的语言经济学更接近社会语言学，无论是把语言定性为人力资本、公共产品，还是其他，最后都要为一国的语言制度安排服务。

(二) 关于语言与经济关系的研究

这方面的成果主要集中在21世纪以来发表的一些学术论文方面。郑长发《经济与语言的发展》认为，语言的发展与经济有相辅相成的辩证关系，"经济对语言的影响是极其重大的，它不仅影响语言本身（语音、词汇、语法），还影响着其生存与发展。同时，语言对经济也有着不可忽视的作用，既可以促进经济的发展，也会妨碍经济的发展"。[①] 王家鲲《经济发展与社会主导语言的形成》指出，经济是影响语言发展的一个很重要的因素。王清智、黄勇昌《对语言与经济关系的研究》从经济学的角度研究语言，系统地阐述了语言与经济在五个方面的联系，即经济的扩张带动语言的扩张，语言的扩张为经济的扩张服务；语言的竞争是经济强国的竞争方面之一；语言的经济价值表现；经济、政治的独立性往往带来语言的独立发展；经济学研究的深入丰富了语言的发展。张福荣《经济发展水平对语言态度的影响——赣籍大学生赣语与普通话调查》调查了不同经济环境下的赣籍大学生对赣语与普通话的态度，指出语言态度是人们对所处社会经济环境的反应。袁俏玲《语言经济学略论》《再议语言经济学》提出了语言经济学研究的系统化理论。文章指出语言与收入、语言与经济发展、语言的动态发展、语言经济学与语言政策是语言经济学研究的重要内容。袁俏玲此后发表的《语言与经济的关系探微》《经济学的语言问题和语言的经济学分析》总结分析了语言与经济之间的关系。她将经济行为视为人的语言性存在方式，讨论了语言经济转向的问题。张卫国在《语言与收入分配关系研究述评》中专门论述了语言与收入分配问题。薄守生《语言规划的经济学分析》探讨了语言规划的成本收益、语言与区域经济发展的相关性以及语言、语言资源与语言环境等方面的内容。姜国权《语言经济学与经济语言学比较研究》认为，语言经济学与

[①] 郑长发：《经济与语言的发展》，《河南商业高等专科学院学报》2000年第5期。

经济语言学都是研究语言和经济之间关系的交叉学科,语言经济学以"经济学"作为中心词,而经济语言学以"语言学"作为中心词,两者在研究目的、研究方法和研究结果上有很大差别。唐庆华《试论语言学研究的跨学科趋势》在概述语言学研究纵向和横向两种发展倾向的同时,以语言经济学为例,阐述语言学与经济学之间的密切关系,探讨这门交叉学科产生的背景、基本理论及其在我国的发展前景等方面的问题。李现乐《语言资源与语言经济研究》从语言资源观入手,讨论语言与经济的关系。文章认为,"语言资源是人类最为重要的资源之一。保护语言资源的目的之一是开发和利用语言资源,而开发和利用语言资源产生语言经济。语言经济是与语言相关的经济活动以及由此产生的经济利益。语言经济的发展需要语言资源观指导下的语言经济研究和语言经济规划,其中包括语言资源调查研究和针对语言经济活动的普查与评估工作;同时,也包括社会语言服务和汉语国际传播方面的语言经济研究"。①

(三) 关于语言制度的经济学研究

关于语言制度、语言政策等的经济学研究,目前有专家学者以单篇论文的方式讨论,部分高校的研究生也曾经关注过这类问题。主要研究内容集中在语言政策、语言制度的本质,语言政策等与语言经济的关系等问题上。值得关注的是"语言经济学论坛"的举办,起到了汇聚人才、建设队伍、集中成果、提升水平的作用。

韦森《从语言的经济学到经济学的语言——评鲁宾斯坦〈经济学与语言〉》认为,制度说到底是个语言现象,制度经济学中的制度作为一种语言现象,可以从语言学的角度入手,采用语言学的研究方法来进行研究。林勇、宋金芳在《语言经济学评述》中专门论述了语言政策与经济的关系,认为"语言经济学能够通过同时考虑经济变量和语言变量之间的关系为语言政策提供有效的引导"。② 姚明发《语言经济学的历史回顾与研究路向》认为,语言经济学的研究对语言政策的制定和语言规划具有重要的参考价值,对国家的长治久安及民族之间的和谐发展具有十分重要的现实意义。张忻《语言经济学与语言政策评估研究》分析语言经济学对语言政策及评估的影响,并介绍了语言政策研究及评估的方法和内

---

① 李现乐:《语言资源与语言经济研究》,《经济问题》2010年第9期。
② 林勇、宋金芳:《语言经济学评述》,《经济学动态》2004年第3期。

容。祁毓《公共产品视角的语言供给经济学分析》认为，首先，语言是公共产品，需要采用以政府供给为主、其他主体供给为辅的混合供给方式；其次，语言的使用主体具有层次分明的特点，因而语言的供给要采用分类供给形式。另外，作为公共产品的语言，其供给过程要充分考虑使用主体的偏好和意愿。祁毓还认为，语言的调整是制度变迁的一种体现，要充分考虑到语言调整的路径依赖性，并将其纳入制度变迁的成本中予以考虑。政府作为掌控资源的语言规划的决策者，在语言调整的博弈过程中，要做到中立，最大限度地反映主流文化和主流使用主体的意愿。

新疆大学吉芳的硕士学位论文《论语言与经济的关系》从语言和经济的概念入手，分析了两者的内涵及其关系，语言生活与经济生活的发展历史，讨论了语言在经济活动中的作用，论述了语言的市场价值。文章最后分析语言与经济的互动，讨论在当前形势下经济活动怎样对语言产生影响，语言研究又如何促进经济发展的问题。山东大学张卫国的博士论文《语言的经济学分析———一个初步框架》"是国内第一篇对语言经济学基础理论进行较为全面的、系统和深入研究的博士论文，是对已有语言经济学理论进行综合与沟通的一个尝试"。[①] 文章通过分析已有的语言经济学的研究成果，揭示了语言经济学的学科性质与定位。作者从公共产品和制度的角度对语言进行了新的尝试性分析，并将其作为语言经济学的一个基本分析框架，丰富了语言经济学的理论。

"语言经济学论坛"由山东大学经济研究院发起，旨在提升我国语言经济学理论与应用的研究水平，促进经济学与语言学的交叉研究以及学者间的交流与合作，推动语言经济学的发展。2009年山东大学主办了首届中国语言经济学论坛。这次大会是经济学界和语言学界第一次就语言经济学这一交叉学科的集体对话，标志着语言经济的研究在我国开始有组织地进行。这次大会虽然没有采用"汉语经济"这个说法，但是会议非常重视汉语资源的经济价值的研究。2011年10月第二届中国语言经济学论坛又一次在山东大学举行。周庆生、黄少安、宁继鸣、徐大明、张卫国、陈鹏教、盛玉麒等分别作了语言经济方面的报告。其他与会代表在小组讨论中分别宣读论文，介绍最近的科研成果，围绕语言经济学的基本理论、语言产业和语言经济的测度及其对经济的贡献度、语言服务和语言生活中的

---

① 张卫国：《语言的经济学分析———一个初步框架》，博士学位论文，山东大学，2008年。

若干重大问题展开了深入的交流和讨论。

我国目前已经出现培养语言经济学方面人才的专业。2004年山东大学经济研究院语言经济研究所在黄少安的主持下成立。这是全国最早也是目前国内唯一一个语言经济学专门研究机构。山东大学语言经济研究所学术队伍不断壮大,已经培养了宁继鸣、张卫国、苏剑、王海兰、刘国辉五位语言经济学的博士。

我国语言经济研究虽然起步较晚,但发展较快,尤其是近几年来汉语经济研究逐步形成氛围。从研究成果看,我国语言经济的研究开始从介绍国外理论走向自主研究,研究的角度多样化,涉及汉语经济理论研究、汉语经济应用研究、汉语经济制度研究等不同方面。我国还出现了培养语言经济人才的基地。山东大学成立了语言经济学研究所,经济研究院还设有语言经济学的博士点。另外,语言经济研究的成果在经济类和语言类刊物中都有自己的阵地,如《经济学动态》《经济研究》《经济评论》《西部论坛》《制度经济学研究》《语言文字应用》《当代语言学》《汉语学习》等。此外还有许多综合类期刊也成为语言经济研究的阵地,如《云南师范大学学报》《郑州大学学报》《河北大学学报》《河南大学学报》等。

二 汉语经济研究的主要任务

(一) 汉语经济的价值及其表现

邱志朴认为,"汉语资源的开发、汉语的推广事业和四个现代化有着极为密切的关系,它将对我国的政治威望、经济效益和文化交流做出重要贡献"。[①] 汉语是一种资源,具有为我国的政治、经济、文化服务的价值。汉语资源的价值属性为汉语经济的形成提供了可能。2004年,北京语言大学校长曲德林在与教育部语言文字信息管理司签订共建"国家语言资源监测与研究中心"的签约仪式上明确提出:"语言是一种资源,是和国家的国土资源、海洋资源、矿产资源、森林资源、人口资源等一样性质的重要国家资源。"将语言资源明确为经济资源的一种,这说明我国学者已经注意到了汉语资源的经济价值。

[①] 邱质朴:《试论语言资源的开发——兼论汉语面向世界问题》,《语言教学与研究》1981年第3期。

汉语资源的经济价值可以从微观和宏观两个方面来考察。从微观方面看，汉语的经济价值主要指汉语的交际功能、表意功能、传信功能等在人们头脑中所产生的某种信仰效果。人们在这种效果的驱使下，做出一些相应的经济付出行为，而这种行为刚好能满足使用者的预期需要；从宏观方面看，汉语的经济价值主要是指汉语在不同时期的社会经济生活中的实际使用地位、频率、语言变化、人们对语言的评价以及由此产生的语言政策。具体来说，汉语资源的经济价值表现在以下几个方面。

1. 汉语能帮助使用主体完成某项工作

汉语有不同的方言，有些方言之间差异较大，存在交际上的障碍。新中国成立后，我国实行普通话推广的政策，普通话目前已经成为主要的交际工具。汉语普通话和方言，尤其是汉语普通话在当代经济活动中发挥着非常重要的作用，在汉语经济活动中扮演着相当重要的角色。

以汉语资源在义乌经济发展中的作用为例。义乌是浙江中部快速崛起的一座商贸城市，在义乌的发展过程中普通话发挥了重要的作用。浙江义乌方言属于浙南区吴语婺州片。义乌位于浙江中部，交通方便，与外地交往频繁。因此义乌话受邻近方言的影响较大，内部差异也较明显。"义乌十八腔，隔溪不一样"就是对纷繁的义乌方言的生动描述。生硬且复杂的义乌方言曾经阻碍了义乌货郎外出做生意的脚步，迟滞了义乌与外地的经济文化交流。义乌小商品市场建立后，义乌方言的沟通障碍越来越明显。自从作为国家通用语言的普通话在义乌得到推广与普及以来，义乌的经济取得了快速的发展。"只有掌握了规范的全民共同语，才可能与人顺畅沟通，促成生意，这已经成为义乌人的共识。"[①] 可见，普通话的社会经济价值在义乌商业活动中得到了充分的体现。

义乌是个典型的案例，除此之外这样的案例还有很多。20世纪80年代，湖北省一个山村办起了茶叶加工公司，他们外出销售商品时由于不懂普通话，不光生意谈不成，连乘车、买票、住宿都遇到了数不清的困难。茶叶加工公司的一些有识之士便为推销员办普通话培训班。培训后的16名推销员再上东北、内蒙古等地，20天时间就推销茶叶两万多斤，成交额达20万元。

[①] 毛力群：《语言资源的价值——以浙江义乌的语言生活为例》，《云南师范大学学报》2009年第4期。

汉语普通话和汉语的各种方言都蕴含潜在的经济价值，都能帮助使用主体完成某项工作，从而获得经济效益。汉语普通话和方言间接创造经济效益的情形可能有差异，这主要与经济行为中的对象、环境等因素有关。但不论如何，汉语的经济价值性是确实存在的。

2. 语言在市场中满足社会需求

汉语同任何语言一样，都是有经济价值的，它的价值也体现在市场价值上。随着我国对外贸易的发展，汉语已经成为我国出口贸易的重要组成部分。语言并不能用市场上可以交易的量来衡量，但这并不等于说语言贸易是不可能的。"事实上，国家之间是存在语言贸易的。"[①] 20世纪50年代初期，日本逐渐恢复在国际社会中的地位并开始以外语教学的形式开展日语国际推广。随后的几十年中，推广活动取得了较好的效果，推广的范围不断扩大，海内外日语学习者人数不断增加。到目前为止，日本向国外输出的日语书籍、日语影视产品都是可以用日元来计算的。世界范围内汉语热的兴起需要我国输出以汉语为内容的产品，如汉语书籍、汉语电影等。这些产品的经济价值都是可以用货币来衡量的。

汉语资源的市场价值不仅体现在输出上，也体现在国内的方言经济方面。随着我国社会主义市场经济的发展，跨地域、跨方言区的经济活动日益频繁，为地区经济的发展带来了良好的机遇。但方言众多，沟通不畅的状况有时会起到负面作用。一般来说，方言是以不利于经济发展的面貌出现的，更不用说以方言作为直接的经济资源来出售，从而获得经济价值。但近年来在义乌出现了一个有趣的现象。义乌方言的培训也颇有市场，学习与使用义乌方言的人群逐渐扩大，义乌方言的经济价值正稳步攀升。现在的义乌不仅是一个全国商人汇集地，还是一个已经实现小商品经销全球化的"联合国社区"。目前，100多个国家和地区的1万多名境外采购商常驻义乌，经批准设立的境外公司企业代表处达2049家，市场商品出口到215个国家和地区。不少外地或外国人在掌握了普通话之后，想进一步融入义乌本土的生活，正踊跃学习义乌方言。这一现象折射出在商品大潮的影响下，义乌方言本身的功能正在发生变化。在义乌的幼儿园、中小学课堂、语言培训学校，外国人同义乌人同班学习的现象已司空见惯。据义乌市教育局2008年的数据显示，在义乌各中小学插班就读的外商子女目

---

① 徐大明：《有关语言经济的七个问题》，《云南师范大学学报》2010年第5期。

前已达2000多人。这给义乌经济注入了新的活力,义乌方言也创造了可观的经济价值。

其实语言和方言之间都没有优劣之分,各种语言和方言都有不同的经济价值。任何一种语言和方言,在一定的经济、社会条件下,只要适应环境需求并积极开发,都会产生一定的经济价值。

3. 语言产业、语言职业创造的经济效益

"随着信息时代的发展,语言作为经济资源的性质会体现得越来越明显,其经济意义越来越显著。"[①] 当今时代,一些新的语言职业和语言产业逐渐形成,语言已经进入经济和高新科技领域,成为经济发展的重要资源。语言翻译产业、文字速录师职业、计算机字库提供商、语言文字信息处理软件产业等成为新型经济中的重要组成部分。近年来随着我国国际地位的上升,汉语的国际地位也大大提高,在我国出现了规模可观的对外汉语教学队伍。我国患语言疾病的人数也很多,如聋哑、口吃、兔唇、假喉、失语症、儿童语言发展迟缓等,"语言治疗师"这一职业可能在不久的将来会成为新兴语言职业的一部分。语言产业的形成、语言职业的出现,都通过直接或间接的方式开发利用语言资源,使语言资源的效益性特征不断凸显。

(二) 汉语资源观与汉语经济观

汉语资源观促成了汉语经济观的出现。但这只是从宏观上说出了汉语资源观在汉语经济中的作用,资源观如何促成经济观的出现是值得研究的问题。马克思主义哲学观认为,认识来源于实践,同时对实践具有能动的反作用。因此深入地研究汉语经济观的形成,是为了能够更好地指导汉语经济的发展。汉语资源的经济价值可以从语音、词汇、语义、文字等几个方面来说明。

1. 语音资源的经济价值

汉语语音资源主要包括汉语语音的要素、结构、组合方式以及演变规律等。语音的经济价值是指利用语音资源的经济活动和经济行为以及所带来的经济效益。汉语语音具有声韵和谐、韵律优美的特点。汉语中的押韵、双声、叠韵、复字是通过语音成分周期性重复、声韵相和相谐而产生的具有韵律美的语音现象。这些资源可以为汉语经济的发展提供服务。

---

① 李宇明:《当今人类三大语言话题》,《云南师范大学学报》2008年第4期。

"酒香不怕巷子深"的年代已经过去,广告成为商家们赢得经济利益的手段。富有节奏与韵律美的广告语言,能促进信息的传播,刺激购买者的欲望。例如"万家乐,乐万家"、"好空调,格力造"是两条家喻户晓的广告词。这两则家电广告词中有规律的节奏与押韵很容易吸引消费者注意,刺激消费者的购买心理,为商家储备了大量潜在的消费群体。当然,语音资源的经济价值还表现在很多方面,如语音通信行业、语音软件等,兹不一一赘述。

2. 汉语词汇及语义资源的经济价值

汉语词汇及意义的经济价值主要在命名产业中体现出来。先以美国命名产业为例。美国命名产业起源于 20 世纪 70 年代末期,首先出现在纽约,兴起于加利福尼亚州,特别是硅谷和旧金山海湾地区。硅谷聚集了英特尔、惠普、苹果、太阳、思科、甲骨文等全球著名的高技术跨国公司。随着新产品出现的周期越来越短,产品命名成为企业推销产品的短板。于是各家公司都愿意花费几万美元的代价聘请专业命名公司。"为了适应这种市场需求,很多语言专家在该地区创办命名公司。第一家是 NameLab,第二家是 Lexieon Branding……它们设计的 Sony(索尼),Compaq(康柏),Lexus(凌志),Pentium(奔腾),Celeron(赛扬)成了全球性词汇。"[①] "根据 Elinor 和 Joe Selame(1988:81)介绍,美国 1985 年命名产值是 2.5 亿美元。Rivkin 调查公司从 1991 年以来就对全美企业的命名状况作了名为 Survey:Record Number of U.S. Companies Created New Names 的跟踪调查,结果显示 1999 年间美国的所有品牌命名总量为 600 万次,命名公司完成总量的 12%,广告公司完成 27%,产值总计 150 亿美元,占同年美国广告业总值的 6%(www.namingnewsletter.com/survey 2000.html)。"[②] 中国目前正处于快速发展中,命名需求很大。汉语具有天然的命名优势,因此汉语命名产业存在较大的发展空间和很大的利润空间。充分利用汉语词汇及语义资源,当然可以创造可观的经济效益。

3. 汉字资源的经济价值

汉字是世界上最古老的文字之一,它是记录汉语的书写符号。汉字复杂、独特的发展历程以及它独有的构字方式和书写方法,使之发展出一门

[①] 贺川生:《美国硅谷的命名产业》,《品牌》2001 年第 11 期。

[②] 贺川生:《美国语言新产业调查报告:品牌命名》,《当代语言学》2003 年第 1 期。

绝无仅有的艺术——书法艺术。汉字书法具有很大的经济价值和文化价值。宋代米芾的《研山铭》在2002年被中国文物流通协调中心以2999万元拍得，隋代的《出师颂》在2003年被北京故宫博物院以2200万元人民币的价格购得。王羲之书法作品《来宿帖》在2010年以397.6万元人民币的价格拍出，《妹至帖》在香港起拍价定在2000万元以上。

随着时代的发展，从信息化、视觉化、艺术化的视角来看，汉字无疑是一种有巨大生命力和感染力的设计元素，被广泛地运用于现代企业的标志设计中。从现代商业的角度看，汉字就是中国早期的平面设计作品，汉字的造型方法和表现方式与今天平面设计的构成极其相似。汉字符号化的识别特点符合现代经济、市场发展的需求。

计算机技术的发展和汉字输入法等相关技术的进步，让汉字资源的价值进一步凸显出来。汉字字库、汉字识别软件、汉字注音软件、手写汉字识别软件、汉字转拼音软件、汉字阅读软件、汉字学习软件、小学生学汉字软件、识字软件、汉字点阵提取软件等的开发直接显现了汉字资源的经济价值。

（三）语言经济学理论与汉语经济发展

目前，语言经济学已经发展出比较成型的理论，如何用语言经济学理论指导汉语经济发展成为重要的课题。

语言经济学把语言看成一种人力资本，把学习语言看成是对人力资本的一种投资。人们投资语言教育，可以通过学习和训练从而获得某种语言的知识技能，取得解读某种语言信息的能力。这种能力作为资本成为获得更多人力资本的资本。在生产过程中，学习了新的语言的个体将更容易获取新知识、学习新技术、开发新产品、拓展新市场，从而促进生产的发展，并为社会和个人带来更多的经济利益。也就是说，语言教育在一定条件下可以转化为经济收入。从语言经济学的角度看，语言教育在社会经济发展中占有特殊重要的地位，是一种具有经济价值的投资。

语言经济学理论认为，人们决定学习第二种语言（或外语），甚至让自己的子女从小就学习第二种语言（或外语），部分原因是受经济因素的影响，即考虑到学习第二种语言（或外语）的投资费用和其后的预期投资回报。以我国为例，我国少数民族人口众多，少数民族语言文字在许多少数民族聚居地区是当地民众日常生活和工作中普遍使用的语言文字。但在我国现代化的过程中，大量少数民族学生和民众来到汉族地区寻求学习、就业和发展的机会。因此，学习汉语成为许多少数民族群众的选择，学好汉语也给他们带来了更多的就业机会和经济收益。

　　语言经济理论认为，语言的经济价值有高低之分。某一特定语言经济价值的高低取决于该语言在各种任务、各种职业和各部门中的使用程度，而其使用程度又受到对该语言的供求法则的支配。具体来说，只要语言能在劳务市场上满足社会不同层次的需求，便会取得不同的经济效益。语言的经济价值通过对语言的使用来体现，最终通过使用语言的人创造的经济价值体现出来。语言使用者的语言熟练程度越高、经验越丰富，其身价就越高。例如，推销人员的工资与推销成果有关，而推销成果又与推销人员的语言运用水平有直接的关系。因为在推销过程中，销售人员与顾客的沟通主要是语言方面的沟通，如何与顾客有效地交谈是一项很重要的商业技能。语言技能与推销效益之间具有不可分割的关系。

　　语言的经济效用取决于诸多因素。一般来讲，不同民族、不同国家的语言之间的影响应该是相互、平等、双向的。但在实际情况中，语言的影响主要是单向的，即从经济文化发达的地区向落后地区波及、流动。某一语言的经济效用取决于该语言在不同市场上的使用程度，包括在劳务市场上是否急需，在私人和公共消费市场上应用的多寡，在人际交往中是否常用等。袁俏玲认为，"使用某一特定语言的个人和机构的数量，即使用该语言的密度、理解者的心理活动、信仰和认知能力也会影响语言的经济价值"。[①] 一般地说，某种语言的需求量大、使用人口多，它的市场价值就大；反之，需求量不大，使用人口少，市场价值就小。与汉语其他方言相比，普通话的使用范围广、使用人口多、服务领域宽，因此普通话的市场价值要大于一般方言的市场价值。

　　（四）语言的网络效应

　　网络效应又称网络外部性，是信息经济学中的一个概念，是指某种信息产品对一名用户的价值取决于使用该产品的其他用户的数量，也就是说，信息产品存在着互联的内在需要，这种产品的需求的满足程度与使用该种产品的网络规模密切相关。这主要是因为网络中的少数使用者不仅要承担高昂的运营成本，而且只能与数量有限的人交流信息和使用经验；但是随着用户数量的增加，将使不利于规模经济的情况不断得到改善，每名

[①] 袁俏玲：《再议语言经济学》，《外语教学》2006年第5期。

用户承担的成本将持续下降,同时信息和经验的交流范围得到扩大,每名用户都能从网络规模中获得更大的价值。语言作为一种典型的信息产品,具有很强的外部效应。当更多人使用一种语言时,对其他人来说,在其他条件相同的情况下,这种语言变得更有用了。张诚、董佺(2005)在讨论直接网络效应时,就注意到了这个问题。他们认为,"直接网络效应是指当一种商品或服务被不同的消费者所使用,而消费者之间对商品或服务的使用性质是互补的,此时每个消费者在使用该商品或服务时的获益以及他使用该商品或服务时的动机就会随着更多其他消费者的使用而增加。例如,某一种语言的使用者会随着该语言使用者人数的增加而从更多的交流机会中获益"。[①]

汉语经济理论应该深入研究汉语资源的网络效应,不断扩大汉语资源的作用范围。

1. 扩大普通话的网络效应

汉语方言是汉民族语言的地域性变体。汉语方言的内部发展规律服从于全民族共同语,同时又具有不同于共同语和其他方言的特征,在语音、词汇、语法方面都有自己的特点。因此,汉语方言在同源异流的前提下同中有异,异中有同,各方言之间相似的程度和互异的程度均不相同。从地域看,汉语方言中差异较大、情况较复杂的地区多集中在长江以南各省,特别是江苏、浙江、湖南、江西、安徽、福建、广东、广西等地;从语言要素角度看,方言差异表现在语音、词汇、语法等各个方面,其中语法方面的差异最小。语言和方言都是经济资源,一种语言如果包含多种方言,这种语言往往就拥有更多的资源,可能带来更大的经济收益。语言的经济价值最终要在使用中才能体现出来,所以语言的使用一定程度上决定语言经济价值的大小。方言大多只是在一定的区域中通行,随着社会的发展进步,跨区域交流越来越频繁,方言分歧给人们的交流带来的不便也会越来越明显。汉语经济的发展需要一种共同的交际工具,以消除交际中的障碍,使资源效益最大化。在中国特色社会主义现代化建设的历史进程中,大力推广、积极普及全国通用的国家通用语,有利于消除语言隔阂,促进社会交往,对社会主义经济、政治、文化建设和社会发展具有重要意义。随着改革开放和社会主义市场经济的发展,社会对普及普通话的需求更加

[①] 张诚、董佺:《网络效应条件下的扩张战略与对内开放》,《财贸研究》2005年第6期。

迫切。推广普及普通话，营造良好的语言环境，有利于促进人际交流，有利于商品流通和培育统一的大市场。所以，扩大普通话的网络效应已经成为社会的需要和历史的需求。

2. 促进汉语的国际传播

毋庸置疑，英语是当今社会第一强势语言，它在互联网、联合国用语、国际经贸活动中都处于优势地位。英语的这些优势吸引了世界各地的学习者。英语等级考试制度的建立及其所带来的收益已经成为一种重要的外汇收入，如英国的雅思、美国的托福、GRE 等在全球范围内掀起了一股巨大的语言文化产业浪潮，给英国和美国创造了巨额财富。因此，可以说扩大语言的网络效应是促进语言经济发展的一项重要举措。

汉语是世界上使用人数最多的语言，但不是使用最广的语言。汉语所创造的经济价值大多来源于本国人对它的开发和利用。因此，汉语的国际推广有助于扩大汉语的网络效应，从而取得更好的经济效益。从语言经济和语言产业的视角审视汉语国际传播，汉语国际推广可以促进我国的国际交流，推动对外经济活动的开展，提高我国在国际贸易中的影响力。因此，我们应加强对海外和国内汉语作为第二语言教学与培训的语言经济研究。

（五）汉语经济与语言政策

"语言政策就是一个国家、一个地区、一个民族规定的语言文字所应遵循的方向、原则以及为此而提出的工作任务。"① 我国《宪法》规定：各民族都有使用和发展自己的语言文字的自由；国家推广全国通用的普通话。这是我国关于语言文字的根本政策，同我国的政治、经济、文化密切相关，在加强民族团结、促进社会进步和加速现代化建设等方面都发挥了积极的作用。一般来说，语言政策包括语言选择、语言协调、语言规范化、文字改革、文字创制等方面的内容，其目的是解决信息交流和人际沟通问题。语言政策是在客观地分析国情的基础上制定的，主要涉及政策的法律性、文化性和教育性等方面的内容。一切事物都处在不断变化发展的过程中，语言政策也要不断适应语言生活中出现的新变化。近几年，语言政策研究发生了变化，"在语言政策研究中，考虑经济学的因素是一个比

---

① 冯志伟：《应用语言学综论》，广东教育出版社1999年版，第131页。

较新颖的发展方向"。①

1. 语言政策对汉语经济的影响

在市场经济条件下,语言市场像只"看不见的手",其规则存在于貌似散乱无序的市场行为中,政府的任务就是要找出规律,制定出相应的"看得见"的规则、制度,从而起到规范并引导语言经济发展的作用。

科学的语言政策是汉语经济持续发展的保障,可以解决汉语经济发展中出现的各种问题。例如,我国是一个多方言的国家,方言的差异影响了不同地区的经济贸易交流,普通话的推广正在逐步解决这一难题。语言政策可以对各种语言信息进行调整,以解决由于对语言供需矛盾、语言经济价值缺乏了解,使得社会经济实体不能对自己的经济行为做出正确的决策等问题。与东部相比,我国西部地区经济发展相对落后,西部地区常常会因为缺乏语言信息而错失经济良机。政府可以出台相应的语言政策帮助西部地区及时获得有效的语言信息。语言政策可以促进汉语的国际传播,促进我国对外汉语经济的发展。汉语国际推广是为全球汉语言文化教学提供资源和服务,促进汉语言文化在全世界和平传播的一项国家性的战略工程。科学的语言政策能吸引海内外企业、个人和其他社会力量广泛参与到汉语国际推广工作中来,充分发挥各种社会资源在汉语推广过程中的作用。

2. 语言政策对少数民族语言经济的影响

严格地讲,少数民族语言经济与汉语经济是不同的概念。但是从国家语言资源的角度讲,少数民族语言经济也是国家经济的重要组成部分,制定科学的语言政策,推动少数民族语言经济发展,就是推动国家整体经济的发展,所以放在这里一起讨论。

语言政策具有策励作用,可以刺激民族语言经济的发展与进步。从我国语言存在实态看,有很多少数民族语言处于弱势状态,甚至有的语言已经濒危或垂危。从语言使用角度看,少数民族放弃本族语转用汉语的现象越来越多。少数民族转用汉语,原因之一就是对经济价值的追求。汉语的经济价值较高,使用汉语有较大的市场回报,有利于就业,有利于商业扩展,收益较高。我国推广普通话的政策起到了很大的作用。我国一直重视少数民族语言的保护,现在人们更加认识到保护少数民族语言、发展少数民族语言经济的重要性,适时出台相关政策,刺激少数民族语言经济发展

---

① 张忻:《语言经济学与语言政策评估研究》,《语言文字应用》2007年第4期。

已经提上日程。语言经济政策是有效的语言保护政策，也是推动经济发展的政策。如果政府能够宏观调控市场，鼓励民族语言经济，建立具有民族语言文化特色的市场，民族语言的使用就会受到正面的激励，少数民族语言就会得到保护。纳西族东巴文字在旅游市场的开发已经成为少数民族语言文字经济价值开发的一种模式，值得借鉴。

三 汉语经济发展中的三个问题

（一）语言教育的逆差问题

"语言创造经济效益最典型的就是第二语言教学。"[①] 语言的经济效益和语言教学有密切的联系。不仅第二语言教学牵涉到语言经济问题，母语教育也与之密切相关。教育的生产、教育的需求、教育的收入、个人为获得知识而付出的劳动与资金，以及因获得知识而取得的人力资本价值，这些都说明教育和经济密不可分。在我国，学生从幼儿园开始正式学习语文，此后语文课一直会开到高中，有些大学还开设了大学语文，这更加延长了语文的教学时间。因此，可以说语文教育在我国是一个高投入的行业。但长期以来，由于片面强调学科的工具性，特别是受应试教育的影响，教学模式化、教条化、功利化倾向严重。学生学习起来耗时费力，学习兴趣淡薄，进而导致学生的语文基础差，语文运用能力弱。语文教育的长期性和高投入与教育效果方面的效益差、效率低形成鲜明对比，教学投入和产出之间存在巨大的逆差。

母语资源是语言资源中非常宝贵的部分，由于母语教育问题而导致母语能力受限或丧失，是母语资源的浪费和流失，也是国家语言资源的重大损失。因此，母语教育是保护和发展母语资源的主要措施，国家应从整体上保障母语教育，提高母语的教育效率。一个重要的问题是要摆正母语教育与外语教育的位置，母语教育必须优先于外语教育。外语教育对于语言资源发展，对于我国的经济发展和国际地位的提高，当然有着不可忽视的作用。但是，外语教育必须要在不妨碍母语教育的前提下展开，培养一批缺乏汉语能力的外语人才是不足取的。

汉语教育对汉语经济的发展有不容忽视的作用，我们应该采取相应的措施提高我国汉语教育的效益。目前我国语文教育存在重知识、轻能力，

---

① 王世凯：《语言资源与语言研究》，学林出版社2009年版，第81页。

重理论、轻实践的倾向，这使得我国母语教学成为语言教育行业中的一个亏本行业。首先，要转变语文教育观念。语文教育应该是注重学生积累、感悟、运用相辅相成的过程，这样才能够提高学生的学习兴趣，达到通过母语获得其他各种知识、技能的目的。其次，"对语文教育重要性的认识要提高到努力增强综合国力的高度，因为大语种语言可能成为综合国力的要素"。[①] 我国的汉语教育一直被当作传统的文科教育，限制了语文教育向更高层次发展的步伐。我国现代化事业发展的需要，特别是中文信息处理与计算机自然语言处理及各项语言工程的需要，给高校汉语文教育提出了更高的要求，也为教育的发展注入了新的活力，但目前的汉语文教育显然还处于供不应求的状态。再次，开展多种形式的多言多语教育。"多言"是指既能讲普通话，又能说方言。"多语"是指既能讲母语，还要掌握一种外语或民族语言。国家语委副主任李宇明说，要以科学的态度、宽容的气度来看待当前出现的各种语言问题，要提倡"多言多语"生活。多语多言的语言生活的形成需要以多语多言的语言教育为前提。这不仅对语言及方言的保护，对维护国家稳定有重要作用，也是发展汉语经济的重要运作方式。

（二）汉语经济在外语热的潮流中显得暗淡

伴随着改革开放和我国的快速发展，尤其是加入世界贸易组织后，国人越来越深刻地意识到外语的重要性，越来越多的国人开始学习外语。我国现在学英语的人数比美国的总人数还多。"外语热"催生了"外语产业"，各种以营利为目的的外语培训机构层出不穷，如华尔街英语、韦伯国际英语、清华少儿英语、美联英语、北京假日学校等。同时还出现了以营利为目的帮助学生出国留学的中介机构，如澳际出国留学机构、启德留学等。作为国际交往的主要语言，英语消费也成为我国语言消费的重点。英语消费的强烈需求激起了"英语语言经济"的火热，英语产业年产值突破百亿。目前我国外语培训机构超过了3000家，国内强大的消费需求加上市场化运作使英语成为商家一种重要的营利性资源。新东方目前是全国最大的出国考试培训基地和口语及基础英语培训基地。2006年9月7日，新东方教育科技集团在美国纽约证券交易所成功上市，成为中国第一家在美国上市的教育机构。新东方品牌在世界品牌价值实验室（World

---

① 马庆株：《信息时代高校语文教育刍议》，《中国大学教育》2002年增刊。

Brand Value Lab）编制的 2010 年度《中国品牌 500 强》排行榜中排名第 94 位，品牌价值已达 64.23 亿元。

与英语教育和英语学习相比，以提高汉语运用水平为目的的机构却比较少。从教育收入方面看，一般来说外语培训所收取的费用要高于汉语培训的费用。虽然随着我国世界经济地位的提高，外国也出现了学习汉语的热潮，但外国学生学习汉语的人数和投入与我国学习英语的人数和支付的费用相比，差距悬殊。

总的来说，汉语经济的暗淡主要可以归纳为四个方面：第一，汉语教育效率低下，投入和产出存在逆差。语文教育的投入大，学生除了正常上课外，还参加各种辅导班，但由于学生、老师和家长过于重视考试成绩，忽视了学习的产出效益，使得语文学习的投入与效益不成正比。第二，学生学习热情不高，汉语运用能力偏低。语言教学偏离了语文教学的正确方向，使学生陷入了纯知识记忆的误区。学生在学了许多年语文后，听说读写的能力得不到明显的提高，这影响了汉语的工具功能的发挥。第三，专业机构少，经济效益相对较低。目前，语言消费市场存在各种提供语言服务的营利性消费机构。但是，绝大多数是外语培训机构，很少有专门的汉语培训机构出现，而且一般来说针对汉语的各种培训的费用要低于外语的培训费用。另外，国内的对外汉语教学市场的活跃度不如专门针对母语学生的外语培训市场；第四，汉语考核体系不健全。如目前针对母语学生的考核体制只有普通话测试，而且范围小，汉字应用能力考核等都在测试阶段，还未大面积铺开。

（三）对汉语经济的认识不足

语言经济学的研究表明，语言也是人力资源的表现形式之一，多掌握一门语言意味着将拥有更多的人力资源。随着经济全球化进程的不断加快，语言对劳动收入的影响越来越大。语言经济是一个新课题，人们对它的认识还不够深刻，尤其是对汉语经济的认识就更滞后。在我国，人们学习外语的部分原因是直接受到经济因素的影响，即考虑学习外语的"投资费用"和学成语言后的"投资预期效益"。用一种或多种外语进行交流的语言技能被越来越多的人视为一种高含金量的"语言资本"，因为预期回报高，所以在我国人们对投资外语学习乐此不疲。即使如此，这种认识还没有上升到理论的高度，对汉语经济的认识就更是如此。

汉语是我国的国家语言资源，是重要的经济资源，对汉语进行科学开发和利用可以带来可观的经济效益和良好的社会效益。但目前的实际情形却是外语经济在我国发展迅速，汉语经济相对滞后。英语在胎教、入学、升学、就业、晋升、选拔等诸多方面都有重要且不容忽视的作用。例如，我国学生从小学开始就学习英语，学历越高对英语的要求也就越高；国内英语的各类级别考试不断；国际会议上英语取代汉语成为主要工作交流语言。这些都说明，汉语经济并没有受到应有的重视。从汉语经济发展本身来看，也显得相对滞后。我国的汉语教育水平令人担忧。汉语教育目标错位、方法失当、效率低下，成为全社会广泛关注、批评不断的热点问题。教育经济学认为，教育和社会经济发展有着密不可分的联系，语文教育是人力资本形成的最重要的途径，可以通过人力资本的形成对经济增长持续发挥作用。但汉语教育效率低下，影响了汉语人力资本的形成，对汉语经济发展产生了负面影响。我国汉语的开发，如汉字字库及相关软件的开发，汉语语音、词汇等相关应用软件的开发等虽然取得了一定的成绩，但是总体上看，与汉语开发利用相关的语言产业、语言行业建设还有很大空间，语言服务、语言翻译等都有待进一步发展。

四 如何发展汉语经济

汉语也是一种特殊的经济资源，它能积极、能动地影响并制约经济活动，成为经济活动的内在力量。相对于科学技术等显性经济资源而言，语言是一种隐性经济资源。如何开发汉语资源，充分利用汉语资源的经济价值，为我国经济与社会的长足发展服务成为当前亟须解决的重要课题。我们认为，可以通过拉动语言内需、促进语言消费、推动语言就业、加强汉语经济规划等几个方面发展汉语经济。

（一）拉动语言内需

内需是一个经济学名词，是指内部需求，一般把对外国的出口看做外需，内需就是相对于国内的需求，包括投资需求和消费需求两个方面。扩大内需就是通过扩大国内投资和国内消费来带动国民经济增长。宋德勇讨论内需问题时认为，"扩大内需问题已成为中国经济之首要问题，尽管政府采取了增加投资等措施，然而效果并不明显，一般性逆经济周期的宏观调控政策成效甚微"。[1] 可见，扩大内需已经成为我国经济发展的必由之

---

[1] 宋德勇：《内需不足的原因与扩大内需的对策》，《华中理工大学学报》2000年第3期。

路。任泽平、张宝军认为,"中国经济符合大国以内需为主的一般规律,外需对中国经济发展起到了重要贡献,尤其是 21 世纪以来外需比重明显上升,但是外需并没有成为中国经济的需求主体"。① 可见,拉动内需是我国经济发展的主要动力。汉语经济的发展符合一般经济的发展规律,拉动语言内需是汉语经济发展的主要驱动力。

语言市场是具有很大潜力和发展空间的新型市场,在当前国际贸易活跃的经济环境下,有必要引导适应发展国内语言市场需求的汉语经济。发展汉语经济首先要解决的问题就是语言市场的细分。汉语普通话、汉语方言以及国内少数民族的语言文字都占有相应的市场份额。充分利用这些不同的语言及方言资源,发挥各少数民族语言和方言在当地经济活动中的作用,都将对汉语经济的发展起到积极的作用。其次,重视汉语投资需求和消费需求。一种语言或方言的投资需求和消费需求很大程度上取决于这种语言的地位和人们对待这种语言的态度。随着我国综合实力的增长,汉语正快速走向世界。但是汉语外热内冷的现象提示我们,应该及时拉动汉语在国内的投资需求和消费需求。汉语经济的快速发展有赖于这两种需求的不断的提高。汉语技术工具的开发、语言教学、语言方面的咨询、多语种国际性会议,与语言相关的企业活动都将对汉语投资和消费起到积极的推动作用。最后,通过拓展海外市场扩大汉语内需。汉语走向世界说明汉语在国外有很大的需求空间,而这正可以促进汉语内需的提高。目前我们开展非母语人的汉语教学主要是通过两种方式,即国内的对外汉语教学和国外的孔子学院进行。对外汉语教学既需要大量不同层次的师资,也需要相应的语言服务,这些可以为汉语经济的发展提供大量机会。据《羊城晚报》的统计数据显示,"近几年,世界主要国家学习汉语人数正以每年 50% 甚至更快的速度增长,汉语已经成为国际上学习人数增长最快的语言……目前我国已在 96 个国家和地区建立了 300 多所孔子学院和 300 多个孔子课堂。此外,还有 50 多个国家的 260 多个机构提出申请。到去年年底,全球学习汉语的人数达到 1 亿。专家预测,到 2013 年年底全球学汉语的人数将达 1.5 亿……汉语教师缺口量达 500 万人以上"。② 可见,通过对外汉语师资的培训可以极大拉动汉语的内需。目前,对外汉语教学

---

① 任泽平、张宝军:《我国经济增长模式比较:内需与外需》,《改革》2011 年第 2 期。
② 杨广:《对外汉语教师缺口大收入高》,《羊城晚报》2011 年 3 月 17 日第 B06 版。

的配套语言服务相对来讲比较滞后，除北京语言大学等高校，商务印书馆等出版机构外，很少有专门提供对外汉语语言服务的专业机构出现，具有很大的发展空间。

（二）促进汉语消费

语言消费的对象是语言资源，不同的语言消费形式，其消费的语言资源有所不同。语言学习作为一种语言消费，其消费对象是语言本身；语言服务，作为一种语言消费，其消费对象是语言使用。不论哪种消费形式，提高语言服务的规范性都可以带动语言服务需求、语言服务供应、语言服务培训等一系列产生经济效益的连锁反应，所以提高语言服务质量，提供规范性的语言服务是促进语言消费的有效手段。以出租车服务业为例。在新加坡，出租车司机都要通过两种语言的考核才能上岗。在我国的某些城市，出租司机也要求掌握普通话和当地的方言。此外，一些出租车公司还有特定的工作语言训练。出租车行业提供的语言服务在一定程度上提高了消费者的消费水平，满足了消费者的消费需求，这也促使这一行业获得了长足的发展。近年来，餐饮业的语言服务质量上升速度较快，其中重要的原因是市场竞争的结果。"欢迎光临"等服务用语的推广完全是市场的力量，但是迄今还没有这方面的统一的标准。从整体上看，如果要提高我国人民语言生活的质量，语言服务的行业规范是必不可少的。如果社会有较高标准的社会用语标准，各行各业有标准化的专业用语，就会促进语言服务专业培训的大发展，相应的培训工作就成为市场需求。

语言消费与语言服务是两个密不可分的行为，消费需求的提高要求语言服务质量的提升，反之亦然。这样的过程都会促使语言经济不断发展。我国汉语消费市场还有很大的空间，如果能够不断促进汉语消费需求的提高，不断提升语言服务的质量，汉语经济就会有更大的发展。

（三）推动语言就业

推动语言就业，就是指扩大语言资源在社会各行业的运用范围，增加以提供语言服务为目的的职业、岗位。新领域的语言资源开发必然带来新的语言产业和语言经济。据国家有关部门提供的权威数据显示，到2009年年底，全国在营语言服务企业有15039家，包括雇员上千人的大型企业，也包括大量由一两个人组成的小型企业。广告、语言翻译、国际会议、国际性大型活动等都需要提供高质量的语言服务。现代社会，广告是一种重要的商业宣传手段，广告设计的客观需要催生了一批专门从事广告语言设计的设计师。随着我国改革开放的不断深入，近年来我国成功地申办了各种国际性活动的举办权。如2008年在北京举行的第29届夏季奥运会，2009年在哈尔滨举行的世界大学生冬季运动会，2010年在上海开展的国际博览会，2011年4月在西安举行的世界园艺博览会和2011年8月在深圳举行的世界大学生夏季运动会。我国在筹办这些活动时，需要大量的语言服务人员从事各种不同的语言服务工作。以2008年北京奥运会为例。奥运会的举办给我国翻译产业带来了前所未有的机遇，此次运动会上有100多名专业翻译，有7000多篇新闻稿和大量演讲稿要翻译，官方新闻发布会和颁奖仪式等也需要140多种语言的150多名口译员。北京外企人力资源服务有限公司发布的人才需求分析报告指出，奥运会期间的体育翻译产值超过了7000万元。

目前，语言服务职业主要包括翻译、文秘、文案创作人员、播音人员、节目主持、心理咨询师、推销人员、广告语言（文案）设计人员、品牌设计与命名行业的从业人员等。随着现代社会的发展和行业分工的进一步细化，一些以语言作为服务内容的新的职业或职务角色出现了，如文字速录师、短信写手、语言康复师等。目前文字速录师已经得到国家承认，语言康复师等职业出现萌芽，这些新的语言服务职业的出现必将创造新的就业岗位，提高社会就业率。

（四）加强对语言经济的规划

语言经济的规划属于国家的宏观经济规划，即国家从宏观层面对语言经济进行调控。刘树林等认为，"宏观经济调控工作是十分复杂的系统工程，制定宏观经济规划是调控国民经济的重要手段，规划方案的实施是宏观经济规划过程的重要环节"。[1] 可见，作为一种新的经济形式，语言经济的宏观规划也是非常必要的。

语言经济规划就是指政府对语言经济生活中出现的问题进行干预和管理，以确保语言经济的持续健康发展。语言经济的规划既包括对语言资源的规划，也包括对作为一种独立的社会经济现象的语言行业和语言产业的规划。从语言规划的角度看，它是一种新形式的语言规划。

经济规划必须从国民经济实际情况和资源特点出发，根据社会建设的

---

[1] 刘树林、李维岳、张正祥、袁治平：《关于宏观经济规划保障体系的系统研究》，《中国软科学》1993年第1期。

需要，有计划地安排国民经济各部门之间的发展比例关系，合理地分布生产力，有效地利用人力、物力、财力，搞好生产与需要之间的平衡，促进国民经济协调发展，以满足国家建设和人民日益增长的物质和文化生活的需要。语言经济作为经济活动的一种，同其他类型的经济一样需要规划。语言经济中的语言资源规划主要是指对语言本体进行规划，即制定标准语的语音、词汇、语法、文字的规范标准，加强语文现代化建设等，从而促进语言经济的发展。例如，我国确定普通话和规范汉字为国家通用语言文字，在全国范围内大力推行，这有利于统一语言市场的形成，促进语言经济的发展。语言教育事业的规划和发展，有助于汉语信息处理、自然语言理解和人工智能等高新技术的发展。

郭晓勇认为，"语言服务作为一个新兴行业，其重要性尚未得到有关方面和社会的广泛重视和认可，事实上，我们还需要为确立我们的'行业'地位而努力"。[①] 首先，语言服务市场很不规范，从地域分布、业务形态、管理模式等方面来看都存在很多问题。因此，语言经济中的产业规划首先应该帮助语言经济建立合理的、规范的语言产业市场。其次，目前语言服务行业几乎仍然是一个人人皆可自由出入的领域，语言经济中的职业规划应该帮助语言服务职业建立一套行业准入衡量标准，如国家翻译资格考试制度、文字速录师等级证书等。总体来说，语言服务行业是一个有待大力发展和科学规划的行业。郭晓勇提出促使语言服务行业健康发展的四条措施，即"一是建立行业研究机制，制定行业发展规划；二是加强行约行规建设，建立健全评估机制；三是推动产学紧密结合，提升人才培养水平；四是有效整合行业资源，搭建权威交流平台"[②]，这对语言服务行业的规划具有一定的指导意义。

（五）加强对我国语言资源的调查

经济学理论认为，"一个经济在一定时期所拥有的最大生产能力是由当期可利用经济资源及其相互关系所决定的，因此，这个经济的增长速度和增长潜力最终取决于它的经济资源总量及其开发利用方式"。[③] 可见，加强汉语经济建设，进行汉语资源调查是前提。

---

① 郭晓勇：《中国语言服务行业发展状况、问题及对策》，《中国翻译》2010年第6期。
② 同上。
③ 陆家榈、林晓洁：《经济资源的重新定义与现代经济增长》，《华南金融研究》2000年第1期。

语言经济是以语言资源为依托的，因此必须大力开展语言资源的调查研究工作，摸清我国语言资源国情。首先，语言资源调查要弄清各地区的人口、民族、文化和语言文字状况，调查这些语言、方言、文字在各地区的具体使用情况，现有资源开发情况以及各行各业使用语言文字的情况。这是全面发展语言经济的基础。其次，调查清楚我国语言生活的基本状况，做到心中有数，统观全局，为制定我国语言经济规划和语言政策提供事实依据。"2009国家语言战略高峰论坛"在南京大学举行。此次论坛的主题是"珍爱语言资源，发展语言经济"。范俊军指出，"我们要花大力气研究语言生活和人民的语言需求，在制定语言政策和语言战略时要充分考虑到语言生活状况"。[①] 这里的"语言政策和语言战略"也包括语言经济的政策和战略。最后，加强对国内语言资源的调查，预测我国语言经济发展的情况和问题。如加强不同专业领域中的语言调查和语言服务研究，可能发现语言经济与社会经济发展的联系点，找到新的经济增长点，进一步发挥语言服务经济的功能。

　　我国国土面积大、人口多，加上错综复杂的社会、政治、文化和经济因素，使得我国的语言生活极为复杂。汉语是我国使用人口最多的语言，但内部存在分歧，资源价值存在差异。我国还是一个拥有56个民族的多民族国家，民族语言数量较大。另外，各行业、各群体乃至不同的个人，因具体情况的不同，使用语言文字的情况也有差异。汉语资源内部的复杂性，尤其是我国国家语言资源构成的复杂特征，决定了语言资源调查是实现汉语经济可持续发展的重要前提。

第三节　汉语的国际推广

　　2002年，教育部和国家对外汉语教学领导小组开始酝酿借鉴各国推广本民族语言的经验，在海外设立语言推广机构。随后，国务院批准的《汉语桥工程》五年规划正式批准这一计划。2005年7月，首届世界汉语大会在北京人民大会堂召开，"汉语国际推广"被正式确认并全面实施，这标志着我国汉语推广工作开始进入全面发展的战略阶段。汉语国际推广

[①] 徐大明、李现乐：《珍爱语言资源，发展语言经济》，《北华大学学报》2010年第1期。

是一种客观的必然，对于促进世界人民之间的交流，推动经贸、旅游、学术发展，加强世界文化交融，谋求人类的共同进步，都有重要的意义。从汉语经济发展角度看，汉语推广也是汉语实现其经济价值的一种重要的模式。

一　汉语国际推广的社会背景

（一）国际背景

随着经济全球化的不断深入，语言对人类文化和经济发展的影响日渐明显，积极推进世界各种语言的发展，成为全人类的共同使命。国际社会普遍认为，经济全球化要与文化多元化和世界的多极化携手共进，才能保持和促进人类的全面繁荣、进步。语言经济学的研究表明，语言本身就是一种具有价值、效用和效益的经济物品，是个体获得知识和技能等人力资本的资本。如果没有了语言的交际，人类经济活动将无法进行。同时，语言的经济价值随着语言使用的密度和广度的加深而逐步增大。经济全球化使世界各国的经济贸易往来越来越频繁，对语言的需求不断增加。加强语言推广，增进各国之间的了解与沟通，降低相互间的交易成本，扩大国与国之间的交流与合作成为一种急需。语言的强势效应或普适性所带来的国际影响力和经济外部性使语言推广成为世界各国开拓国际市场，融入经济全球化的一种手段。

目前，语言的国际推广成为世界很多国家外交战略的重要组成部分，美、英、法、西、德、俄、日、韩等国都为传播本国语言，提高本国语言的国际地位，扩大本国语言在世界范围内的影响投入了大量的财力、物力。世界各国越来越深刻地认识到语言与经济之间的联系愈加紧密，语言不仅为经济和社会发展服务，而且语言本身以及语言的推广也有经济功能。经济的扩张能够带动语言的扩张，而语言的扩张成为进一步强化和维护经济扩张的重要手段。就国际看，语言的竞争成为经济强国之间竞争的一个重要内容；从语言使用看，语言的通用性能为政治、经济和文化的发展带来更大的活力，语言经济已然成为国民经济的重要组成部分；就个体来看，语言能力的培养不仅能为社会经济的发展服务，也能为掌握语言能力的人带来更多的实际收益。因此，向世界推广本国语言和文化是各国政府和人民的共同愿望，语言的国际推广也为各国所接受和认同。为向世界推广自己的语言，获得更多的经济利益，一些欧美国家不仅将语言推广工作明确定位为国家大外交和大外宣战略的重要组成部分,同时还制定了积极的语言推广政策,建立了形式多样的语言推广机构,提供大量的资金投入。经过长时间的发展,一些国家已经形成了完善、坚实的语言推广体系。例如西班牙的塞万提斯学院在欧洲、美洲、非洲和亚洲的23个国家建立了38个分院,德国在76个国家设立了128个歌德学院分部。

(二) 国内背景

汉语国际推广是适应世界发展需要的一项语言推广政策。目前世界各国学习汉语的需要很迫切,其根本原因还是我国自身发生了巨大的变化。自1978年改革开放以来,我国国内生产总值保持着快速、稳定的增长,综合国力不断增强,我国参与国际贸易的程度不断加深,与世界经济的联系越来越紧密。1978年,我国出口、进口以及进出口总额分别只有97.5亿美元、108.9亿美元和206.4亿美元。2004年我国已经成为世界第三大货物贸易国,进出口贸易金额大大超过了1978年。截至2011年11月2日,我国对外贸易进出口总值已经累计突破3万亿美元。与此同时,中国的改革开放也为世界经济的发展作出了巨大贡献。据世界银行公布的数据显示,按购买力平价计算,中国对世界经济增长的贡献率为14%,仅次于美国,位居第二。2001年我国加入世贸组织,成为全世界最重要的生产基地之一,在一系列涉及世界和地区安全与发展的重大问题上发挥了建设性作用。事实证明,中国经济的发展离不开世界,世界经济的发展也需要中国。随着社会、经济的快速发展,我国已成为国际关注的投资市场和商品销售市场。我国在国际社会中的作用,也成为当今国际外交、政治领域中备受关注的焦点。同时,其他国家与我国正在展开广泛的交流与合作,越来越多的国家包括其公民希望更多地了解中国。汉语作为了解中国的重要工具和文化载体,受到越来越多的国家政府、教育机构和企业的重视,不断增长的汉语需求要求中国加强汉语推广,提供足够的汉语服务产品。

目前国内外正在兴起新的"汉语热",全世界越来越多的人开始学习汉语,而学习汉语的"动机"也从过去的"兴趣型"向"职业需求型"转变。北京大学对外汉语教育学院院长张英在2010年12月举办的"对外汉语教学暨外国学生汉语言教学国际学术研讨会"上指出,以北大为例,现有留学生两三千人,其中大约有3/5来自欧美,而过去北大的留学生多数来自亚洲国家。以前留学生学成后能"留下的"非常少,现在有越来越多的留学生学成后愿意留在中国发展,汉语学习正从过去的"兴趣型"转向"职业发展需要型"。汉语言的"经济价值"越来越凸显,越来越受关注。

二 汉语国际推广的提出

向世界推广汉语的举措在我国古代就出现了,但有组织地、系统地向国外传播汉语,还是在新中国成立之后才出现的。我国向外国推广汉语"经历了20世纪50年代初至60年代中期的初创阶段,20世纪70年代初至70年代中期的恢复阶段,20世纪70年代末至21世纪初的发展阶段和2003年《汉语桥工程》启动至今的开拓创新四个历史发展过程"。[①] 近几年来,随着全球化、多元化的国际发展局势的出现,加上我国综合国力的不断增强和国际地位的不断提高,世界上学习汉语的人数逐渐增加,汉语走向国际舞台已经是一个必然的趋势。2005年7月,世界汉语大会在北京举行。这是我国首次召开的以汉语为主题的国际研讨会,以国家汉语对外推广领导小组成员许琳,世界汉语教学学会会长、中国语言学会常务理事陆俭明为代表的多位专家,评价此次大会为"我国对外汉语教学的转折点、分水岭",它标志着我国对外汉语教学向汉语国际推广的转变。我国的对外汉语教学开始由"招进来"向"走出去"模式转变。2006年召开的全国汉语国际推广会议上,国务委员陈至立强调,党中央、国务院高度重视汉语国际推广工作,明确指出"汉语加快走向世界是件大好事"。这次会议还明确了汉语国际推广的目标,即加大支持力度,统筹规划,扎实推进,解放思想,创新体制、机制,通过5—10年的努力,使汉语国际推广体系更加健全,机制更加灵活多样,更好地满足海外汉语学习的需求,促进我国与世界各国经济、文化的合作与交流。

三 汉语国际推广的价值

任何资源都具有社会有用性,汉语资源也不例外。汉语资源价值的体现,来源于语言的开发和利用。加强汉语的国际推广将对中国的政治、经济、文化产生积极的影响。

---

① 宁继鸣:《汉语的国际推广——关于孔子学院的经济学分析与建议》,博士学位论文,山东大学,2006年。

（一）社会价值

语言没有阶级性，没有优劣之分，语言不等同于意识形态、国家利益。但是语言可以用来传播价值观念，扩大国家的政治影响力。汉语是我国的官方语言，是我国向外国传递信息的主要载体。因此扩大汉语的使用范围，从而提高汉语在国际交流中的地位具有非常重要的作用，也是提高我国政治影响力的有效手段。"纵观几千年的发展历史，在国家强盛时期都伴随着汉语文化的传播，深厚多彩的汉语文化与中华文明深刻地影响着周边地区与国家，中国的声望和地位伴随着语言和文化的传播不断地提升。"①

语言记载着我们对世界的认知方式和认知结果，承载着厚重的中华文化。在向世界推广汉语的同时也推广了中国文化、中国的思维方式。目前，我国正在世界各地建立孔子学院，一方面进行汉语教学，另一方面也是通过语言教学来传播中国文化。一种语言被广泛接受后，以这种语言为母语的国家和民族的文明也会潜移默化地影响他人，从而实现世界文化的交汇融合，这将对人类社会整体文明的进步起到积极的促进作用。

（二）经济价值

语言本身是一种具有价值、效用、费用和效益的特殊经济资源，语言推广可以从不同层面拉动经济的发展，获取相应的经济收益。语言推广效益化实现方式主要可以从以下几个方面看出来。首先，语言本身就是一种人力资本，它能帮助人们掌握其他的人力资本，从而获得更多的机会和收益。其次，语言推广作为一个综合性较强，与其他产业密切相关的产业，它的发展必将拉动和推动其他相关产业的发展，从而产生非常大的前项和后项效应。最后，一种语言的国际影响力越大，使用的密度和广度越深，学习这一语言的人就越多，它的经济价值就越高。

随着我国综合国力和国际地位的不断提高，汉语成为各国了解中国的重要工具和载体。汉语受到越来越多的国家的重视，汉语的经济价值不断显现。在国际语言市场亟须汉语资源的情况下，加强汉语的国际推广将对中国语言经济的发展产生积极的影响。另外，推动汉语的国际传播不仅可以适应和满足世界各国急速增长的汉语消费需求，也是中国自身发展的需

---

① 宁继鸣：《汉语国际推广——关于孔子学院的经济学分析与建议》，博士学位论文，山东大学，2006年。

要，是国家"软实力"建设的一个重要组成部分。2006年胡锦涛总书记在中国文联八大和作协七大会议上首次完整地提出了"提升国家文化软实力"的说法。随着全球化进程的空前深入，国与国之间的战略竞争已经从硬实力扩展到软实力特别是文化软实力的较量上。"活力母语既是一个国家文化软实力的载体，更是其高贵华丽、价值无比的本体。"[①] 可见，我国文化软实力的提升与活力汉语的打造是两个高度相关的命题。汉语的国际推广正是打造活力汉语的举措之一，也是提升我国文化软实力的手段之一。

概括地讲，汉语国际推广可以从直接和间接两种途径促进我国语言经济的发展。首先，随着汉语国际推广的不断深入，世界各国对汉语的需求越来越大，这将从对外汉语教师供给、教材及辅助教学用品生产、其他语言服务等方面形成对外汉语教育产业。对外汉语教育产业会给我国带来直接的经济收益，成为拉动中国经济的新的增长点。其次，伴随着汉语国际推广的不断深入，会有越来越多的外国人学习和使用汉语。这将增进世界各国对中国的了解，增强其他国家与中国进行经济、贸易、文化的交流和合作，从而降低双方的交易成本。汉语国际推广将给中国带来难以估量的间接收益，也将为我国对外贸易的可持续发展奠定坚实的基础。

四 如何加强汉语的国际推广

（一）充分认识汉语国际推广的有利与不利因素

汉语是当今世界影响越来越大的语言之一，在国际推广的进程中，具有优势，也存在不足。

1. 有利因素

汉语的优势首先是人口优势。据估计，国内外以汉语为母语的人大约有9.4亿，讲汉语的人约有13亿。世界上约有6000种语言，每种语言的使用人数不等，而且差别悬殊。统计数据显示，目前世界上只有17种语言的使用人口超过了1000万，分别是汉语、英语、俄语、西班牙语、印地语、印度尼西亚语、阿拉伯语、孟加拉语、日语、葡萄牙语、德语、法语、意大利语、韩语、泰卢固语、越南语。中国是世界上人口最多的国家，汉语是我国主要通用的语言，加上世界其他地区使用汉语的人口，汉

---

① 潘涌：《论中国文化软实力的提升与活力汉语的打造》，《首都师范大学学报》2010年第5期。

语无疑是拥有最多使用人数的语言。范俊军等（2006）曾经讨论过语言活力与语言濒危的问题，认为语言活力的主要评估指标有六项，其中"语言使用者的绝对人数"、"语言使用人口占总人口的比例"① 是其中两项很重要的指标。从汉语使用者的绝对人数及其人口比例看，汉语都是一种具有很大活力的语言，这是汉语国际推广非常有利的因素。

汉语具有文化优势，负载着中国悠久、充满魅力的优秀文化。21世纪，文化的发展同经济、政治和社会发展一样成为与国家利益、国家综合实力相关的话题，文化竞争已经成为国与国之间的重要竞争。汉语是反映中华民族特质和风貌的文化形式，是中华民族各种思想文化、观念形态的载体。汉语的文化竞争力为我国语言经济的发展奠定了良好的文化基础。

2003年12月5日，胡锦涛总书记在全国宣传思想工作会议上指出，要"大力发展涉外文化产业，积极参与国际文化竞争"。2005年中办、国办印发《关于进一步加强和改进文化产品和服务出口工作的意见》，标志着我国"走出去"战略在文化产业领域已经基本成型。2006年《国家"十一五"时期文化发展规划纲要》特别提到"实施'走出去'重大工程项目，加快'走出去'步伐，扩大我国文化的覆盖面和国际影响力"。2007年中共十七大报告再次强调"加强对外文化交流，吸收各国优秀文明成果，增强中华文化国际影响力"。此后的几年，文化部、财政部、商务部等相关部委出台了一系列政策措施，确定了文化出口重点企业、重点项目、专项资金。事实上，汉语及汉语产品的出口是文化产业领域"走出去"战略的重要组成部分，成功的事实也证明汉语的文化优势成为汉语国际推广的有利因素。

汉语潜在的经济优势，是汉语国际推广的另一个有利因素。近年来中国经济一直保持着持续健康发展的良好势头，综合国力和国际地位明显提高，美国、韩国、日本等国家纷纷把汉语作为主要外语纳入国民教育体系。自1978年改革开放以来，我国的经济取得了巨大的发展。"十一五"时期的五年，我国积极应对来自国内外的各种风险和挑战，经济保持平稳增长，综合国力大幅度提高。2010年我国国内生产总值按平均汇率折算达到58791亿美元，成为仅次于美国的世界第二经济大国。我国已经成为推动世界经济发展的重要力量之一。我国巨大的市场蕴藏着无限的商机，

---

① 范俊军等：《语言活力与语言濒危》，《民族语文》2006年第3期。

吸引着世界各地的投资者。随着我国经济地位的提高，汉语的国际地位也相应提高，许多外国人开始学习汉语，汉语成为他们追求商机的重要工具。随着汉语内需和外需的不断增加，它潜在的经济价值会不断显现，这是汉语国际推广非常有利的要素，也将成为很吸引人的要素之一。

2. 不利因素

汉语国际推广从目前的情形看，也存在一些不利的因素，主要表现在方言分歧大、汉字简繁有别、在国际语言生活中比重不大等几个方面。

(1) 汉语的方言分歧

汉语方言较多，内部一致性较差，方言分歧严重。我国是一个多方言的国家。一般来说，语言的各个方言都有分歧，但汉语的方言分歧十分严重。从大处来说，现代汉语在我国有北方方言、吴方言、湘方言、赣方言、客家方言、闽方言、粤方言七大方言区。这七大方言只是汉语方言的粗略划分，实际上的方言情况还要复杂得多。不但北方人难以和福建人、广东人交流，就连福建省内部的福州人、莆田人、厦门人交流起来也有困难，广东省内部的广州人、梅州人和汕头人之间的交流也可能不顺畅。另外，在我国存在"方言岛"现象。如广东省中山市是粤方言区，但中山市区附近有个小镇，镇里的人都说与周围粤方言完全不同的客家话。方言内部分歧大造成的交际障碍很大程度上影响了汉语国际推广的步伐，所以坚定不移地推广国家通用语是非常必要的。

(2) 汉字的简繁之别

汉字有简化字与繁体字之别，存在异体字、异体词，而且大陆、香港、澳门、台湾与海外在用字方面也存在差异。用字混乱现象对汉字教学和汉语国际推广都非常不利。20世纪90年代，吕叔湘先生就表达过这样的观点："听说汉字和汉文将要在21世纪走出华人圈子，到广大世界去闯荡江湖，发挥威力，这真是叫人高兴可庆可贺的事情。不过我总希望在这20世纪剩下的10年之内有人把它们二位的毛病给治好再领它们出门。这样，我们留在家里的人也放心些。"[①] 卞觉非（1999）在讨论对外汉字教学时指出："汉字与汉语简直难解难分。一个外国学生，如果真的要学好汉语，成为汉语方面的高级人才，我想，不学习、掌握汉字简直是不可

[①] 吕叔湘：《剪不断，理还乱——汉字汉文里的糊涂账》，载《吕叔湘全集》第6卷，辽宁教育出版社2002年版，第465页。

能的,把汉语学习跟汉字学习对立起来的做法也是不可取的。事实上,汉字已经成为汉语特定的组成部分,学习汉字就是学习汉语;若要学好汉语,必须得学习汉字。"[①] 可见,如果汉字没有统一的标准和规范,不但影响汉字的教学和推广,而且影响汉语的国际推广。

(3)汉语在国际语言生活中的地位

目前,汉语在国际语言生活中还不占优势。联合国虽然将汉语列为工作语言,但是地区性、国际性的组织活动或会议真正使用汉语的还不多。汉语在地区或国际上的重要交际领域,如外交、贸易、科技、教育等,使用范围还比较有限。非汉语区域的华人后代,保持汉语相当艰难,放弃汉语的人并不占少数。虽然非华裔的外国人学习汉语的人数正在增加,但真正了解汉语或在社会生活中使用汉语的比例也不大。从互联网主要信息承载载体看,目前汉语并没有占优势。这些因素的存在影响了国家通用语言文字的国内推广与国际传播,影响了汉语的声望及其在国内外的地位。

3. 应对措施

任何措施的制定和实施都要有的放矢。我们要充分发挥汉语的优势,同时采取积极的应对措施来弥补汉语在国际推广工作中的不足。我们认为,应该针对优势和不足,扬长避短,尽快采取行动。第一,大力推广国家通用语。21世纪,知识、经济飞速发展,信息化、国际化进程加快,科技、人文融合加速,这一切都需要国家语言的统一和规范。只有这样才能方便外国学习者学习到能有广泛运用价值的汉语,才能保证汉语国际化推广有一个统一的标准,才能加速汉语经济的发展。第二,加快汉字规范化建设。文字是人类最重要的辅助性交际工具,比起语言来,它具有超越时空限制的优势。要想充分利用汉字的社会交际作用,就必须有一个统一的规范。汉字的规范应该从全球汉字使用的情形着眼,进行四定设计,这样才能有利于语言文字的传播。第三,加快汉字信息处理进程,加速互联网建设。现代社会是一个网络信息的时代。网络信息技术的发明,使得大量、高速、准确的信息处理、信息传递成为现实,信息处理技术对我们的生活和生产活动产生了巨大的影响。在我国通过语言学家、计算机专家和工程技术人员的长期奋斗,汉字信息处理取得了巨大的成果。但现有成果还无法与发达国家的信息处理技术相比。随着我国经济实力的不断增强,

---

① 卞觉非:《汉字教学:教什么?怎么教?》,《语言文字应用》1999年第1期。

汉语的国际需求量也在不断加大,这引起了许多国家和商家的重视。我们必须抓住这个机遇,积极发展汉字信息处理技术,推动汉字和汉语的国际推广。

(二) 采用市场化的汉语国际推广模式

在全球经济一体化和市场经济大发展的环境下,汉语国际推广采用市场化运作模式更加适宜。市场经济是一种经济体系,在这种体系下产品和服务的生产以及销售由自由市场的自由价格所引导,而不像计划经济那样由国家引导。2006年民进中央在十届政协提交的《关于进一步加快汉语国际推广的提案》中就提出了汉语推广应采取市场化运作模式的建议。提案认为,"在具体的汉语国际推广中,实现市场化运作非常重要。民进中央建议将汉语国际推广的行政事业性部分与可经营部分进行分离,通过市场运作,大幅度提高国拨经费的使用效益,整合、集成、吸引海内外企业和社会力量的资源,增强汉语国际推广的自身造血功能,不断开拓和扩大汉语国际推广的市场需求"。[①]

"要想有发达的语言经济,需要有发达的语言市场;在这个市场上,语言产品有明确的市场价值,可以进行交易。"[②] 汉语的国际推广是我国获取语言经济利润的一项措施。因此,我们必须明确有什么样的语言产品可以在这个国际化的语言市场进行交易。

语言市场首先是指语言技能的市场。语言技能是包含在劳动力当中,是通过人来实现的。全球范围内的"汉语热"使汉语教师成为国际人才市场急需的人力资源。为了满足这一需求,我们需要输出汉语教学顾问及汉语教师。对外汉语教师的输出不只是人才的输出,同时也是人力资源的输出。人力资源的输出是人力资源转化为经济价值的一个过程,因此,我国应大力加强对外汉语教师语言技能的培训,提高人力资本的价值。

用于汉语国际推广的语言服务是语言市场的又一个重要产品。从世界范围内孔子学院的发展趋势来看,商务培训应该是一大亮点。随着中国经济地位的提高,从自身利益出发,各个国家都迫切需要了解中国,语言是最好的途径和工具。世界各地的孔子学院应该致力于加深和扩展与学校、企业、政府、社区组织以及当地华人社区的联系,提供必要和急需的各类

---

① 张帆:《民进中央:助推汉语走向全球》,《中国经济时报》2007年9月26日第6版。
② 徐大明:《有关语言经济的七个问题》,《云南师范大学学报》2010年第5期。

语言服务，以促进汉语教学，推广中国文化。

加快教材建设、网络学习系统建设，完善考试和资格认定制度建设，实现其市场化运作，这是汉语国际推广市场化的应有之意。对外汉语教材编写可以通过组织中外多学科专家打造精品的方式，引进市场竞争机制，拓展海外出版发行渠道。汉语推广网站可以采用吸纳国内外相关企业、机构共同建设的方式，集中优势，整合资源，打造高质量的汉语国际推广的网络平台。汉语水平考试应设立专门考试机构，积极进行商业策划和市场运作，建立全球汉语考试服务体系。

（三）研究汉语的国际传播战略

科学的理论是推动实践进展的保障。汉语的国际推广要善于借鉴西方发达国家的语言推广经验，制定符合我国国情的语言推广战略。英、美、法、西、德、日、韩等国，多年来都在有计划地实施各自的国际传播战略。英国为了实施语言推广政策，实现英语国际化的推广战略目标，建立了大量的语言推广机构，如英国文化委员会、英国广播公司，以及英国教育部所属的各类公共教育机构等，这些语言推广机构在英语推广中发挥了非常重要的组织运作与平台作用。美国对英语的推广是以其强大的政治、经济和军事实力为后盾，是一种典型的"借势发力"的霸权式推广。法国凭借法语自身的文化内涵进行推广。法语是世界公认的"文化语言"，拥有独特、幽远的文化内涵，这一地位是法语在全世界进行传播的最重要的基础。西班牙在利用"西班牙语世界"这一概念向世界进行语言传播。日语国际推广主要采取政府主导和支持、各种研究机构及民间团体参与的方式来进行。韩国语言文化传播与其他国家有所不同，它不是以支配语言文化的形态传布扩散，而是作为民族语言，与韩国海外移民的分布、扩散密切相关。从这些国家推广语言的策略来看，汉语的国际推广需要一个强大的政治支撑，更重要的是要有适合自己语言实情的推广计划。

汉语的国际传播要从汉语的实际出发，采取内部完善，外部推广的方式逐步进行。汉语的国际推广是国家战略，但其实施首先应该成为市场行为。国家在推广行为中主要起到指导和主导作用，给予相应的政策和资金支持，具体的推广实践应该通过汉语本身的优势和影响，通过民间机构进行。海外华人社区、汉字文化圈在海外通常有一定的影响，可以以此为依托，进行扩散式推广。大型国际性活动也是推广汉语的有效方式。总之，在汉语国际传播战略的指导下，我们应该通过多样化方式逐步推进汉语的国际化，提升汉语的国际地位。

（四）汉语国际推广的标准建设与竞争策略

在全球对汉语的需求越来越高的情况下，各国的国际化推广取得较快发展，但与社会对汉语学习的需求相比，汉语的国际推广还显弱势。我们应该适时建立汉语国际推广各方面的标准，建设科学的竞争策略。

1. 对外汉语教师从业资格标准建设

增加和提高对外汉语教师的数量和质量，是建设对外汉语教师从业资格标准的必然要求。国际市场对汉语教师的需求急剧增加，汉语师资在数量和质量方面难以应对发展的需要，专业师资严重匮乏成为汉语国际推广面临的突出的问题。21世纪初以来，泰国、韩国、印度尼西亚、老挝、越南等国的教育部门提出，希望我国能帮助培训中小学汉语师资。在菲律宾，师资问题已成为当前华文教育最大的问题。树立全球意识，更新教学观念，提高对外汉语教师的专业素质，已经成为汉语国际推广中的重要问题。在这种情形下，建设更加科学的对外汉语教师从业资格标准显得异常紧迫和重要。

2. 教学、教材评估体系建设

建立符合汉语国际推广的教学评估标准是汉语国际推广的长久之计。我国应尽快研制面向全球的汉语学习、教学与评估标准。汉语要走向世界，必须要有世界公认的标准。这就要求标准建设要面向世界各国的汉语教学、面向世界各地的汉语学习者，为世界汉语教学提供先进的教学理念、科学的标准体系，为教学评估、教材评价以及汉语师资的评估提供一个公认的客观标准。

开发面向海外的新型汉语教材，建设统一的评价体系是提高汉语国际推广水平和质量的需要。目前我国的对外汉语教材还存在许多问题，如数量短缺、内容陈旧、品种单一、缺乏针对性，音像、网络多媒体几乎是空白，这些严重影响了我国的汉语国际推广。因此，汉语国际推广要尽快解决对外汉语教材的瓶颈问题，建立科学、统一的编写体系，出版基于世界汉语教学界公认的标准的汉语教材。

（五）充分发挥孔子学院在汉语国际推广中的作用

2004年，中国国务院批准"汉语桥工程"（汉语对外推广五年行动计划），是中国文化"走出去"战略的重要举措之一。"孔子学院"建设是其中的重要内容。"孔子学院"的建设，意在促进世界文化多元化，促使中国更好地融入国际社会，为各国提供教学资源。孔子学院的主要职能是提供专门技能的汉语培训以及中文教师的培训，重点是汉语应用。孔子学院的建设在汉语国际推广工作中发挥了非常重要的作用。

汉语的国际推广是系统工程，需要多样化的模式，孔子学院当然不是唯一的推广方式。但是充分发挥孔子学院的作用，在科学的范围内扩大孔子学院的职能，将对汉语的国际推广起到积极的作用。

参考文献

[法] 罗兰·巴尔特：《符号学原理》，三联书店 1986 年版。

[韩] 朴炯春：《从汉语方言形成的多元性看汉语方言研究》，《保定师专学报》2001 年第 1 期。

[马] 黄妙芸：《从汉语走向国际化看区域华语词汇变异》，《八桂侨刊》2010 年第 4 期。

[美] B. Spolsky：《〈语言政策〉简介》，张治国译，《当代语言学》2009 年第 2 期。

[以] 鲁宾斯坦：《经济学与语言》（中译本），上海财经大学出版社 2004 年版。

爱新觉罗·瀛生：《满语杂识》，学苑出版社 2004 年版。

薄守生：《语言规划的经济学分析》，《制度经济学研究》2008 年第 2 期。

薄守生：《中国语言规划研究的又一个创新》，《汉字文化》2006 年第 6 期。

蔡辉：《语言经济学：发展与回顾》，《外语研究》2009 年第 4 期。

蔡丽玲：《从经济类新词语探语言规范观》，《贵州教育学院学报》1997 年第 3 期。

曹国军：《语言规范为题琐议》，《理论界》2004 年第 3 期。

曹志耘：《关于濒危汉语方言问题》，《语言教学与研究》2001 年第 1 期。

曹志耘：《汉语方言：一体化还是多样性?》，《语言教学与研究》2006 年第 1 期。

曹志耘：《老枝新芽：中国地理语言学研究展望》，《语言教学与研究》2002 年第 3 期。

曹志耘：《谈谈方言与地域文化的研究》，《语言教学与研究》1997 年第 3 期。

陈岸涛：《马克思主义大众化的网络语言规范》，《社会科学家》2010 年第 11 期。

陈保亚：《语言接触导致汉语方言分化的两种模式》，《北京大学学报》2005 年第 2 期。

陈炳迢：《简介几种我国现代方言词典》，《辞书研究》1984 年第 1 期。

陈方：《普通话与汉语方言研究》，《教学与管理》1988 年第 6 期。

陈红莲、张立平：《方言的生存现状及保护》，《玉溪师范学院学报》2005 年 8 期。

陈其光：《汉语源流设想》，《民族语文》1996 年第 5 期。

陈前瑞：《汉语体貌系统研究》，博士学位论文，华中师范大学，2003 年。

陈荣泽：《近十年汉语方言研究的新发展》，《安康学院学报》2011 年第 2 期。

陈晓锦、郑蕾：《海外汉语濒危方言》，《学术研究》2009 年第 11 期。

陈晓锦：《论海外汉语方言的调查研究》，《语文研究》2006 年第 3 期。

陈友勋：《口译中的认知资源分配》，《哈尔滨学院学报》2007 年第 4 期。

陈章太：《当代中国的语言规划》，《语言文字应用》2005 年第 1 期。

陈章太：《继续做好新时期的语言规划工作》，《语言文字应用》2005 年第 3 期。

陈章太：《吕叔湘先生与中国的语言规划》，《中国语文》2004 年第 5 期。

陈章太：《我国的语言资源》，《郑州大学学报》2008 年第 1 期。

陈章太：《语文生活调查刍议》，《语言文字应用》1999 年第 1 期。

陈章太：《语言规划研究》，商务印书馆 2007 年版。

陈章太：《语言国情调查研究的重大成果》，《语言文字应用》2007 年第 1 期。

陈章太：《语言资源与语言问题》，《云南师范大学学报》2009 年第 4 期。

陈章太：《再论语言生活调查》，《语言教学与研究》1999 年第 3 期。

陈章太：《中国社会语言学在发展中的问题》，《世界汉语教学》2002 年第 2 期。

陈章太：《论语言资源》，《语言文字应用》2008 年第 1 期。

陈章太等：《汉语方言地图的绘制》，《方言》2001 年第 3 期。

达·巴特尔：《论语言资源保护》，《内蒙古社会科学》2007 年第 6 期。

代东凯、李增刚：《数学在经济学中的运用：一个语言经济学的分析》，《学术交流》2008 年第 5 期。

戴庆厦：《宏伟壮丽，为民造福》，《语言文字应用》2009 年第 3 期。

戴庆厦：《论新时期我国少数民族的语言国情调查》，《云南师范大学学报》2008 年第 3 期。

戴庆厦：《田野调查在语言研究中的重要地位》，《广西民族学院学报》2006 年第 2 期。

戴庆厦：《语言关系与国家安全》，《云南师范大学学报》2010 年第 2 期。

戴庆夏：《汉语与少数民族语言关系概论》，中央民族学院出版社 1992 年版。

戴伟：《方言问题探微：以四川方言为例》，《重庆社会科学》2008 年第 4 期。

戴永红：《从语言的锤炼看语言规范的原则和方法》，《云梦学刊》2006 年第 4 期。

戴昭铭：《叠架形式和语言规范》，《语言文字应用》1996 年第 2 期。

戴昭铭：《汉语究竟怎么了》，《中国教育报》2004 年 4 月 3 日第 4 版。

单辉：《汉语危机的生态思考》，

《长江师范学院学报》2007年第6期。

单周尧：《香港的汉语汉字研究》，《语言文字应用》1997年第2期。

道布：《中国的语言政策和语言规划》，《民族研究》1998年第6期。

邓晓华：《多元文化社会中语言规划理论的研究》，《语言教学与研究》1997年第3期。

刁晏斌：《港台汉语独特的简缩形式及其与内地的差异》，《华文教学与研究》2011年第1期。

刁晏斌：《新时期大陆汉语与海外汉语的融合及其原因》，《辽宁师范大学学报》1997年第4期。

丁声树：《方言调查词汇手册》，《方言》1989年第2期。

董印其：《现代汉语方言调查方法论》，《新疆师范大学学报》2005年第1期。

范俊军、肖自辉：《国家语言普查刍议》，《语言文字应用》2010年第1期。

联合国教科文组织濒危语言问题特别专家组著：《语言活力与语言濒危》，范俊军、宫齐、胡鸿雁译，《民族语文》2006年第3期。

范俊军：《联合国教科文组织关于保护语言与文化多样性文件汇编》，民族出版社2006年版。

冯天瑜：《汉译佛教词语的确立》，《湖北大学学报》2003年第2期。

冯小钉：《语言消亡与保护语言多样性问题的研究评述》，《安徽大学学报》2003年第3期。

冯志伟：《法国的语言政策》，《语文建设》1988年第6期。

高庆华：《中国濒危语言保护的现状与对策》，《西南科技大学学报》2008年第3期。

高万云：《语言规范的整体性原则》，《语文建设》1998年第10期。

高一虹：《回归前香港、北京、广州的语言态度》，《外语教学与研究》1998年第2期。

郜元宝：《母语的陷落》，《书屋》2002年第4期。

耿红岩：《零度、偏离与语言规范》，《河南社会科学》2008年第6期。

龚千炎等：《发展链：语言规范的本质——兼谈汉语规范化工作》，《语文建设》1991年第5期。

龚千炎等：《语言规范：自发与自觉、主观与客观的辩证统一》，《语文建设》1993年第7期。

郭龙生：《论中国当代语言规划的方法》，《北华大学学报》2007年第4期。

郭龙生：《略论中国当代语言规划的方法论原则》，《学术研究》2006年第12期。

郭龙生：《略论中国当代语言规划的构成要素》，《语言与翻译》（汉文）2006年第3期。

郭龙生：《略论中国当代语言规划的类型》，《语言教学与研究》2007年第6期。

郭沫若、胡厚宣：《甲骨文合集》，中华书局1982年版。

郭沫若：《殷周青铜器铭文研究》，科学出版社1961年版。

郭熙、祝晓宏：《海外华语传播与〈中国语言生活状况报告〉》，《语言文字应用》2007 年第 1 期。

郭熙：《对新时期"推普"的一些思考：以江苏为例》，《南京大学学报》2001 年第 2 期。

郭熙：《论华语视角下的中国语言规划》，《语文研究》2006 年第 1 期。

郭晓勇：《中国语言服务行业发展状况、问题及对策》，《中国翻译》2010 年第 6 期。

韩春梅：《数字化语言实验室英语资源库》，《实验室科学》2006 年第 4 期。

韩清林：《语言的强势同化规律与强势语言的先进生产力作用》，《语言文字应用》2006 年第 1 期。

何兰：《关于索绪尔理论价值的重新诠释》，《外国语言文学》2008 年第 4 期。

何言宏：《20 世纪 90 年代以来中国文学的语言资源问题》，《人文杂志》2004 年第 4 期。

贺川生：《美国语言产业新兴产业调查报告：品牌命名》，《当代语言学》2003 年第 1 期。

贺川生：《美国语言新产业调查报告：品牌命名》，《当代语言学》2003 年第 5 期。

贺绍俊：《汉语危机与新世纪文学的可能性》，《黄河文学》2007 年第 2 期。

贺阳：《从现代汉语介词中的欧化现象看间接语言接触》，《语言文字应用》2004 年第 4 期。

贺阳：《现代汉语欧化语法现象研究》，《世界汉语教学》2008 年第 4 期。

侯敏：《有关我国语言地位规划的一些思考》，《语言文字应用》2005 年第 4 期。

侯永员：《浅论汉语方言弱化因素及保护策略》，《科技信息》2007 年第 14 期。

胡敕瑞：《汉语负面排他标记的来源及其发展》，《语言科学》2008 年第 6 期。

胡明扬：《语言文化遗产与语言保护》，《中国人民大学学报》2008 年第 4 期。

胡明勇、雷卿：《中美语言政策和规划对比研究及启示》，《三峡大学学报》2005 年第 6 期。

胡琼云：《英语教学要利用好普通话和方言资源》，《广西教育学院学报》2004 年第 2 期。

胡壮麟：《论中国的双语教育》，《中国外语》2004 年第 2 期。

胡壮麟：《谈语言学研究的跨学科倾向》，《外语教学与研究》2007 年第 6 期。

胡壮麟：《语言规划》，《语言文字应用》1993 年第 2 期。

黄国营：《海外汉语与普通话》，《汉语学习》1984 年第 4 期。

黄家教、詹伯慧：《谈汉语方言的语音调查》，《中山大学学报》1986 年第 4 期。

黄涛：《语言文化遗产的特性、价值与保护策略》，《中国人民大学学报》2008 年第 4 期。

黄锡惠：《汉语东北方言中的满语影响》，《语文研究》1997年第4期。

黄翊：《澳门语言状况与语言规划研究》，博士学位论文，北京语言大学，2005年。

黄佑源：《语言规范标准漫议》，《语言文字应用》1996年第2期。

黄中习、彭云：《港台新词语与语言规范》，《红河学院学报》2004年第1期。

黄中习：《网络用语与语言规范》，《嘉兴学院学报》2003年第2期。

吉芳：《论语言和经济的关系》，硕士学位论文，新疆大学，2005年。

季永海：《论汉语中的满语借词》，《满语研究》2006年第1期。

贾崇柏：《文学语言规范三说》，《语文建设》1993年第11期。

贾作林：《谈谈方言的保护问题》，《学习时报》2008年第6期。

江蓝生：《从语言渗透看汉语比拟式的发展》，《中国社会科学》1999年第4期。

姜耕玉：《资源与转换：现代汉语诗意结构形式探析》，《文艺研究》2007年第10期。

姜国权：《语言经济学与经济语言学比较研究》，《黑龙江高教研究》2009年第12期。

姜红：《论汉语国际推广的经济价值》，《华东经济管理》2009年第6期。

姜望琪：《当代语用学》，北京大学出版社2003年版。

姜媛媛：《辽宁省汉语国际推广方略研究》，硕士学位论文，辽宁师范大学，2010年。

蒋绍愚：《古代汉语词汇纲要》，北京大学出版社1992年版。

蒋宗霞：《汉语方言调查研究近百年发展之路》，《云南师范大学学报》2008年第5期。

金立鑫：《语言类型学——当代语言学中的一门显学》，《外国语》2006年第5期。

金有景、金欣欣：《20世纪汉语方言研究综述》，《南阳师范学院学报》2002第1期。

雷友语：《词语的联接作用与隔离作用——兼谈语言的规范原则》，《汉语学习》1991年第2期。

李崇兴：《论元代蒙古语对汉语语法的影响》，《语言研究》2005年第3期。

李春：《人类语言的大趋势》，《北京大学学报》1995年第5期。

李开拓、曹佳：《提升汉语地位，做好语言规划》，《北华大学学报》2005年第5期。

李蓝：《"中国语言文字使用情况调查"中的汉语方言问题》，《毕节师专学报》2001年第4期。

李莉：《民间话语资源的开发与共享——以新时期山东小说为例》，《语文学刊》2006年第9期。

李明琳、李雯雯：《语言规划的目标及规划者》，《北华大学学报》2007年第6期。

李清福、冯智勇：《浅谈网络语言规范问题》，《漯河职业技术学院学报》2007年第3期。

李荣：《分地方言词典总序》，《方言》1993年第1期。

李如龙：《汉语方言资源及其开发利用》，《郑州大学学报》2008年第1期。

李如龙：《语文教学和方言调查研究》，《语言教学与研究》1997年第2期。

李维华、韩红梅：《语言资源观的演化及全面资源论下的资源定义》，《管理科学文摘》2003年第2期。

李现乐：《语言资源与语言经济研究》，《经济问题》2010年第9期。

李祥鹤：《浅谈方言保护及其他——兼与孙焕英先生商榷》，《汉字文化》2007年第3期。

李小凡：《汉语方言分区方法再认识》，《方言》2005年第4期。

李小龙：《从希伯来语的复兴寻找"汉语危机"的对策》，《大学英语》2006年第2期。

李秀：《内蒙古地区语言规范问题刍议》，《内蒙古社会科学》2001年第5期。

李雅翠：《浅论普通话的推广与方言的保护》，《运城学院学报》2006年第6期。

李宇明：《2007年中国语言生活状况述要》，《世界汉语教学》2008年第3期。

李宇明：《当今人类三大语言话题》，《云南师范大学学报》2008年第4期。

李宇明：《论中国语言资源有声数据库的建设》，《中国语文》2010年第4期。

李宇明：《权威方言在语言规范中的地位》，《清华大学学报》2004年第5期。

李宇明：《语言功能规划刍议》，《语言文字应用》2008年第1期。

李宇明：《语言资源观及中国语言普查》，《郑州大学学报》2008年第1期。

李宇明：《珍爱中华语言资源》，《文汇报》2008第8期。

李宇明：《中国的话语权问题》，《河北大学学报》2006年第6期。

李宇明：《中国现代的语言规划——附论汉字的未来》，《汉语学习》2001年第5期。

梁安、黎未然：《汉语语音教学资源与语音分析软件的综合应用》，《贺州学院学报》2007年第2期。

梁书杰：《对网络语言规范的探讨》，《高教论坛》2005年第6期。

梁晓红：《论佛教词语对汉语词汇宝库的扩充》，《杭州大学学报》1994年第4期。

廖明福、王若梅、郑朝晖：《方言岛和方言濒危》，《江西农业大学学报》2008年第3期。

林佩云：《语言的规范与变异》，《修辞学习》2005年第6期。

林勇、宋金芳：《语言经济学评述》，《经济学动态》2004年第3期。

刘畅：《因地制宜：汉语推广模式的探讨》，硕士学位论文，暨南大学，2010年。

刘国辉、张卫国：《语言经济学在

中国的发展》,《制度经济学研究》2010年第1期。

刘海涛:《计划语言和语言规划关系初探》,《外国语》1996年第5期。

刘歆:《新时期语言规范趋势初探》,《中共山西省委党校学报》2005年第1期。

刘清华:《论语料资源与语言输出》,《南平师专学报》2004年第3期。

刘群等:《自然语言处理开放资源平台》,《语言文字应用》2002年第4期。

刘汝山、刘金侠:《澳大利亚语言政策与语言规划研究》,《中国海洋大学学报》2003年第6期。

刘瑞明:《例说西部语言资源的开发研究》,《渭南师范学院学报》2003年第1期。

刘涛:《新时期汉语方言分区理论的发展》,《五邑大学学报》2003年第2期。

刘艳芬、周玉忠:《美国20世纪语言政策述评》,《山东外语教学》2007年第15期。

刘英:《语言观的历史演变和新中国的语言规划》,《南京社会科学》2006年第6期。

刘莹:《语言经济学视野中的网络英语》,《西安外国语大学学报》2011年第2期。

刘镇发:《百年来汉语方言分区平议》,《学术研究》2004年第4期。

刘正谈:《关于编纂汉语外来词词典的一些问题》,《辞书研究》1979年第1期。

刘祖长:《规定性与描写性:孰为语言规范的根据?》,《语文建设》1993年第8期。

鲁苓:《语言学发展的新路向》,《海南大学学报》(人文社会科学版)2007年第5期。

鲁子问:《国家治理视野的语言政策》,《社会主义研究》2008年第6期。

陆家骝、林晓洁:《经济资源的重新定义与现代经济增长》,《华南金融研究》2000年第1期。

陆洋:《语言的规范与异化》,《现代传播》1999年第6期。

路艳霞:《全国56个民族有129种语言》,《北京日报》2008年第9期。

骆峰:《论权势话语与语言规范》,《北京化工大学学报》2005年第1期。

吕明臣:《加强母语教育,弘扬爱国主义精神》,《北华大学学报》2005年第3期。

吕书之:《大陆汉语与港台汉语词汇差异比较》,《理论观察》2000年第2期。

吕叔湘:《文学语言不规范现象的三个原因》,《语文建设》1992年第4期。

马庆林:《信息时代高校语文教育刍议》,《中国大学教育》2002年增刊。

马思周:《"语言规划"和"语文现代化"的三个含义》,《北华大学学报》2006年第1期。

马文静:《大学生英语语言态度调查分析研究》,《市场周刊》2011年第2期。

马学良:《维护母语发展历史文

化》,《贵州民族研究》1998年第1期。

孟和宝音:《蒙古语言的变异与规划问题》,《内蒙古师范大学学报》2004年第3期。

苗守艳:《方言电影的语言学分析》,《长城》2009年第6期。

敏春芳:《元杂剧方言词考释》,《西北民族大学学报》2004年第1期。

穆尼热·安思尔丁:《电视用语与语言规范》,《语言与翻译》(汉文)2003年第3期。

倪光辉:《全国语言普查工作今年开展试点》,《人民日报》2008年第13期。

聂桂兰、于芳:《话语合法性资源的利用与误用》,《修辞学习》2002年第4期。

宁继鸣:《汉语的国际推广——关于孔子学院的经济学分析与建议》,博士学位论文,山东大学,2006年。

牛汝极:《西域语言接触概说》,《中央民族大学学报》2000年第4期。

潘攀:《方言调查方法浅议》,《武汉教育学院学报》1988年第1期。

潘涌:《论中国文化软实力的提升与活力汉语的打造》,《首都师范大学学报》2010年第5期。

潘允中:《鸦片战争以来汉语中的借词》,《中山大学学报》1957年第3期。

彭树楷:《也谈文学语言的规范与创新》,《语文建设》1993年第11期。

彭小红:《浅论我国的语言政策与语言人权》,《云梦学刊》2003年第1期。

彭泽润、张双积:《积极探索中国语言规划和文字现代化理论》,《遵义师范学院学报》2005年第5期。

祁毓:《公共产品视角的语言供给经济学分析》,《西部论坛》2011年第1期。

钱乃荣:《论语言的多样性和"规范化"》,《语言教学与研究》2005年第2期。

钱乃荣:《语言规范和社会发展》,《语文建设》1998年第12期。

[日]桥本万太郎:《语言地理类型学》,北京大学出版社1985年版。

秦安兰:《谈英语资源策略》,《重庆职业技术学院学报》2004年第3期。

任荣:《从语言经济学的角度看"英语热"和"汉语危机"之争》,《成都大学学报》2007年第2期。

任荣:《语言经济学:一门方兴未艾的学科》,《黑龙江农垦师专学报》2003年第3期。

阮玉协:《佛经词语的汉化》,硕士学位论文,广西师范大学,2008年。

芮月英:《台湾与大陆汉语词汇差异比较》,《镇江师专学报》1990年第2期。

桑哲:《1949年后中国语言规划研究初探》,《现代语文》2006年第11期。

沈家煊:《概念整合与浮现意义》,《修辞学习》2006年第5期。

盛炎:《澳门语言现状与语言规划》,《方言》1999年第4期。

石定栩、王冬梅:《香港汉语书面语的语法特点》,《中国语文》2006年第2期。

石锋、余志鸿：《汉语方言研究的方法论》，《语文研究》1993年第4期。

石绍军：《浅谈方言节目的文化意义》，《今传媒》2011年第5期。

史鉴：《荀子的语言规范理论》，《语文建设》1995年第4期。

史培军：《资源开发、环境安全建设与可持续发展》，《北京师范大学学报》1997年第6期。

史有为：《外来词：两种语言文化的融合》，《汉语学习》1991年第6期。

史有为：《外来词研究之回顾与思考》，《语文建设》1991年第11期。

史有为：《外来词——异文化的使者》，吉林教育出版社1991年版。

宋飞：《俄语语言幽默的修辞资源》，《杭州师范学院学报》2004年第6期。

宋金芳、林勇：《语言经济学的政策分析及其借鉴》，《华南师范大学学报》2004年第6期。

苏剑、张雷：《语言经济学的成长》，《西部论坛》2010年第4期。

苏金智：《词汇现代化与语言规划》，《江汉大学学报》2005年第2期。

苏金智：《国内外语言文字使用情况调查概述》，《语言文字应用》1999年第4期。

苏金智：《语言规划的连贯性与系统性》，《学术研究》2000年第2期。

苏金智：《中国语言文字使用情况调查准备工作中的若干问题》，《语言文字应用》1999年第1期。

孙伯君：《元明戏曲中的女真语》，《民族语文》2003年第3期。

孙宏开：《语言濒危与非物质文化遗产保护》，《云南师范大学学报》2011年第2期。

孙金城等：《汉语普通话语音数据库》，《声学学报》1991年第6期。

孙进己：《论民族融合的不同类型及中华民族融合的不同状况》，《史学集刊》2003年第1期。

孙兰荃：《论国家语言主权》，《北华大学学报》2005年第5期。

孙丽曼：《语言规范视角下的民族地区汉语教学》，《贵州民族学院学报》2010年第5期。

孙艳：《佛经翻译与汉语四字格的发展》，《中央民族大学学报》2005年第1期。

覃凤余、杨扬：《商标中的汉语危机》，《阅读与写作》2007年第3期。

唐庆华：《试论语言学研究的跨学科趋势》，《学术论坛》2009年第7期。

唐庆华：《越南历代语言政策的嬗变》，《东南亚纵横》2009年第12期。

田惠刚：《海外华语与现代汉语的异同》，《湖北大学学报》1994年第4期。

汪丁丁：《语言的经济学分析》，《社会学研究》2001年第6期。

汪徽、胡有顺：《对语言经济学学科建立理论争端的反思》，《南京审计学院学报》2007年第4期。

王伯浩：《从语言经济学角度看外语市场价值与外语教改》，《兰州商学院学报》2001年第1期。

王淳：《语言学跨学科理论演进中的路径依赖与整合》，《东北师范大学学报》2010 年第 6 期。

王桂宏：《方言语音档案建设刍议》，《中国档案》2008 年第 8 期。

王红娟：《汉语方言分区的几个问题》，《语言文字》2009 年第 1 期。

王辉：《语言规划的资源观》，《北华大学学报》2007 年第 4 期。

王吉辉：《字母词语的外来词语性质分析》，《汉语学习》1999 年第 5 期。

王均：《我国语言的功能分类和语言政策》，《语文研究》1988 年第 2 期。

王玲玲：《汉语的国际化及传播与维护》，《语言文字应用》2006 年第 3 期。

王宁、孙炜：《论母语与母语安全》，《陕西师范大学学报》2005 年第 6 期。

王培光：《语感与语言规范》，《语言文字应用》1998 年第 4 期。

王清智、黄勇昌：《对语言与经济关系的研究》，《河南大学学报》2003 年第 4 期。

王世凯：《语言资源与语言研究》，学林出版社 2009 年版。

王淑华：《母语危机——中华民族的尴尬》，《林区教学》2008 年第 5 期。

王铁琨、侯敏：《从 2008 年度调查数据看中国的语言生活》，《语言文字应用》2010 年第 2 期。

王铁琨：《基于语言资源理念的语言规划》，《陕西师范大学学报》2010 年第 6 期。

王希杰：《汉语的规范化问题和语言的自我调节功能》，《语言文字应用》1995 年第 3 期。

王希杰：《略论语言纯洁性和语言规范性》，《池州师专学报》1995 年第 4 期。

王曦：《国际环境法资料选编》，民主与建设出版社 1999 年版。

王寅：《解读语言形成的认知过程》，《四川外语学院学报》2006 年第 6 期。

王又新：《方言资源在语文教育中的特殊地位》，《贵州教育学院学报》2006 年第 3 期。

王址道：《宏观调控的科学性和预见性探讨》，《宏观经济研究》2011 年第 2 期。

韦森：《言语行为与制度的生成》，《北京大学学报》2005 年第 6 期。

魏丹：《语言立法与语言政策》，《语言文字应用》2005 年第 4 期。

文峰：《语言政策与国家利益——以印尼华文政策的演变为例》，《东南亚研究》2008 年第 6 期。

邬美丽：《20 世纪 80 年代以来中国语言规划研究述评》，《北华大学学报》2008 年第 6 期。

吴福祥：《关于语言接触引发的演变》，《民族语文》2007 年第 2 期。

吴解生：《对"再生资源"几种定义的简略评析》，《中国资源综合利用》2002 年第 10 期。

吴葵：《50 年的文字改革和语言规范工作成绩巨大》，《北华大学学报》2006 年第 3 期。

吴希斌：《近十年网络语言规范问题研究综论》，《沈阳师范大学学报》2010 年第 5 期。

吴永德：《香港汉语同大陆汉语的

词汇、语法差异》,《华中师范大学学报》1990年第1期。

吴永焕:《汉语方言文化遗产保护的意义与对策》,《中国人民大学学报》2008年第4期。

武明明:《日语中的外来语对日语的影响》,《黑龙江科技信息》2010年第7期。

向有明:《索绪尔语言理论的经济学背景》,《外国语》2001年第2期。

肖肃:《西部开发与语言规划》,《四川外语学院学报》2003年第1期。

肖永凤:《谈中华民族共同语的历史变迁(上)》,《六盘水师范高等专科学校学报》2006年第1期。

肖永凤:《谈中华民族共同语的历史变迁(下)》,《六盘水师范高等专科学校学报》2006年第2期。

萧国政、胡悼:《信息处理的汉语语义资源建设现状分析与前景展望》,《长江学术》2007年第2期。

谢俊英:《中国语言文字使用情况调查中有关普通话的几个问题》,《语言文字应用》1999年第4期。

邢福义:《关于语言规划》,《语言教学与研究》2005年第3期。

熊学亮:《认知语用学概论》,上海外语教育出版社1999年版。

徐大明、李现乐:《珍爱语言资源,发展语言经济》,《北华大学学报》2010年第1期。

徐大明:《有关语言经济的七个问题》,《云南师范大学学报》2010年第5期。

徐大明:《语言资源管理规划及语言资源议题》,《郑州大学学报》2008年第1期。

徐红红:《浅谈网络语言的语言规划》,《安徽文学》2011年第5期。

徐仙兰:《科学语言规范及其基本特征》,《太原师范学院学报》2003年第2期。

许光烈:《香港语言政策及思考》,《广州大学学报》2005年第7期。

许钧:《汉语境况令人担忧——从〈汉语的危机〉说起》,《教师博览》2006年第4期。

许琳:《汉语国际推广的形势和任务》,《世界汉语教学》2007年第2期。

许培新:《汉语方言分区的现状与存在的问题》,《山东科技大学学报》2000年第4期。

许其潮:《语言经济学:一门新兴的边缘学科》,《外国语》1999年第4期。

宜晶:《语言产业与因特网》,《外语电化教学》1997年第3期。

严光文:《试论文学语言规范的遵循与突破》,《成都师专学报》1995年第1期。

杨桂梅:《语言工作者应切实注意语言规范》,《牡丹江师范学院学报》1995年第2期。

杨蕾:《从两种"特区"初探我国语言教育政策》,《山西广播电视大学学报》2009年第3期。

杨挺:《直用原文——现代汉语外来语运用中的一个新趋势》,《中国语文》1999年第4期。

杨依山:《语言经济学理论框架初

探》，《山东社会科学》2007 年第 10 期。

姚明发：《语言经济学的历史回顾与研究路向》，《社会科学家》2007 年第 5 期。

姚锐：《试析语言规范的动态性、相对性和开放性》，《齐齐哈尔大学学报》2003 年第 3 期。

姚套双：《树立"大规范"意识——播音语言规范的思考》，《语文建设》1993 年第 11 期。

姚亚平：《现阶段的交际语言的变化与语言规范》，《语文建设》1995 年第 12 期。

姚佑椿：《应该开展对"地方普通话"的研究》，《语文建设》1989 年第 3 期。

叶辛：《文学语言的规范与非规范》，《语文建设》1992 年第 10 期。

易萍、李昱：《关于普通话现代化教育资源库建设的思考》，《江西教育科研》2007 年第 1 期。

殷焕先：《推广普通话运动中的方言调查工作》，《文史哲》1956 年第 1 期。

于根元：《新词新语和语言规范》，《语文建设》1995 年第 9 期。

于沄：《国家主权权利浅析》，《辽宁师范大学学报》2008 年第 2 期。

余朝晖、陈蕾：《现代教育中母语的失落与突围》，《湖北民族学院学报》2006 年第 4 期。

俞允海：《古汉语修辞特色形成的语言资源》，《修辞学习》2005 年第 1 期。

禹言：《大型国情学术专著〈中国的语言〉出版》，《语言科学》2008 年第 1 期。

袁家骅：《关于方言调查》，《语文研究》1985 年第 3 期。

袁俏玲：《经济学的语言问题和语言的经济学分析》，《外语学刊》2007 年第 4 期。

袁俏玲：《语言经济学论略》，《云梦学刊》2006 年第 6 期。

袁俏玲：《语言与经济的关系探微》，《湖南科技学院学报》2007 年第 5 期。

袁俏玲：《再议语言经济学》，《外语教学》2006 年第 5 期。

岳建一：《愧痛汉语危机》，《社会科学论坛（学术评论卷）》2007 年第 6 期。

詹伯慧：《当前一些语言现象与语言规范》，《暨南学报》2001 年第 4 期。

詹伯慧：《二十年来汉语方言研究述评》，《方言》2000 年第 4 期。

詹伯慧：《海南语言资源的开发大有可为——读〈海南闽语语音研究〉》，《暨南学报》2007 年第 6 期。

詹伯慧：《汉语方言及方言调查》，湖北教育出版社 2001 年版。

詹伯慧：《汉语方言调查与汉语规范化》，《语文建设》1995 年第 10 期。

詹伯慧：《汉语方言研究的回顾和前瞻》，《学术研究》1992 年第 1 期。

张成材：《西北方言语法调查提纲》，《固原师专学报》1991 年第 2 期。

张福荣：《经济发展水平对语言态度的影响》，《江西教育学院学报》2005 年第 5 期。

张贵州、王薇：《网络语言对大学生语言规范的影响》，《六盘水师范高等专科学校学报》2011年第1期。

张桂菊：《澳门语言状况与语言政策》，《语言文字应用》2010年第3期。

张会森：《当下台湾与大陆语言表达的若干差异及其成因》，《修辞学习》2004年第4期。

张慧远：《孔子的语言规范观探微》，《杭州电子科技大学学报》（社会科学版）2010年第3期。

张璟玮、徐大明：《人口流动与普通话普及》，《语言文字应用》2008年第3期。

张婧霞：《日语国际推广的历史与现状研究》，硕士学位论文，西南大学，2008年。

张巨龄：《新词酷语的流行和汉语研究的反思》，《语言与翻译》2005年第4期。

张莉萍：《试论维吾尔语的汉语借词》，《西北第二民族学院学报》2006年第2期。

张普：《关于网络时代语言规划的思考》，《语文研究》1999年第3期。

张清常：《漫谈汉语中的蒙古化借语》，《中国语义》1978年第3期。

张守一：《知识·知识经济·知识产业》，《数量经济技术经济研究》1998年第6期。

张卫国：《语言的经济学分析——一个初步的框架》，博士学位论文，山东大学，2008年。

张卫国：《语言与收入分配关系研究述评》，《经济学动态》2007年第7期。

张卫国：《作为人力资本、公共产品和制度的语言》，《经济研究》2008年第2期。

张喜军：《中韩经济关系的现状及发展前景》，《亚太经济》1994年第1期。

张贤敏：《新华汉语方言调查报告》，《天中学刊》2008年第3期。

张潇华：《艺术语言与语言规范》，《语文建设》1992年第9期。

张忻：《语言经济学与语言政策评估研究》，《语言文字应用》2007年第4期。

张占山：《语言规划、语言政策与社会背景的关系》，《烟台教育学院学报》2005年第2期。

张志公：《文学·风格·语言规范》，《语文建设》1992年第6期。

赵冬生：《英语成语的修辞资源和语用创新功能》，《洛阳师范学院学报》2003年第6期。

赵杰：《满语对北京语音的影响》，《满语研究》2002年第1期。

赵金铭：《让我们的母语走向世界》，《语言文字应用》2005年第3期。

赵晓华：《网络语言与语言规范》，《语文学刊》2006年第5期。

郑琛、徐荣：《中美语言政策对比研究》，《现代语文》2008年第12期。

郑定欧：《汉语国际推广三题》，《汉语学习》2008年第3期。

郑梦娟：《当代中国语言生活扫描》，《中国社会科学报》2010年第8期。

郑远汉:《有关语言规范的几个问题》,《语言文字应用》2007年第3期。

郑长发:《经济与语言的发展》,《河南商业高等专科学校学报》2000年第5期。

钟吉娅:《汉语外源词》,博士学位论文,华东师范大学,2003年。

仲哲明:《关于语言规划理论研究的思考》,《语言文字应用》1994年第1期。

周定一:《"音译词"和"意译词"的消长》,《中国语文》1962年第10期。

周洪波:《加大语言资源的开发力度》,《长江学术》2007年第1期。

周洪波:《外来词译音成分的语素化》,《语言文字应用》1985年第4期。

周丽萍:《推广普通话的回顾与展望》,《浙江经济高等专科学校学报》2000年第3期。

周清海:《新加坡的语言教育与语言规划》,《中国语文》1996年第2期。

周庆生:《国外语言规划理论流派和思想》,《世界民族》2005年第4期。

周庆生:《我国第一部分析中国语言生活状况的年度报告》,《长江学术》2007年第1期。

周一农:《语言规范与言语规范》,《语言文字应用》1996年第3期。

朱春敬:《"语文现代化""语言规划"和"文字改革"含义辨》,《北华大学学报》2007年第2期。

朱冠明:《中古佛典与汉语受事主语句的发展》,《中国语文》2011年第2期。

左秀兰:《语言规划的必要性、必然性和局限性》,《北华大学学报》2007年第2期。